继续
教育

继续（网络）教育系列规划教材

荣获全国高校现代远程教育协作组评比“网络教育教材建设金奖”

保险企业管理

JIXU JIAOYU

BAOXIAN QIYE GUANLI

聂斌 张瑶 主编

西南财经大学出版社
Southwestern University of Finance & Economics Press
中国·成都

图书在版编目(CIP)数据

保险企业管理/聂斌,张瑶主编．—成都:西南财经大学出版社,2017.10
ISBN 978-7-5504-3188-1

Ⅰ.①保… Ⅱ.①聂…②张… Ⅲ.①保险企业—企业管理—研究 Ⅳ.①F840.32

中国版本图书馆 CIP 数据核字(2017)第 203610 号

保险企业管理

聂斌 张瑶 主编

责任编辑:杨琳
助理编辑:陈璐
封面设计:穆志坚
责任印制:封俊川

出版发行	西南财经大学出版社(四川省成都市光华村街 55 号)
网　　址	http://www.bookcj.com
电子邮件	bookcj@foxmail.com
邮政编码	610074
电　　话	028-87353785　87352368
照　　排	四川胜翔数码印务设计有限公司
印　　刷	郫县犀浦印刷厂
成品尺寸	185mm×260mm
印　　张	13
字　　数	290 千字
版　　次	2017 年 10 月第 1 版
印　　次	2017 年 10 月第 1 次印刷
书　　号	ISBN 978-7-5504-3188-1
定　　价	28.00 元

继续（网络）教育系列规划教材
编审委员会

总序

随着全民终身学习型社会的逐渐建立和完善，业余继续（网络）学历教育学生对教材质量的要求越来越高。为了进一步提高继续（网络）教育的人才培养质量，帮助学生更好地学习，依据西南财经大学继续（网络）教育人才培养目标、成人学习的特点及规律，西南财经大学继续（网络）教育学院和西南财经大学出版社共同规划，依托学校各专业学院的骨干教师资源，致力于开发适合继续（网络）学历教育学生的高质量优秀系列规划教材。

西南财经大学继续（网络）教育学院和西南财经大学出版社按照继续（网络）教育人才培养方案，编写了专科及专升本公共基础课、专业基础课、专业主干课和部分选修课教材，以完善继续（网络）教育教材体系。

本系列教材的读者主要是在职人员，他们具有一定的社会实践经验和理论知识，个性化学习诉求突出，学习针对性强，学习目的明确。因此，本系列教材的编写突出了基础性、职业性、实践性及综合性。教材体系和内容结构具有新颖、实用、简明、易懂等特点，对重点、难点问题的阐述深入浅出、形象直观，对定理和概念的论述简明扼要。

为了编好本套系列规划教材，在学校领导、出版社和各学院的大力支持下，成立了由学校副校长、博士生导师杨丹教授任主任，博士生导师冯建教授以及继续（网络）教育学院陈顺刚院长和唐旭辉研究员任副主任，其他部分学院领导参加的编审委员会。在编审委员会的协调、组织下，经过广泛深入的调查研究，制定了我校继续（网络）教育教材建设规划，明确了建设目标。

在编审委员会的协调下，组织各学院具有丰富继续（网络）教育教学经验并有教授或副教授职称的教师担任主编，由各书主编组织成立教材编写团队，确定教材编写大纲、实施计划及人员分工等，经编审委员会审核每门教材的编写大纲后再进行编写。自 2009 年启动以来，经几年的打造，现已出版了七十余种教材。该系列教材出版后，社会反响较好，获得了教育部网络教育教材建设评比金奖。

下一步根据教学需要，我们还将做两件事：一是结合转变教学与学习范式，按照理念先进、特色鲜明、立体化建设、模块新颖的要求，引进先进的教材编写模块来修订、完善已出版的教材；二是补充部分新教材。

希望经多方努力，将此系列教材打造成适应教学范式转变的高水平教材。在此，我们对各学院领导的大力支持、各位作者的辛勤劳动以及西南财经大学出版社的鼎力相助表示衷心的感谢！在今后教材的使用过程中，我们将听取各方面的意见，不断修订、完善教材，使之发挥更大的作用。

西南财经大学继续（网络）教育学院

2014 年 12 月

前言

保险企业管理学是保险经济研究的组成部分，以保险企业中的经济管理活动为研究对象。保险企业中的经济管理活动是投入短缺的物品，以创造出新的以保险保障为形式的新物品。这样的物品转变过程就在企业的组织范围内进行。保险保障生产的任务或由此派生的子任务要通过决策来进行控制。

作为一种理论，保险企业管理学要寻求一个关于保险企业中经济管理活动的概念与论述的完备且不矛盾的体系。通过该理论能够对现存的实际情况及其之间的关系进行解释，并且能够依据这个理论对企业内的经济管理活动进行更好的设计。保险企业管理学可以理解为一种以实际为标准的，以应用为导向的理论。

本教材的基本内容共分为十章，包括保险经营管理导论、保险市场管理、保险公司计划与统计管理、保险营销管理、保险承保管理、保险理赔管理、保险投资管理、保险公司财务管理、保险公司偿付能力管理、保险公司的再保险管理。

第一章保险经营管理导论主要阐述保险经营管理学的基本原理以及保险经营与保险管理的关系。第二章保险市场管理着重论述保险市场的特征、结构、运行机制，调节保险市场的经济规律等。第三章保险计划与统计管理着重考察保险计划和统计管理的意义、原则、要求与管理过程。第四章保险营销管理主要分析保险营销的方式方法、营销管理的基本理论。第五章保险承保管理侧重阐述保险承保的一般程序和承保管理的主要内容。第六章保险理赔管理主要分析理赔的意义、原则、要求、方式和理赔的环节与管理内容。第七章保险投资管理侧重论述资金运用的条件、可运用资金的构成、资金运用的方式和原则，以及保险投资管理的内容。第八章保险公司财务管理侧重分析保险财务管理的概念、意义、目的、内容和保险财务管理的实施与评价。第九章保险偿付能力管理着重分析保险偿付能力的概念、保险偿付能力边际的种类以及国家和保险公司对偿付能力的管理。第十章保险公司的再保险管理主要论述了再保险的意义，业务种类、形式，以及分出、分入再保险的管理。

保险企业管理学既有理论，又有实务，是一门理论与实务相结合的课程：在理论部分，侧重基本观点的提出和必要的论证，不做过深的分析；在实务部分，考虑到同其他实务课程的关系与配套，也只是介绍保险企业管理的基本方法、原则和过程，不做太多太细的分析。所以使用者可根据自己的教学要求，从实际出发，对教材的内容做必要的调整。

编者

2017年7月

前言

编者

目 录

1 保险经营管理导论

1.1 保险经营

1.1.1 保险经营的概念和思想

1.1.1.1 保险经营的概念

保险经营简单说来是指为了实现保险经营过程的合理化和取得最佳经济效益，对其各个环节进行计划、组织、指挥和协调的活动。保险经营一般要经过展业、承保、分保、防损、理赔和保险资金运用等环节的运作过程。

1.1.1.2 保险经营的思想

保险经营思想是指保险企业从事经营活动，解决各种经营问题的指导思想。经营思想，一方面应与该国的政治制度、经济制度以及经济规律相协调，另一方面又与社会生产力的发展状况、当地的经济水平相关联。科学先进的经营思想可以保障企业经营目标的顺利实现；滞后甚至错误的经营思想，很可能会影响企业策略的实施、经营环境的改善，使企业经营处于被动局面，甚至面临困境。因此，树立正确、合理的经营思想对于保险公司甚至整个保险行业的发展是非常重要的。

（1）利国利民思想。利国利民思想是指保险经营要以有利于社会主义市场经济体系的发展和完善、有利于国家的安定和谐、有利于促进人民生活的保障这一根本目标为出发点，并将此作为保险经营活动的行为规范和度量标准。只有在贯彻利国利民思想时妥善处理好国家利益、社会利益与企业利益的关系，才能发挥保险本身的功能和作用。

保险是一个高度市场化、具有很强社会性和公益性的行业，在为政府提供市场化服务、促进政府职能转变方面具有天然优势。政府通过向商业保险公司购买服务等方式，在公共服务领域充分运用市场化机制，提升社会管理效率。“老有所养、病有所医、贫有所助”不仅是政府工作的中心，也是保险业发展的指导思想。保险具有保险保障、资金融通、社会管理三大功能，在养老金储备水平提升、养老支柱建设、养老社会环境营造等方面发挥着不可替代的作用。保险业应秉持利国利民思想，解决保险意识问题，推动形成全社会学保险、懂保险、用保险的保险文化；解决保险价格问题，推动形成百姓愿意买、企业愿意用、政府愿意推的保险消费；解决保险服务问题，推动形成政府引导、政策支持、市场参与的保险服务。

保险是市场经济的基础性制度安排，是现代经济发展的“助推器”。加快发展现代保险服务业，不仅可以提高保险这个资本和智力密集型的高端服务业在经济中的比重，而且能够带动会计、审计、法律、评估等相关产业链的发展，还能够通过提供创业资金、完善市场机制、支持企业走出去等多种渠道，推动经济转型升级。

（2）现代经营思想。所谓现代经营思想，就是把保险作为一种商品来经营的思想。保险作为一种商品与其他商品一样，是使用价值和价值的统一体。这就要求保险经营者应按照商品经营的客观经济规律来经营保险商品。

①市场观念。市场观念是指保险经营者应具有强烈的市场意识，以市场为导向，按照保险市场的需求来安排保险经营活动。保险作为一种商品，只有为市场和客户所接受，其价值才能实现。强化保险经营的市场观念，要求保险企业树立服务意识，按照保险市场需求和保户需要来开展保险经营活动，以达到保险资源的最佳配置。

②法制观念。法制观念是指保险经营者应具有强烈的法律意识。保险经营活动是一种涉及面比较广、影响比较大的经济活动。为了保障保险业的稳健经营、健康发展，国家制定了一系列的法律、法规来规范保险企业的经营。保险企业应自觉遵守国家的法律、法规，在法制的轨道上，健康有序地提供保险服务，不断促进自身以及整个行业的发展。

③效益观念。人民币利率调整的历程及其对保险业产生的影响，给保险行业的经营管理者上了深刻的一课。保险企业在快速扩展过程中，如果盲目追求短期规模效应，不讲求经济效益，不计较经营风险的累积，不顾及中长期的经营战略，就根本无法应对经济的波动，是极其脆弱的。许多为了占领市场、追求纯规模效应而推出的保险新产品，给保险公司留下了巨大的风险包袱。各家保险公司应把承保利润作为公司经营决策的出发点，在控制风险的前提下追求效益最大化，强调经济效益观念，这是现代保险经营思想的首要内容。

④信息观念。信息观念是指保险经营者应具有对各种信息进行收集、整理、存储、分析、利用的意识。信息是企业的重要资源，是企业开展经营活动的基本依据。在现代信息社会中，如果没有必要的经济技术信息，就很难做出正确的决策，也就很难在竞争中取胜。

⑤竞争观念。竞争观念是指保险经营者应具有强烈的竞争意识，即在市场竞争中求生存、求发展的观念。竞争是保险企业之间在人才、技术、商品质量、价格、经营管理等各方面的综合较量。在现代商品经济市场竞争日趋激烈的时代，保险经营者要想在竞争中立于不败之地，就要不断增强自身经济实力和竞争能力。随着保险市场国际化的不断深入，保险经营者也要敢于参与到国际保险竞争中，兼收各方所长，逐步提高我国保险企业的综合素质和经营水平。

⑥创新观念。创新观念是指运用制度设计、技术开发、服务拓展等方式创造出满足消费者需求、利于保险企业发展的企业制度、产品和服务等。保险创新是保险企业突破市场制约因素的根本措施。保险企业的发展受相关产业和市场的制约，尽管大多数保险产品具有较长寿命，但是满足市场的保险产品具有一定生命周期，即具有一个较为完整的从引入到退出市场的时间过程，如果企业不及时更新，生存就会受到威胁。

与发达国家和地区相比，创新发展是中国与其他国家保险业逐渐缩小差距的机遇。保险企业通过不断创新来实现经济增长是使企业更具优势的根本途径。日本、美国等发达国家保险业市场体系、制度设计都较为完备，而我国保险业的发展时间短、市场利用力不足都决定了我国必须重视保险创新。

1.1.2　保险经营的目标

1.1.2.1　企业经营目标的含义

企业经营目标是企业生产经营活动目的性的反映与体现，是指在既定的所有制关系下，企业作为一个独立的经济实体，在其全部经营活动中所追求的并在客观上制约着企业行为的目的。通俗说来，企业经营目标是在分析企业外部环境和内部条件的基础上确定的企业各项经济活动的发展方向和奋斗目标，是企业经营思想的具体化。

企业经营目标一般不止一个，其中既有经济目标又有非经济目标，既有主要目标又有从属目标。它们之间相互联系，形成一个目标体系，其主要内容包括经济收益和企业组织发展方向。

1.1.2.2　确定保险经营目标的意义

企业的经营目标反映了一个组织所追求的价值，为企业各方面活动提供基本方向。它不但能使企业在一定时期、一定范围内适应环境趋势，而且能使企业的经营活动保持连续性和稳定性。确定保险经营目标，不仅有利于保险企业制定经营决策，有利于明确经营方向，调动企业员工积极性，合理配置各方面资源，而且有利于保险企业妥善处理公共关系。

（1）确定保险经营目标，有利于保险企业经营决策。经营决策是指企业对未来经营发展的目标及实现目标的战略或手段进行最佳选择的过程。经营决策是企业管理全部工作的核心内容，决策正确与否直接关系到企业兴衰成败和生存发展。保险企业要根据自己面临的不同经营环境和经营条件，明确自己的具体经营目标，这个目标可能是某个新市场的开拓、某种新产品的市场投入、某个销售点的增设，也可能是增加利润、销售额、市场占有率等具体数量指标，还可能是企业扩大（如兼并、联营、集团化）或提升企业公众形象。正确的经营决策能促使保险企业灵活地、连续不断地针对市场竞争环境的变化做出反应，提高企业的应变能力，增强企业的竞争力，由此企业就能获得良好的经济效益。因此，科学地确定经营目标，是企业制定正确经营决策的关键。有了经营目标，就指明了经营决策的方向，在一定程度上保证发展方向的正确性和决策的正确性。

（2）确定保险经营目标，有利于调动社会各方积极性。当明确经营目标时，保险企业就锁定了长期的、可持续的发展目标。企业内部各个部门甚至每个员工从上到下围绕企业的总目标制定各自的目标，确定行动方针，安排工作进度，同时充分发挥员工的积极性、主动性、创造性，实现自己的个人目标，进而实现部门目标和企业经营目标，并对成果进行严格考核。没有经营目标，企业就无法经营；目标是否明确，则直接关系到经营成果。因此，确定企业经营目标是保证保险企业上下合力、调动各方积极性，努力实现经营计划的关键。总之，经营目标是国家、保险消费者、企业和员工各方的利益和诉求的综合反映。通过保险经营活动，国家得到税收和生产建设的保险保障，保险消费者获得优质的服务和有保障的生活，保险企业得以发展壮大，员工也可以实现个人价值。因此，确定保险经营目标，有助于充分调动社会各界支持发展保险经营活动的积极性。

（3）确定保险经营目标，有利于妥善处理公共关系。良好的公共关系是企业生存发展的基础。关注公共关系就是为了塑造企业形象。形象是企业的无形资产。良好的企业形象能给企业带来无穷的益处：对内，能提升企业的凝聚力，得到员工的认同；对外，能吸引人才，得到社会的支持，获得资金提供，获得消费信心。随着保险企业经营技术水平的提高及保险市场的不断发展和完善，保险企业间的竞争日益集中体现在企业信誉和企业形象方面。保险企业服务对象的公众性和广泛性，决定了良好的公共关系是促进保险企业在市场竞争中发展的重要因素。保险企业只有通过提高综合服务水平、完善企业经营管理、塑造企业文化、树立企业形象等公共关系手段来实现以公众的需求为核心的保险经营活动，才能得到广大保险消费者的承认与支持，为企业发展创造出一个广阔的发展空间，在保险市场竞争中取得优势。

1.1.2.3 保险经营目标的内容

（1）从利益的角度划分保险经营目标。

①保险经营的社会目标是经济责任和社会责任的统一。从微观层面看，现代商业保险企业的经营目的是盈利并借以获得生存和发展扩大的基础，但从全社会的宏观角度看，它是对减低风险进行组织、管理、计算、研究、赔付和监督的一种服务，体现出保险公司经营活动的社会属性及其社会管理功能。保险是一种分散危险、消化损失的经济制度，也就是将不幸而集中于个人的意外危险以及由该意外危险而产生的意外损失，通过保险而分散于社会大众，使之消化于无形。保险企业作为专门经营这种具有社会功能的保险产品的经济组织，在其经营活动中自动地就有社会责任，并且正是通过这些社会责任的履行而使保险公司体现出不同于其他经济组织的特性。

社会主义市场经济是道德经济，没有有效的经营，保险企业无法履行固有的社会责任；不以社会经济保障为着眼点，自利的保险企业不可能立足于市场。经济效益是前提，缺乏利益驱动机制的保险公司无法履行其社会责任，保险公司的经营目标应该是经济责任与社会责任的有机结合，既保障人民生活的安定、促进社会进步、为全面建成小康社会服务，又确保自身经营效益的实现。

只有经济责任和社会责任的统一，现代保险企业才能在我国全面建成小康社会的进程中获得新的发展和提高，才能使保险业真正担负起在金融市场和国民经济中的重要地位与责任，才能使作为经济的助推器和社会稳定器的现代保险的社会管理功能得到全面的实现。

②保险经营的公司目标是企业价值最大化。传统理论认为商业保险公司的经营目标是利润最大化。尽管少数重要经营指标（比如保费收入、利润）可以大致对保险公司做粗略排名，但无法准确反映保险公司的真实价值。保险公司的市场价值（未上市

公司比照已上市公司估值）是保险公司综合实力、经营管理水平、盈利能力、盈利模式、内含价值、抗风险能力和成长性等的集中体现。一个企业的市场价值是各方面因素共同作用的结果，任何一个因素的变化，都可能对其市场价值造成影响。保险公司只有认真研究价值创造，不断加强管理，做大做精主业，全面提升综合实力，以价值最大化为经营目标，才能为客户、股东、员工、公司、行业和国家创造价值。实际上，公司价值包含了公司行业地位、综合竞争力、影响力、盈利能力、成长性等综合因素，代表了股东在公司中的综合利益，而利润只是体现公司综合价值的一个方面。

③保险经营的个人目标是员工的自我价值实现。企业在战略目标明晰之后，要让员工认同企业的战略目标。员工个人价值的实现包括四个方面：工作价值，即员工在工作方面的出色表现；物质价值，即员工所获得的物质回报；精神价值，即员工在工作中所获得的成就感，精神价值来源于自我感觉；社会价值，即员工通过工作实现理想与抱负，这也是自我实现发挥到极致的表现。个人目标的实现是以保险公司的社会目标和企业目标为前提的，没有社会目标的实现，就没有保险商品价值的实现，也就无法实现企业价值最大化的经营目标。在无法取得经济效益的情况下，保险公司员工的利益更无从谈起。

（2）从保险企业财务管理的角度划分保险经营目标。

①财务稳定性目标。保险公司的财务稳定性是指保险公司所积累的保险基金能否足以履行可能发生的赔偿责任。在正常情况下，保险公司的保费收入能够抵付赔款支出，这意味着保险公司的财务稳定性是好的；反之，保险公司的财务稳定性是差的。保险公司的财务稳定性与其偿付能力密切相关。通常保险公司的偿付能力越强，其财务稳定性越好。保险公司在保险经营过程中所面临的最大风险就是偿付能力风险，保证有充足的偿付能力，至少具有与公司业务规模相适应的最低偿付能力，是保险公司经营管理最基本的目标。保险公司要实现这一基本目标，就必须通过经营风险的防范与化解，实现财务稳定，在财务稳定目标下，实现持续的盈利目标，增强公司的经济实力和偿付能力，提高公司的竞争力。

②可持续发展目标。保险业一定是一个应当持续发展的行业。这是因为，保险业“经营”的是风险，而风险是不可能消失的。并且随着科技的进步、经济规模的增大和社会结构的日益庞杂，风险总量会越来越大，风险类型会越来越多，风险结构也会越来越复杂。为此，必须破除盲目发展业务的观念，在效益的基础上扩大市场份额。保险公司必须先做好专业化才能考虑多元化，必须本着对利益相关者和社会负责的精神，确认“能够管理多大规模的风险”，而不是“希望承担多大规模的风险”。如果保险公司承保了超过其能够管理的风险规模（包括再保险及其他的风险转移手段），它将面临破产、倒闭的风险，它的可持续发展就是一句空话，因而也就不可能以自身的稳健来承担起对国民经济、人民生活和财产的制度保障作用。

③盈利目标。因为保险资金具有负债特征，所以投向的目标资产不仅要满足一时需求，还要满足整个负债期的收益需求。而由于负债特征，保险资金运用的起点也比其他资金高。保险业资产端和负债端的矛盾仍然突出，保险资金运用面临利差损风险和再投资风险。在低利率的大环境下，相对安全的另类投资给保险企业带来了更多收

益，也缓解了资产负债久期错配的问题，使得保险公司能够更好地管理其偿付能力。正是因为另类投资的高收益，才吸引了保险资金愿意承担高风险。未来保险资金应抓住中国经济转型的结构性机会，调整固定收益配置结构，挖掘权益投资机会，拓展境外配置市场，推进保险资金在包括医疗、健康、养老在内的现代服务业领域的投资，达成盈利目标。

④三个目标之间的关系分析。在明确了保险公司经营目标后，重要的是处理好三个目标之间的关系。

财务稳定性目标与可持续发展目标的关系：保险公司在发展过程中，不仅要考虑经营目标的盈利性，还要考虑企业在未来的竞争环境中始终保持盈利能力的增长，以保证企业在未来的发展中长盛不衰。因此，企业必须制定出符合企业实际的、科学的、合理的可持续发展目标，将自然、经济、社会等因素考虑其中，为企业的可持续发展提供新的契机。正确合理的财务稳定性目标有利于指导企业财务实践，是企业财务管理职能得到充分发挥的前提，是企业实现经营目标的基础，更是企业实现可持续发展目标的基础条件。企业要想实现可持续发展，不仅要准确制定企业经营目标，还要把握企业未来的发展趋势和未来利益的实现。如果保险公司一味追求高速发展业务，必将导致盲目竞争、费率下降，忽视承保选择和承保控制，使保险公司面临更大的赔付责任，同时利润降低和一些特殊风险的出现将直接威胁保险公司的财务稳定，财务稳定出现问题又将制约保险公司的发展速度。因此，企业的财务稳定性目标一定要系统考虑保险企业资金的有效管理控制和使用分配，兼顾财务和业务发展需要，为企业的可持续发展奠定基础。

财务稳定性目标与盈利目标的关系：保险行业具有负债经营、经营周期长、资金规模大、投资需求高等特点，所以保险公司对财务稳定性有特殊要求。保险公司的资金运转和融通能力主要是偿付能力，包括赔款、给付和偿还其他债务的能力。由于保险业是负债经营，积聚了国民生产各部门的风险，一旦保险公司财务状况不稳定或出现危机，其影响范围非常广泛，所损害的不只是公司的股东和保单持有者，甚至会影响社会经济生活安定。盈利是长期负债所需资金的最可靠、最理想的来源。保险公司的利润来源主要是承保利润和投资收益。稳定的收益流是保险公司长期健康发展的重要保证。一般投资收益与风险成正比，风险越大，收益越高，虽然利润增加可以增强保险公司的偿付能力，但若保险公司一味追求高利润而忽视风险，则会使保险公司倾向于选择高风险的投资项目，一旦出现不利，保险公司将陷入困境甚至破产。为了保证企业财务的稳定，审慎的风险管理是保险公司保持稳健经营的法宝。因此保险公司在确定财务稳定性目标时，必须在纳入社会利益的前提下考虑自身盈利性，达到企业和社会的双赢目的。

盈利目标与可持续发展目标的关系：保险公司制定的盈利目标要与公司的长期目标保持一致，不仅要符合短期利益目标，更要有助于企业长期可持续发展目标的实现。企业基于可持续发展角度制定的盈利目标须兼顾社会与企业的共同利益，即企业的发展是建立在社会可持续发展的基础之上。保险公司是以风险为经营对象，以大数法则为科学依据，所以保险公司只有不断提高服务质量，发展业务，扩大承保，才能有效降低经营风险，增加利润。但是如果保险公司盲目追求规模保费，那么不仅会使保险赔付率上升，业务结构失衡，还会严重影响保险公司的经济效益。这些短期行为一方面影响公司忽视险种创新和品牌建设，一方面对保险行业的形象有损，不利于企业长期目标的实现，导致企业在长期发展过程中竞争力下降。要着眼于企业可持续发展，在综合考虑保费收入、市场占有率、理赔服务等多方面因素的前提下进行盈利目标的制定，树立良好的企业形象，为企业的可持续发展提供保障。

因此保险公司应将财务稳定性目标、盈利目标和可持续发展目标有机地结合起来，正确处理三者的关系，在保证财务稳定性目标的基础上兼顾社会利益，对盈利目标加以平衡，实现企业的可持续发展。

（3）从保险企业发展的角度划分保险经营目标。

①长期目标。长期目标是指保险经营所要实现的企业未来发展的预期结果，是经营总目标的蓝图，一般为10年或10年以上的远期规划目标。保险企业的各个层次都需要长期目标，包括公司总部、各事业部、各分公司和各职能部门。其主要内容包括保险企业的发展方向、经营规模和具体经营指标（如承保范围、承保率、保险基金积累额度和员工数量等）。

②中期目标。中期目标是指企业5年经营活动的预期成果，是达成长期目标的一种中介目标，是长期目标的进一步分解和具体化，通常与长期目标保持一致。

③短期目标。短期目标一般是指年度或季度、月度目标，是中期目标和长期目标的具体化、现实化和可操作化，是最清楚的目标。短期目标是维持长期目标实现的物质保障。长期目标可分解成多个短期目标，从而使长期目标变成可以实现的计划。

1.1.3 保险经营的原则

保险经营原则是保险公司从事保险经营活动的行为准则，是适应、协调和改善保险经营环境的客观要求，也是保险经营策略得以顺利实施和保险经营目标得以圆满实现的保证。它源于保险企业经营的实践，决定于保险经营的性质，服务于保险经营目标的实现，也是保险经营思想的具体体现。由于保险商品除具有一般商品的共性之外，还具有特性，所以保险经营的原则也分为一般原则和特殊原则。

1.1.3.1 保险经营的一般原则

商品经营的一般原则有经济核算原则、随行就市原则和薄利多销原则。保险经营是商品经营，所以它的一般原则也就是商品经营的一般原则。

（1）经济核算原则。经济核算原则是所有以盈利为目的的商业经营都要遵循的基本原则。它是指利用价值、货币形式对生产经营过程中的劳动耗费和劳动成果进行记录、计算和分析，使公司以收抵支，并获得利润。

保险经营实行经济核算，可以促使保险公司全面加强经营管理，提高经济效益，增强保险偿付能力。同时，经济核算还可以促使保险公司压缩各项费用支出，节约保险成本，提高利润水平。保险企业经济核算的主要内容包括保险成本核算、保险资金核算、保险利润核算。

①保险成本核算。保险成本由三部分组成：业务支出、营业费用和各类准备金提转差。其中业务支出所占比例最大，主要包括赔款支出、手续费支出、税金及附加、分出保费等。影响成本的关键是赔款，而影响赔款的因素主要有两方面：一是风险的客观存在和风险发生随机现象；二是人为因素，即道德风险，包括职业道德和社会公德两方面。道德风险在一定条件下和一定程度上对赔款的大小、经济效益的高低有一定制约力，因此，防止和杜绝道德风险出现至关重要。核算保险成本，可以对单位经济保障劳务所耗费的物化劳动和活劳动做出评价。

②保险资金核算。保险资金泛指保险公司的资本金、准备金。资本金是保险公司的开业资金，各国政府一般都会对保险公司的开业资本金规定一定的数额。资本金也属于一种备用资金，当发生特大自然灾害、各种准备金不足以支付时，保险公司即可动用资本金来承担保险责任。准备金是保险公司根据精算原理，按照一定的比例从保费中提留的资金。与资本金性质不同，准备金是保险公司的负债。保险成本核算只能反映保险公司经营所耗费的物化劳动和活劳动的效益，而不能反映所占用资金的效益。为了全面评价所用资金的效益，还须对保险企业所占用的全部资金进行核算，考核单位经济保障劳务所占用的物化劳动和活劳动。

③保险利润核算。保险企业的利润核算同其他生产经营企业的利润核算有较大的差别。一般企业的利润是当年的生产经营收入减去当年的生产支出，而保险企业不能简单地把当年的保费收入减去当年的赔款和费用作为利润。保险公司经营利润的核算，除要从保险费收入中减去保险赔款、经营费用和税金外，还要减去保险公司的各项准备金。这是由各年保险风险发生的不平衡性和未了责任的延续性所决定的。保险公司经营中的各项准备金是保险公司对全体被保险人的负债。因此，在进行保险利润核算时，要特别注意未了责任。

（2）随行就市原则。随行就市原则是市场观念的具体体现。商品经营，必须以市场需求为导向，运用市场对各种经济信号反应比较灵敏的特点，及时协调市场供求的关系。随行就市，是商品经营者根据不断变化的市场行情，采取灵活措施以适应市场需求的主动行为。所谓灵活措施，是指及时调整商品结构和价格水平。

随行就市，不仅要求保险公司经营要适应市场行情的变化，更重要的是保险公司要树立市场观念、竞争观念，要对影响保险市场行情的各方因素进行全面、细致、深入的分析，并根据所掌握的信息准确预测和判断市场发展变化的趋势和规律。这就要求保险企业必须从实际出发，善于捕捉市场信息，及时做出灵敏的反应，随行就市，不断调整保险产品的品种和价格水平，做到适销对路，降低风险成本，在竞争中赢得主动权。

在“互联网+”浪潮下，保险行业应抓住机遇，借助“互联网+”模式的广泛应用和大数据的精确定价、精确营销、精确管理，打造一站式的综合金融服务平台；实现技术升级的转型提升，构建符合大数据要求的数字化管理体系，建立以用户为中心的响应前台，推进轻资产机构的建设；实现以用户为中心的转型升级，从用户不同阶段的需求出发，提供差异化的服务体验。

总之，只有准确判断市场行情，保险公司才能适应市场变化，抓住经营机会，将消费者的潜在需求转化为保险商品，降低经营成本，提高经济效益，在激烈的市场竞争中取得优势。

（3）薄利多销原则。薄利多销原则是一般商品经营的重要原则。薄利多销有利于企业的资金周转，提高资金利用率；有利于降低单位产品成本，增加企业盈利；有利于扩大企业的市场占有率。

保险企业也要遵循薄利多销原则，具体体现在保险价格的确定上。合理的保险价格体现着等价交换的原则，是保险经营的中心问题。保险价格过高，不仅会损害投保人的利益，同时会使保险企业在竞争中处于不利地位，影响业务的拓展。保险价格过低，则会导致保险企业缺乏足够的偿付能力，甚至亏损，最终影响被保险人的利益。

随着网购模式的推广和深入，各种基于互联网的保险需求陡增，尤其是针对退货风险、卖家信用风险等风险点的保险产品。这些保险产品作为市场化产品，并没有人强制要求受众群购买，但产品的销售热度非同一般。尽管单独看这些保险的每一笔保费都很便宜，但由于有巨额数量作为支撑，保费总额就会变得尤为可观。薄利多销正是这些热销网络保险产品的典型特征，这也与普通的商业规则相契合。保险公司经营这些产品，从单一业务看未必能给公司带来利润，但其更大的意义在于，保险公司可以借助这些量大面广的业务获得多方面数据，为下一步开发其他产品、在网络保险市场抢占更大市场份额奠定基础。通过数据的积累、分析、挖掘，发现更多的市场需求点，开发更多新产品，并且进行精准营销，这是保险公司的中长期目标。

1.1.3.2 保险经营的特殊原则

保险经营是一种特殊的商品经营，除了遵循一般商品的经营原则外，还要遵循自己的特殊原则，即风险大量原则、风险选择原则和风险分散原则。

（1）风险大量原则。风险大量原则是指保险人在可保风险的范围内，应根据自己的承保能力，争取承保尽可能多的风险和标的。

风险是保险业产生和发展的基础，没有风险就没有保险，但是保险公司并不承保所有风险，只对可保风险予以承保。简言之，可保风险是保险人愿意并且能够承保的风险，是符合保险人承保条件的特定风险。可保风险一般具有五个条件：一是非投机性，保险人通常不能承保投机风险，因为保险人如果承保投机风险，既难以确定承保条件，又与保险经济补偿的职能相违背。二是偶然性，可保风险应该是有发生的可能而不可预知的，如果风险不可能发生，就无保险的必要，而风险的发生不具有必然性。三是意外性，保险人所承保的风险既不是因为被保险人及其关系人的故意行为，也不是两者不采取合理防范措施引起的，而是意外发生的。四是普遍性，保险人所承保的风险应该是大量标的均有遭受损害的可能性。保险是以大数法则作为保险人建立保险基金的数理基础，因此可保风险必须是普遍存在的风险。五是严重性，保险人所承保的风险应该有导致比较重大损害的可能性，才会产生保险需求，从而产生保险供给。

风险大量原则是保险经营的首要原则。这是因为：第一，保险的经营过程实际上就是风险管理过程，而风险的发生是偶然的、不确定的，保险人只有承保尽可能多的风险和标的，才能建立起雄厚的保险基金，以保证保险经济补偿职能的履行。第二，保险经营是以大数法则为基础的，只有承保大量的风险和标的，才能使风险发生的实际情形更接近预先计算的风险损失概率，以确保保险经营的稳定性。第三，扩大承保数量是保险企业提高经济效益的一个重要途径。承保的风险单位越多，保费收入就越多，而营业费用会随之相对减少。

保险公司正是利用在个别情形下存在的不确定性将在大数中消失的这种规则性，来分析承保标的发生损失的相对稳定性。按照大数法则，保险公司承保的每类标的数目必须足够大，否则，缺少一定的数量基础，就不能产生所需要的数量规律。但是，任何一家保险公司都有它的局限性，即承保的具有同一风险性质的单位是有限的，这就需要通过再保险来扩大风险单位及风险分散面。因此，遵守风险大量原则，保险人应积极组合拓展保险业务队伍，在维持和巩固原有业务的同时，不断发展新客户，扩大承保数量，拓宽承保领域，实现保险业务的规模经营。

（2）风险选择原则。风险选择是指保险人按照一定标准对投保人和保险标的的风险进行审核评估，以排除不合格的投保人和保险标的，防止不可保风险的介入。风险选择原则是指保险人在承保时，对投保人所投保的风险种类、风险程度和保险金额等要有充分和准确的认识，并做出承保或拒保或者有条件承保的选择。

保险人对风险的选择表现在两方面：一是尽量选择同质风险的标的承保，二是淘汰那些超出可保风险条件或范围的保险标的。保险人在不同阶段都可以进行风险选择，包括事前选择和事后选择。事先风险选择是指保险人在承保前考虑决定是否接受承保。此种选择包括对“人”和“物”的选择。所谓对“人”的选择，是指对投保人或被保险人的评价与选择。所谓对“物”的选择，是指对保险标的及其利益的评估与选择。事后风险选择是指保险人对保险标的物的风险超出核保标准的保险合同做出淘汰的选择。保险合同的淘汰通常有三种方式：第一，等待保险合同期满后不再续保；第二，按照保险合同规定的事项予以注销合同；第三，保险人若发现被保险人有明显误告或欺诈行为，可以中途终止承保，解除保险合同。

风险选择原则要求保险人不仅需要承保大量的可保风险和标的，还需对所承保的风险加以主动的选择，使集中于保险保障之下的风险单位不断趋于同质，通过承保质量的提高，保证保险经营的稳定性。对于发生概率大、造成损失程度高的风险，应采取避险的对策，即保险公司直接回避产生风险的事项和活动，将损失出现的概率控制到零。保险公司应通过严格的核保拒绝承保不符合保险条款规定的保险项目或剔除某些保险责任，识别和避免道德风险。对于发生概率大、造成损失程度低的风险，承保后应重点加强防灾防损工作，既包括事前主动预防，减少风险发生的概率，也包括损失后积极实施抢救、减轻标的的损失程度。对于发生概率小、造成损失程度低的风险，应当把不同的风险加以组合，使投保企业未发生风险损失的部分能对其他发生损失的部分进行补偿；同时对于赔付率很低的企业，保险人在续保时应实行折扣费率，给予一定的费率优待，以保证效益型险种的稳定性和长期性。

风险大量原则是对保险人承保的数量要求，风险选择原则是对保险人承保的质量要求，科学的保险经营原则应该是风险大量与风险选择的有机统一。

（3）风险分散原则。风险分散原则是指由多个保险人或被保险人共同分担某一风险责任，使其承担的保险责任在保险人可承受范围内。

风险分散可以通过宏观和微观两个层面实现。宏观层面的风险分散通过以下三个方面实现：一是使风险在地理范围上分散，二是使风险在时间上分散，三是通过多种经营来实现风险分散。微观层面的风险分散主要通过两种方式实现：一是承保前分散。保险人主要通过在承保时合理地划分危险单位，并且使每一个危险单位都尽可能独立来实现：合理划分风险单位，参考每个风险单位的最大可能损失确定保险金额，对超出自身承保能力的部分不予承保；对承保的风险责任加以限制，如控制保险金额，保险人在核保时对保险标的要合理划分危险单位，按照每个危险单位的最大可能损失确定保险金额；规定免赔额（率），对一些保险风险造成的损失规定一个额度或比率，由被保险人自负，保险人对该额度或比率内的损失不负责赔偿；实行比例承保，保险人按照保险标的实际金额的一定比例确定承保金额，而不是全额承保，等。二是承保后分散。保险人以再保险和共同保险等手段使风险在空间上得以分散，同时又以提存各种准备金制度，使风险在时间上得以分散。

为保证经营的稳定性，保险人应使风险分散的范围尽可能扩大。倘若保险人承保的风险过于集中，一旦发生保险事故，就可能产生责任累积，使保险人无法承担保险责任。

1.1.4 保险经营的环境

经营环境是指围绕并影响企业生存与发展的各种因素的总和。这些因素可能给企业带来机会或威胁，企业必须针对环境状况做趋利避害、扬长避短的调整。保险经营环境是与保险企业经营有关的内部因素和外部因素的总称，是贯彻保险经营思想、制定经营策略和实现经营目标的前提条件。国际化经营使保险企业所面临的环境更为多元化、复杂化，因此保险企业对经营环境的认识与协调显得更为重要。

1.1.4.1 保险公司经营的内部环境

保险企业经营的内部环境包括劳动者、经营技术、资金和信息等基本因素。

(1) 劳动者。劳动者是保险企业中起决定性作用的生产要素，是保险经营活动中最具创新力量的经营资源，是企业活力的源泉。劳动者的劳动能力包括体力和才智两部分，因而劳动者素质的高低主要体现在其体力和才智上的差异。一个拥有高素质劳动者群体的保险企业，其经营活动的开展就具备了根基和竞争实力。保险劳动者与社会各界进行着广泛的接触，涉及许多学科的知识和技能，不仅要熟悉业务，广采博学，而且要不断更新知识，提高技能。因此，要正确处理好企业和个人之间的利益关系，加强思想政治工作，提高劳动者的精神境界，从而创造一个和谐的、催人奋发的企业人事环境，为企业物质文明和精神文明建设创造出劳动者群体的聚合力，使企业充满活力。

(2) 经营技术。经营技术泛指经营活动中应用的各种技能、技巧、知识和方法，主要包括自然科学技术和社会科学技术两大类。自然科学技术是指保险经营活动中所需的各种风险识别、预防、救灾技术，查勘定损所需的物理、化学、生物、医学、数学等知识和运算方法等等。一些发达国家的保险公司专门设立从事防灾防损技术研究的部门，对保险防灾防损进行有关的技术研究。它们运用有关的技术和设备对承保危险进行预测，对保险标的进行监测，研制各种防灾防损的技术和设备以及制定有关的安全技术标准。这些国家的保险公司的防灾防损活动不仅使保险公司获益，而且使公司在社会上获得良好的声誉，而它们的防灾防损技术往往领先于社会其他部门，从而又促进了社会防灾防损技术的发展。社会科学技术主要是指保险经营过程中的经营管理知识和方法，如保险展业宣传、广告技巧、保险财务技术、劳动人事组织与管理、企业部门之间的协调艺术、保险经营调查、预测和决策技术等等。保险经营技术是保险经营活动的科学基础，是提高保险经济效益的基本保证。

（3）资金。资金是保险经营活动中物资的货币表现，是保险企业得以存续的血液，也是保险经营成果的核算媒介。由于保险经营的特殊性，保险资金具有自身的特点：首先，在资金来源上，除国家财政拨付或股东集资股份等资本金外，主要来自投保人按照保险合同所缴纳的保险费和储金；其次，在资金核算上，保险资金由于其所承担偿付责任的长期性和连续性，不能将当年全部保费收入作为已赚保费，还必须提存各种保险业务的未到期责任准备金；最后，在资金积累上，历年的盈余上缴国家利税外，其余部分主要归入保险总准备金，以扩大承保能力和应付特大风险损失的偿付。企业资金是经营实力的集中表现，资金的雄厚程度对保险经营的信誉、承保能力、竞争能力以及企业的发展等方面均具有直接制约作用。

（4）信息。信息是企业经营管理者了解企业内外经营环境，从事保险经营决策等活动的依据。信息通常包括一切与保险经营活动直接或间接相关的社会、政治、经济、科技以及自然界信息，因而，信息具有广泛性特征。信息是现代保险企业的重要资源，及时、全面、准确的信息是企业经营活动的必备内部环境，它对保险经营的预测、决策和经营控制都起着十分重要的作用。保险行业与“大数据”有着天然的最紧密联系。保险的基本原理就是大数法则，无论是财产险的概率性事件，还是寿险的生命周期概念，实际上都是大数据的概念。引进大数据现代新技术手段，目的是将保险消费者洞见从抽样转变成全量数据分析，从而实现与消费者更多的交互，将保险的本质理念更多地传授给消费者，以提供更贴近其需求的产品与服务。

保险企业经营的内部环境，对企业来说是一个可控制要素。因此，要使保险经营有一个良好的内部经营环境，就必须准确地认清自己的优势和劣势，以及造成劣势的原因，从中找到内部潜力挖掘的方向，采取有效措施，改善企业内部经营环境。

1.1.4.2 保险公司经营的外部环境

保险企业经营的外部环境就是整个社会和自然界，是企业不可控要素。其主要包括自然环境、经济发展水平、人们的风险和保险意识、社会因素、保险市场竞争状况、国家的政策和法令等等。

（1）自然环境。保险经营的自然环境，包括保险经营过程中可利用的各种自然资源和自然界的不规则变动状况两大部分。从直接的保险经营角度来看，保险经营活动本身需要各种自然资源，如土地、水、能源等，这些资源直接制约着保险经营活动；

从间接的角度来看，保险人承保的企业风险，如财产保险、营业中断保险等，受自然资源状况的影响而呈现出不同的风险程度，进而间接影响到保险的经营活动。此外，自然界的不规则运动或外力作用引起的风暴、雷电、洪水、泥石流、飓风等，使保险经营又处于一种不确定的自然环境之中，若企业实力不足，就有可能在巨大自然灾害面前难以对所承保的大量风险予以经济补偿，从而影响到保险经营的稳定性。根据瑞士再保险 Sigma 数据，2015 年，全球共发生 198 起自然灾害，是有记录以来自然灾害数量最多的一年，自然灾害带来的相关损失约 800 亿美元。而 2015 年由保险业承担的自然灾害损失为 280 亿美元，相当于 GDP 的 0.04%，或全球财产险直接保费收入的 1.8%。2006—2015 年，全球因自然灾害事件造成的年均经济损失经调整通货膨胀因素后为 1 920 亿美元，其中约 70%没有保险保障，即十年总计保障缺口高达 1.3 万亿美元。地震、洪水和风暴是全球面临的三大主要自然灾害，对人口和财产价值集中度较高的地区造成的损失非常严重。

对我国而言，自然灾害呈现出类型多、分布地域广、发生频率高、造成损失重等特点。首先，我国是全球地震灾害最为频发的国家之一。2008 年汶川地震是新中国成立以来破坏力最大的地震，造成四川、甘肃等省直接经济损失共计 8 450 亿元，然而保险赔偿仅为 18 亿元，约占经济总损失的 0.2%。其次，我国也频繁遭遇台风侵袭。例如，2015 年 2 月，台风彩虹造成广东、广西等地经济总损失达 45.72 亿美元，然而保险损失仅约为 4 亿美元，约占总损失的 8.7%。最后，我国约有 2/3 的国土面临洪水威胁。例如，2016 年 6 月 30 日以来发生在我国长江中下游沿江地区及江淮、西南地区东部等地因持续强降雨引发的严重水灾，根据民政部数据，截至 2016 年 7 月 8 日，因强降雨而引发的洪涝、风雹、泥石流等灾害已造成江苏、安徽等 11 个省直接经济损失达 670.9 亿元；而据中国保险监督管理委员会（以下简称“保监会”）统计，截至 2016 年 7 月 6 日，安徽和湖北的保险索赔金额约为 10 亿元，仅占两省经济总损失的 2.2%。

从以上事例可以看出，中国遭受自然灾害损失程度高，而保障程度偏低。根据 Sigma 研究，中国是全球自然灾害保险保障缺口第三大的国家，预期年均未保险损失高达 227 亿美元，占全球总缺口比例约 19%，其中，洪水风险导致了近一半的预期未保险损失。自然环境对于我国保险企业的影响远远大于对其他工商企业的影响，因此，提高自然灾害保险深度，强化灾害保障能力刻不容缓。

（2）经济发展水平。经济发展水平也称生产力发展水平，是指我国国民经济发展的总体状况，其中包括各种产业结构与发展水平和人们的消费结构与水平。

社会再生产过程会因遭遇各种灾害事故而被迫中断和失衡，而保险的经济补偿功能能及时和迅速地使这种中断和失衡得到恢复，并且整个保险活动属于社会再生产的分配环节，它可以通过收取保费建立起庞大的保险基金，从而在一定程度上把社会上各个经济单位持有的闲散货币资金集中起来，然后通过银行存款、购买债券、股票以及发放贷款等方式，将这些资金间接转入投资领域，支援整个社会经济建设，并且分散和防范风险，保障商业贸易顺利进行。随着国际贸易如“一带一路”的发展，我国在与其他国家合作的过程中有可能遇到一些风险，因此，保险业的发展可以保障我国对外贸易少受风险因素的影响。

保险公司是资本市场重要的投资者，可以活跃资本市场，同时保险资金数量较大，并且具有较强的稳定性，对金融市场来说是一种稳定的支撑力量。对庞大的保险资金进行高效管理和科学运用，在银行、证券和保险之间实现金融资本的合理流动和有效配置，可以提高整个金融市场的运行效率，为国民经济的发展提供动力支持。总之，不管是我国的经济发展、国际贸易，还是企业的改革发展都要以保险业为保障。

保险企业作为国民经济中的实体单位和经济细胞，是构成国民经济总体中最基本的要素，同时，国民经济形势又是保险经营的宏观经济环境，直接制约着保险业的发展。当国民经济繁荣时，社会对保险商品的消费水平相对提高，保险市场需求增大，通过市场机制的作用，保险企业经营规模就会扩大，经济效益就会提高；反之，情况则相反。因此，经济发展水平对保险经营水平、发展速度和规模起决定性作用。

（3）人们的风险和保险意识。风险意识是人们对客观存在的各种风险的感觉、评估、预防和控制的态度与愿望。保险意识则是人们关于保险现象、本质、作用以及对各种保险方法的理解、感觉和评价。人们的风险和保险意识，是保险经营至关重要的保险文化环境。明确而积极的风险和保险意识，不仅可以为保险经营提供良好的心理气氛，使保险展业易于进行，提高保险广度和深度，而且还有利于促进保户加强对已保财产的风险管理，积极配合保险企业的防灾防损工作，减少风险损失，提高保险经营的经济效益和社会效益。同时，人们的风险和保险意识强，还可以根据自身风险特点和对保险的需求，积极主动地自行设计投保方案，向保险企业申请特殊种类的保险，或为保险经营提出各种建议和意见，推动保险业的发展。此外，人们若具有较强的风险和保险意识，就能够监督保险企业的经营活动，保护自己的合法权益免受侵犯，这也是提高保险经营水平的重要促进因素。因此，保险经营者应因势利导，善于利用各种机会和手段，向社会宣传风险和保险管理知识，教育、引导和培育人们的风险和保险意识，提高全民族认识、估计、处理风险和妥善利用保险手段管理风险的能力，进而为保险经营创造一个良好的保险心态环境。

（4）社会因素。社会环境是由社会中每个人的观点、态度、信念、教育程度、习惯和行为组成的。社会环境通过各类人的生活观念、态度、习惯和行为，影响保险企业的经营，从而使企业的各项目标、任务都适合它所服务的社会成员的价值观和社会信仰的要求。人口是社会环境的第一要素。人口数量直接决定保险市场规模和潜在容量。人口的性别、年龄、民族、婚姻状况、职业、居住分布等影响着人们的风险意识和保险意识，也对保险企业的经营环境产生着深刻影响，从而影响着企业的经营管理活动。因此，保险企业必须深入细致地研究不同服务对象的特点，掌握人们的保险需求偏好，这对于稳定企业经营、开拓新的经营领域具有重要意义。在商品经济条件下，只有充分考虑到社会因素的影响，企业才能顺利开展经营，也才可能取得预期的经营成果。

（5）保险市场竞争状况。社会主义保险市场是一种商品经济市场，无疑也存在竞争。保险市场竞争主要包括三个方面：第一是同业竞争，即保险企业之间在经营规模、种类、信息、服务质量和价格水平上层开的竞争。由于云计算、搜索引擎、大数据等技术的运用，互联网参与方获取和深度挖掘信息的能力大幅提高，保险消费者交易行为逐步实现可记录、可分析、可预测，保险业的定价模式也可能深刻变化。第二是行业竞争，即保险企业同其他企业或事业单位相互渗透，乃至引起资金转移而产生的竞争。第三是金融体系内的竞争，随着金融创新的不断涌现，金融行业之间的界限逐渐模糊，保险业的竞争已经不仅局限于行业内公司之间的竞争，还要扩展到金融体系内不同行业之间的竞争。目前，我国保险市场竞争的格局已初步形成，未来保险市场的竞争将日趋激烈，这就要求保险企业增强竞争意识，敢于竞争，善于竞争，并重视对保险市场竞争状况的研究，掌握竞争对手的情况，据此确定经营对策，充分发挥自己的竞争优势，出奇制胜。

（6）国家的政策和法令。国家的政策和法令是保险企业经营的政治法律环境，包括与保险经营直接或间接相关的一系列法律、法规、政策及其实施细则。保险经营的政治法律环境对企业经营有两方面的作用：一是保护保险企业的合法行为和利益；二是取缔企业的违法行为，限制其不良行为，以维护保险市场的正常秩序。政策和法令还会通过对经济、社会的影响，从总体上制约保险企业经营的相关因素。因此，分析和研究企业经营的政策、法令环境，掌握企业经营的大气候，对于稳定和开拓经营业务、把握经营方向具有十分重要的意义。

为实现《国务院关于加快发展现代保险服务业的若干意见》（以下简称“新国十条”）中对保险行业寄予的厚望，“构筑保险民生保障网，完善多层次社会保障体系”，监管层多措并举，引导保险业开辟新蓝海，如 2015 年 8 月，保监会下发《个人税收优惠型健康保险业务管理暂行办法》，12 月财政部、国家税务总局、中国保监会等三部委联合发布《关于实施商业健康保险个人所得税政策试点的通知》，紧接着保监会又公布了《关于印发个人税收优惠型健康保险产品指引框架和示范条款的通知》，以促进商业健康保险保持较快增长，满足人民群众日益增长的健康保障需求。

保险企业的内部环境和外部环境是辩证的统一体。企业内部环境是可以控制和改造的，它是企业经营的基础和发展的源泉，而其外部环境则是不可控因素，是企业经营与发展的制约因素。两者在一定条件下是可以互相转化的。企业内部环境的改善可改变外部市场竞争实力对比，影响国家政策的制定和执行；企业外部环境如社会诸因素、人们的风险和保险意识、社会经济发展水平中的各种因素也可能直接渗透到企业内部环境之中，成为企业内部环境因素。企业经营者的责任就在于，采取一切措施保持企业内外环境的统一，并根据外部环境的变动趋势创造和改善企业内部条件，及时调整经营行为，以适应外部环境的变化。①

1.2 保险管理

1.2.1 保险管理的概念

保险管理是对保险经济要素进行的计划、组织、指挥、协调和监督活动。其目的

① 邓大松，向运华. 保险经营管理学［M］. 2 版. 北京：中国金融出版社，2011：22-27.

是实现保险经济活动的合理化，取得保险经济最佳效益。

马克思主义认为，管理产生于人们劳动的社会性或劳动的协作性。在个体劳动中，一切活动都是依靠劳动者个人承担，独立完成全部劳动过程，不区分哪些是经营活动、哪些是管理活动。随着生产力发展，社会分工越来越细化，生产社会化程度越来越高，这时管理就作为一种专门职能从经营过程中分离出来，并成为大规模共同劳动得以顺利进行的必要条件。因此，对经济活动进行管理是社会化大生产的客观要求和必然产物。

马克思主义指出，在生产社会化条件下，企业管理的性质是双重的：一方面，它是进行社会化大生产的必要条件，是社会劳动过程的一般要求，由此形成管理的自然属性；另一方面，企业管理又是社会生产关系的反映，是实现一定生产目的的主要手段，由此形成管理的社会属性。

保险是商品经济发展到一定阶段的产物，以风险为经营对象，尤其需要管理。通过管理，可以合理组织生产力，不断维护、完善生产关系，合理配置企业资源，降低保险经营成本，增加企业盈利，提高保险企业的经济效益和社会效益。

1.2.2 保险管理的意义

保险经营是一种集保障性、负债性、广泛性于一体的特殊经营，更加需要加强企业管理。具体说来，加强保险管理的意义有以下几个方面：

1.2.2.1 确保保险企业的偿付能力

保险公司偿付能力是指保险公司偿还债务的能力，具体表现为保险公司是否有足够的资产来匹配其负债，特别是履行其给付保险金或赔款的义务。保险业作为经营风险的特殊行业，其是否具有偿付能力，不仅关系到投资者、债权人的利益，而且直接关系到广大投保人的利益，是保险公司的社会责任，意义十分重大。

1.2.2.2 维护保险合同的公正性

由于保险合同比较特殊，主体之间的争议不仅产生于投保人与保险人之间，有时还会产生于投保人与被保险人、被保险人与受益人及上述主体与第三人之间。争议所反映出的问题非常复杂，专业性很强。为了防止保险人可能出现的欺诈等不实行为，保护被保险人的利益，树立保险的可靠信誉，必须通过对保险经营的管理，对合同内容进行规范核实，对保险合同的履行进行严格检查和监督。

1.2.2.3 贯彻“新国十条”保险发展方针

“新国十条”是建设保险强国的总方针、总保障。“保险成为政府、企业、居民风险管理和财富管理的基本手段，成为提高保障水平和保障质量的重要渠道，成为政府改进公共服务、加强社会管理的有效工具。”当前我国保险业仍处于发展的初级阶段，不能适应全面深化改革和经济社会发展的需要，与现代保险服务业的要求还有较大差距。为了加快发展现代保险服务业，完善现代金融体系、带动扩大社会就业、促进经济提质增效升级、创新社会治理方式、保障社会稳定运行、提升社会安全感、提高人民群众生活质量，更需要对保险经营进行严格的科学管理。

1.2.3 保险管理的职能与任务

1.2.3.1 保险管理的职能

保险管理的职能是指保险企业管理人员在完成其管理任务时必须坚持的管理程序和基本职能。一般来说，保险管理的职能包括计划、组织、指挥、调节和控制五个方面。

（1）计划职能。计划是根据上级指令和各种信息对企业经营目标进行预测，从而做出经营决策，然后编制长期和短期计划，指导协调企业的各种经济活动，并具体规定企业经营方针、程序和方案的管理活动。保险计划是指从事保险经营活动以前，事先拟定的具体内容和行动步骤。保险计划职能就是根据市场经济发展需要和保险业本身的条件，通过周密的调查研究，预测未来，确定保险经营目标和方针，制订选择行动方案，做出保险经营决策。保险计划是保险人从事各项保险活动的依据和实现保险经营目标的行动指南，因此，计划职能是保险管理最基本的职能。

（2）组织职能。组织是按照已制订的计划，把企业的劳动力、劳动资料和劳动对象，从分工协作上，从企业上下左右层级关系上，从时间和空间的连接上合理地组织起来，形成一个有机的整体，使企业的人、财、物得到最合理的使用。组织职能是实现计划目标的保证。保险管理的组织职能是指为实现保险经营活动的计划目标和方案，合理设置经营管理机构，建立管理体制和制定规章制度，明确保险职能机构的分工和职责，将保险活动的各要素、各部门、各环节、各方面从纵向和横向的联系上，在劳动的分工和协作、对外往来关系上，以及空间和时间的联系上合理地组织起来，使保险企业充分发挥人力、财力、物力应有的作用。

（3）指挥职能。指挥是领导机构或领导者行使职权而发号施令，一般是通过下达指示、命令等手段有效指导下属机构和所属人员来完成企业计划目标的任务，履行领导者的职责。保险管理的指挥职能是指保险业的各级领导人为保证保险经营活动连续协调地进行和经营目标的实现，通过下达命令和指示，使保险系统内部各级各类人员的行为服从权威者的统一意志，将计划和领导的意图变成全体保险人的统一行动，使全体保险人在统一目标下相互协作，密切配合，全力以赴完成各自的任务。指挥是领导者意志的体现，是一种带有强制性的活动。

（4）调节职能。调节即协调，是指调节各管理职能之间、上下左右层级之间、企业内部和外部之间的关系，解决认识上的分歧，使大家协调一致，及时克服经营管理上的不平衡，树立全局观念，以实现企业预期的经营目标。保险管理的调节职能或协调职能是带有综合性、整体性的一种职能。它以保险经营计划为核心，安排和部署所有经营活动，使保险各部门、各环节的活动相互衔接、相互协调和配合，保证保险经营活动有计划地进行。

（5）控制职能。控制是指监督、检查和考核下级机构和所属人员完成任务的情况，及时发现问题、解决问题，防止偏差并采取积极的措施纠正指挥上的失误。控制是指挥的必要手段。保险管理的控制或监督职能是指对保险经营计划的执行情况进行检查、考核、分析和处理。其目的在于通过对保险经营活动的测定，与计划目标和实现目标的原则相比，发现偏差，找出问题，查明原因，采取措施，及时加以纠正，使保险活动符合保险经营规律的要求，按照客观经济规律办事。

上述五种职能虽然各自具有相对的独立性，但是是一个相互联系、有机结合的统一体，通过连续不断的反复循环，共同形成企业的整个管理过程。因此，各级保险企业在运用管理职能进行管理的过程中，必须全面执行，综合使用，不可偏废。但是随着企业发展阶段和经营目标的变化，保险企业的管理职能在某一时期可能有所侧重。保险企业管理职能的作用能否得到充分的发挥，关键不仅在领导，而且取决于保险企业广大员工对企业经营管理的全面认识和正确掌握，并把它运用于保险企业管理的全过程。

1.2.3.2　保险管理的任务

保险企业的性质决定其经营管理的任务。社会主义保险管理的任务总体说来就是合理组织和发展保险生产力，调整和完善保险企业内部的关系以及保险企业同国家、保险企业同其他企业、保险企业同被保险人之间的关系，调动企业和员工从事保险的积极性，以尽可能少的劳动占用和劳动耗费，提供尽可能多和优质的保险服务，更好地满足整个社会对保险保障的需求。

保险管理的任务主要体现在以下五个方面：

（1）制定企业经营管理方针。经营管理的目标是指企业通过经济活动所要达到的预期结果，它是保险企业一切经营管理活动的依据，贯穿于保险企业经营管理活动的全过程，规定了保险企业经营管理的方向。它既是观察保险企业经营管理活动过程的标准，又是衡量、考核保险企业经济效益和经营成果的准绳。保险企业的经营管理目标必须适应社会主义基本经济规律的要求，要以党的方针政策和相关法律为依据，以顺利完成社会主义保险企业的基本任务为中心，取得最大的社会经济利益。保险企业经营管理目标要体现一切经济活动目标所具有的综合性、阶段性和可分性的特点，一方面综合整个企业经营管理活动的总要求和总方向，另一方面要按照企业管理范围、职能部门和不同管理层次，将总目标分解为各部门、各环节的具体目标。保险企业一旦确立了经营管理目标，就要为实现经营管理目标制定经营决策。正确的经营决策对企业经营管理目标的实现起到至关重要的作用。

（2）合理组织企业生产力。保险企业必须把保险生产力的各要素有机结合起来，变成现实的生产力。生产力的基本要素是生产资料和劳动力，生产力作用发挥便形成社会生产。在生产力要素中，生产资料是社会生产的物质要素，劳动力是社会生产的活要素。劳动力和生产资料是一切社会从事物质资料生产的必备条件，要使它们形成现实的生产力就必须根据生产资料的性质、用途、使用方法和不同的生产技术条件与要求，把劳动工具、劳动对象和具有相应劳动技能的劳动者科学地结合起来，合理组织生产。保险企业中的设备设施等物质资料和保险劳动者，分别是保险经营管理的物的要素和人的要素。保险管理的重要任务就是根据保险经营的特点与条件，通过保险管理职能，把保险企业的人和物两个要素有机地结合起来，组织现实的保险经营活动，使之形成现实的保险生产力。

（3）转化科学技术为生产力。保险企业应根据我国国情和世界保险市场发展动态，研究和制定保险企业的发展规划，不断完善管理机制，广泛应用先进技术，学习国内外先进经验，提高管理效能，将其转化为直接生产力，推动保险事业进一步发展。不断完善保险企业的管理机制，是实现保险企业现代化管理的重要目标，也是提高保险企业管理效能的重要途径。在保险企业内部实行经济核算，扩大企业经营自主权，合理建构企业内部的管理机构和职能部门，改革计划管理、资金管理、财务管理和人事管理，同时建立健全企业各项规章制度，实行行政方法、经济方法和思想方法相结合，加强科技开发、引进、改造和推广应用，把科学技术转化为实际生产力。

（4）协调保险企业与各方经济关系。保险经营过程中的经济关系，表现为企业同国家、企业同企业、企业同个人、个人与个人，以及领导同员工之间的广泛联系。从本质上讲，经济关系是生产关系的表现，是物质利益关系的集中反映。在社会主义制度下，保险企业同国家、企事业单位以及劳动者个人之间的经济关系，虽然没有对抗性的利害冲突，但相互之间也会出现一些矛盾。正确处理这些矛盾，合理协调保险企业同各方面的经济关系，既是保险企业管理的重要内容，也是保险企业管理不容忽视的管理任务。因此，保险企业只有贯彻统筹兼顾社会主义基本经济规律和党的方针政策，依照责权利相结合的原则，实行经营管理责任制，从国民经济综合平衡的需要出发，运用保险企业管理的职能，正确处理保险企业与各方面的经济关系，调动各方积极性，才能不断提高企业的经济效益。

（5）增加保险企业利润。管理本身可以认为是生产力的重要组成部分之一，现代企业的生产力一方面来自企业的人力、财力、物力和科学技术，另一方面来自对企业各种资源的组织和管理。保险企业是国民经济的一个综合性部门，保险企业在经营管理过程中，只有实行内部管理和外部管理相结合的全面经营管理，调动一切积极因素，才能合理利用企业的人力、财力、物力，达到人尽其才、财尽其效、物尽其用的目标，不断提高劳动效率，降低经营成本，保证企业基本任务的顺利完成。

上述五项管理任务在一个时期内相对稳定，但在保险企业不同时期和不同发展阶段，很可能出现新的变化，增添新的内容。在这种情况下，保险企业应根据客观情况发展变化的需要，制定相应的具体任务来适应新的形势。

1.2.4 保险管理的原则和方法

1.2.4.1 保险管理的原则

原则意为观察和处理问题的准则。保险管理原则是指保险管理者在观察和处理保险经营管理问题时所遵循的基本准则。保险管理原则来源于我国保险企业管理的实践，是由保险经营管理的性质、职能和任务所决定的，反映了事物的客观规律和国家方针政策的要求。在社会主义制度下，保险管理必须遵循以下原则：

（1）政治领导和经济领导统一的原则。政治是经济的集中表现，这是马克思主义关于政治和经济关系的基本观点。我国是社会主义国家，我国实行的基本的政治和经济制度是社会主义制度，因此坚持社会主义道路，坚持人民民主专政，坚持共产党的领导，坚持马列主义、毛泽东思想，是我国一切政治和经济活动的最高准则。保险是社会主义经济活动的一部分，因此，保险企业在经营管理过程中，必须坚持政治领导和经济领导统一的原则，把维护和巩固社会主义的政治和经济制度作为保险管理的首要原则。

（2）民主集中制的原则。民主集中制的原则是指企业在经营管理中既要加强集中领导，又要依靠群众、发动群众、吸收群众参加管理工作，把两者有机地结合起来。民主和集中是不可分割的。企业管理只有建立在广泛民主的基础上，充分发挥群众的积极性，集思广益，才能达到高度的集中。同样，也只有在集中的领导下，民主才能实现。民主是集中的前提和基础，没有民主就不可能有正确的集中，离开充分发扬民主，集中就难以实现。社会主义保险经营是建立在社会化大生产的商品经营基础上，因此，保险经营过程中，不论采取哪一种领导责任制度（如经理负责制、党委领导下的经理负责制或党委领导下的集体分工负责制等），都必须根据国家制定的法律法规和方针政策，集中和统一保险劳动者的意志，组织、指挥和监督保险企业的整个经营活动。

（3）管理现代化原则。保险管理现代化包括管理思想、管理组织、管理手段、管理人员现代化和管理方法科学化。所谓管理思想现代化，主要是指保险管理者要把保险当作一种商品来经营，摒弃社会主义保险是一种纯福利事业的观点，确立保险经营的商品观念、市场竞争观念和效益观念等。管理组织现代化，即对保险经营管理的组织形式、管理体制、组织机构、规章制度、人员素质和配备等的设计、设置和调整要适应现代经营管理的要求，确保保险经营决策的实施和经营目标的实现。管理手段现代化，则指根据保险企业经营的需要，在管理工作中，逐步采用包括电子计算机、先进的通信设备和自动化的办公设备等现代化管理工具，建立起以电子计算机为主要工具的管理信息系统。管理人员现代化，即要求保险系统内的各级各类管理人员，应掌握现代经营管理所必需的各种专业知识和技能，做到既有较丰富的管理理论和实践经验，又有创新和开拓精神。管理方法科学化，是指保险管理者在管理工作中按照客观规律的要求，运用系统论、控制论、信息论的原理和方法，依靠充分而准确的数据信息把定性分析与定量分析结合起来，进行有效的组织和控制，以实现整体最优化的管理。

（4）经济效益原则。讲求经济效益，就必须加强经济核算，努力做到以较少的劳动占用和劳动耗费取得最佳经济效益。经济效益原则是一切经济管理必须遵循的一般原则，也是保险管理必然遵循的重要原则。经济核算是企业管理的基础，是发挥企业经营管理主动性和积极性的基本条件。因为实行经济核算就是记账、算账，所以通过记账、算账和经济活动分析，就能确切知道企业经营活动的情况和经营成果的好坏，就会发现企业管理的成功经验和薄弱环节。为实现社会主义基本经济规律的要求，提供更多更好的保险服务，保险管理者不论在立法和制定政策规章上，还是在组织机构设置和劳动优化组合等方面，都应以提高保险效益为出发点和落脚点，尊重和利用价值规律以保持保险市场供需平衡，正确处理保险企业自身经济效益与社会效益的关系，以及保险短期效益和长远利益的关系。

(5) 责权利相结合的原则。责任和权力是相互联系、相互制约的两个方面。授之以权，委之以责。不赋予当事人一定的权力，责任制就会落空，如果只有权力而不建立责任制，就会出现滥用权力的现象。因此必须坚持责、权相结合的原则，改变有权者不承担责任，承担责任者没有权力的状况，实现责任到人、权力到人。在有计划的商品经济体制下，必须讲求物质利益原则。为了正确实现保险企业的利益，应当把保险企业的经营成果同员工的利益结合起来，经营成果的大小和劳动贡献的多少决定员工物质利益的多少，实行按劳分配，把物质利益作为调动员工积极性的手段之一。责、权、利三者是相互制约、紧密结合的统一体。不明确经济责任，没有相应的权力，就无法取得良好的经济效果，就无从实现物质利益的原则。正确贯彻物质利益的原则有利于调动职工的积极性，处理好各方面的关系，成为实现责任制和自主权的物质动因。

1.2.4.2 保险管理的方法

为了实现保险管理的目标，保险管理在遵循一定原则的基础上还要采用适当的管理方法。根据管理方法性质的不同，将保险企业管理的方法归纳为经济方法、行政方法、法律方法、系统工程方法、教育方法五种。

(1) 经济方法。经济方法是一种根据客观经济规律的要求，运用价格、税收、利息等与价值范畴相联系的经济杠杆，正确处理各种经济关系来管理保险经营的方法。经济方法的特点是不具有强制性，它是一种间接的影响方法，利用经济杠杆刺激管理对象，以达到预定的目的，而不是利用行政命令，直接规定任务或限制活动范围。在管理保险经营时，运用经济方法是商品经济关系的内在要求，是保险管理的基本方法，不是凭人的主观意志决定的，而是社会主义经济规律的客观要求。

用经济方法管理保险经营，客观上要求做到以下四点：第一，根据社会化大生产和社会主义市场经济的要求，按经营过程中的自然规律和技术规律合理组织保险生产力。也就是说，要打破部门、地区和所有制的限制，按照经营社会化、专业化和经济合理的原则，建立各种跨系统、跨地区的分保关系，组织发展各种专业公司，使保险生产力得到充分利用。第二，尊重经济规律特点，尊重和利用价值规律，在保险经营中坚持等价交换原则。第三，利用经济措施管理保险经营，即利用各种经济杠杆以及经济合同和贯彻经济责任制来调节保险经营活动；以物质利益的诱导、刺激来调节保险合同关系双方当事人的积极性、主动性，并正确处理各方面的物质利益关系，把国家、企业和劳动者个人的利益结合起来，既使企业和劳动者从物质利益上关心经营成果，又要保证国家对保险经营宏观调控的实现。第四，建立健全经济核算制，讲求经济效益，以经济效益来衡量各个保险企业的经营成果。

但是，经济方法作为一种强调贯彻物质利益原则的方法，不可避免地具有它的局限性。由于经济方法主要是调节人们的经济效益关系，不直接干预和控制人们的经营行为，所以不能依靠它来解决经济管理中许多需要严格规定或立刻采取措施的问题。特别是不能依靠它来解决经济活动在技术业务方面的问题。此外，也不能完全依靠经济方法来调动企业和职工的积极性。人们除了有物质方面的需要以外，还有更多的精神和社会方面的需要。因此，经济方法在调动企业和职工的积极性方面的作用不是无限的。由于经济方法是一种强调物质利益的方法，因此过分地依赖这种方法就会产生各种自发的自由主义倾向，如产生封锁技术、滥发奖金等问题。

（2）行政方法。行政方法是依靠国家行政机关或行政组织系统的职权，通过下达命令等手段来管理保险经营的方法。行政方法也是经济管理的客观需要。因为在社会化经济活动中，调节人们在生产、经营过程中的行为，除采用经济手段外，还必须依靠行政手段来统一人们的意志和行为。在社会主义制度下，国家作为社会经济宏观调节的中心，也必须凭借行政权威，采用行政手段调节保险领域内其他经济手段不能调节的各种比例关系，实现劳动者、生产资料和科学技术的合理结合。

行政方法也存在一些局限性。行政方法强调的是工作关系，不重视人的多方面需求，被管理者往往处在被动和受强制的地位。单纯使用行政方法，会使劳动群众在进行经济活动时的积极性和创造性受到一定程度的压抑。行政方法强调管理权力的高度集中，高层决策者拥有管理的全权。由于人们认识的局限性，高层决策者很难及时掌握经济活动变化的各种信息，其决策难免会有失误之处。在各种权力高度集中的情况下，下级不能自行根据情况的变化采取相应的措施和行动。因此，单纯地依靠行政方法，就会影响经济组织对环境系统（外界变化）的适应性，容易产生经济组织活动的呆板和被动的情况，影响经济管理的效果。

但是应该指出，在保险经营管理中，采用行政方法并不等于不发扬民主，不走群众路线的强迫命令和瞎指挥。一切行政管理手段都必须符合经济规律的要求和人民群众的愿望。正确的行政指示和命令本身应该是客观经济规律和阶级意志的统一。也就是说，在保险管理中，运用行政方法，既是按经济规律办事的具体体现，又是统一意志和行动的手段。保险管理者重视行政方法的作用，把行政方法与经济方法结合起来，就会产生较好的管理效益。

（3）法律方法。法律方法是一种以国家制定的法律为手段，通过处理、调解各方面的经济纠纷和经济关系来管理保险经营的方法。在保险经营管理中，采用法律的方法，乃是由保险经营的特点决定的。保险作为一种契约关系，本身就是一种法律行为。因此，从某种意义上说，保险经营过程是一个履约过程。从合同的签订到当事人双方的履约，每个过程、每个环节都与法律相连。法律方法作为调整和处理国家、企业与个人之间的经济关系的法律规范，用国家强制力来保证实施，具有其他方法所不能代替的作用。

法律方法和行政方法都带有一定的强制性，但法律方法又具有行政方法不能代替的特殊功能。首先，法律比行政命令、指示、决定更具有强制性与约束力。法律面前人人平等，无论工作职位高低，凡是利用职权营私舞弊或玩忽职守，给国家、集体或个人造成经济损失并触及法律的，都要受到有关法律的制裁。其次，法律方法明确规定保险企业同各个方面的经济关系，遇到问题有章可循、有法可依，可得到公正、迅速的解决。最后，法律方法从法制上把保险企业广大职工的责、权、利结合起来，把经营成果和物质利益联系起来，从而有利于调动保险企业职工的积极性，有利于加强企业内部的经济核算和改善经营管理。

需要指出的是，行政方法、法律方法和经济方法三者之间也是密不可分的。经济方法是按照经济规律的要求办事，行政方法和法律方法同样也是按照经济规律办事。正确的行政手段和正确的法律条文，本身就是客观规律和人民意志的统一。行政方法和法律方法既可以补充经济方法的不足，又制约着经济方法。法律方法是同危害公共利益的行为做斗争的有力手段，是实现国家计划、严肃保险合同的有效保证，是提高保险经营效益的有力工具，同时可以保障经济方法和行政方法的顺利实现。因此，三者是紧密联系、相辅相成的。

（4）系统工程方法。系统工程方法是指以系统为对象，运用系统的观点，以及系统工程的方法和技术，对企业进行分析研究和组织管理的方法。保险企业的体系是一个庞大、复杂的系统，下属还有分系统、子系统，既有纵向联系，又有横向联系，从而形成一个多层次、多环节、多功能的结构。因此，要对保险企业进行科学有效的管理，就必须从保险活动的整体出发，把问题摆在系统中来加以分析研究。但在保险企业的管理中，各个局部的最优，并不一定保证全局的最优，只有按照保险企业经济活动的内在联系，加强各系统的有机协调配合，才能从根本上保证全局经济效益的最优化。

保险系统的外界环境是指保险系统与国民经济这个更大系统的关系，它是由保险与生产、流通、外贸、市场等方面的关系构成的。因此，在运用系统工程的方法管理保险企业时，必须研究这些外界环境的情况、动向和变化，并按照适应协调的要求，发挥保险系统特有的功能。另外，要注意运用精算方法和电子计算机技术。精算方法可以将对问题的分析进一步深化和精确化。运用电子计算机快速、准确的计算能力，可以为解决保险系统的复杂问题提供最优手段和先进工具。

在现代保险经营过程中，社会分工细密，各部门、各单位、各企业联系密切，社会化、专业化程度日益提高，同时，保险经营从经营环节到经营手段，从物的因素到人的因素，都要求高度科学化、技术化。因此，对保险经营进行管理，除采用经济方法、行政方法和法律方法外，还必须运用系统工程方法。

（5）教育方法。教育方法是指通过对劳动者的特长、思想、情绪、态度、愿望、要求以及社会关系加以分析研究，在有针对性地做好思想政治工作的基础上，组织动员群众，调动一切积极因素，以实现保险经营目标的方法。在保险经营管理中采用教育方法，是由我国社会主义市场经济体制下保险企业的本质和历史地位决定的。当然，片面夸大思想政治工作的作用，宣扬政治决定一切而否定物质利益原则和其他方法是非常错误的。同样，片面夸大物质利益的作用，而否定或忽视职工的爱国主义、集体主义、社会主义和共产主义教育，也是错误的。在保险经营管理中采用教育方法提高保险职工、干部的思想觉悟、道德情操，调动一切积极因素，是保险企业贯彻执行党的路线、方针、政策，严格遵守国家的法律、法令与规章制度，坚持保险经营的社会主义方向的需要，是发挥经济方法、行政方法、法律方法和系统工程方法在保险管理中的作用的重要保证。

以上五种方法是保险管理的一般方法，并且这五种方法是相互联系、互为补充的，只有正确结合使用才能提高保险管理水平，实现保险企业的经营目标。

1.3 保险企业经营管理概述

1.3.1 保险企业经营管理的意义

社会主义保险企业的经营管理是指在社会主义生产方式下，保险企业按照现代科学管理的原则、程序和方法，对保险企业的人力、物力、财力和各项经济活动，进行决策、计划、组织、指挥、监督和协调，从而以尽量少的劳动耗费，取得最佳经济效益。

保险企业经营管理的重要意义主要表现在以下方面：

1.3.1.1 保险企业经营管理是充分发挥保险企业职能作用的必要条件

社会主义保险企业是在社会再生产过程中，专门从事组织保险基金，对意外灾害事故进行经济补偿或给付的经济组织，是国民经济中不可缺少的重要组成部分。保险企业要发展，除了组织正常的各项业务活动外，还必须建立一支能掌握保险业务技术的员工队伍，配备相应的技术装备，建立信息系统。同时，保险企业在企业内部还必须建立各种职能部门和科学的劳动组织形式。而所有这些只有通过科学的管理，才能保证保险企业内部的人、财、物和信息的统筹安排，紧密结合，也只有这样，才能实现各职能部门、各工作环节的有机配合与分工协作，保险企业的职能作用才能到充分的发挥。

1.3.1.2 保险企业经营管理是提高保险企业经济效益的重要手段

经济效益的提高，主要依靠一个企业合理组织人、财、物和信息。因此，加强保险企业的管理，是提高保险企业经济效益的重要途径。新中国成立以来，我国企业管理的实践充分证明了这一点。加强企业管理，按客观规律办事，我国的经济就能得到发展，反之则会受挫。

1.3.1.3 保险企业经营管理是不断完善社会主义经济关系的客观要求

保险企业的各项经济活动，必然要与国民经济的各部门及广大劳动人民之间发生各种经济关系。就国民经济来说，保险企业与工业、农业、商业、外贸、交通运输、财政、金融等都发生直接或间接的经济关系。就保险企业的内部来说，既有中央与地方、上级与下级的纵向关系，又有公司与公司之间的横向关系，以及企业与企业之间的经济关系。随着我国社会主义经济体制改革的不断发展，这些经济关系也必将不断地发展和变化。因此，按照加强宏观经济控制并把微观经济搞活的要求，按照国家利益、集体利益和个人利益结合的原则，加强保险企业内部管理，实现分工明确与相互协作，是不断改善社会主义经济关系的客观要求。

1.3.2 保险企业经营与管理的联系

经营与管理是既有区别，又密不可分的两个概念。就一般意义来说，管理是对系统的控制，是人们为了达到预期目标而进行的有组织、有计划的活动。没有管理，人类社会就无法进行正常的生产，生活和工作秩序就建立不起来，人们的社会活动就不可能顺利进行。而经营则是一个历史范畴。广义的经营是指企业达到预期目标活动的总称。经营与管理的区别主要是管理侧重企业内向的组织活动，而经营侧重企业外向的业务开拓。那么保险经营与保险管理到底存在怎样的内在联系呢？

1.3.2.1 保险经营与保险管理相互配合，同步进行

保险企业的经营和管理活动是紧密结合在一起、同步进行的。例如，保险企业为扩大市场份额进行新险种开发，开发哪些新险种，增设多少为宜等都属于保险经营决策。在做出经营决策时，保险企业还必须考虑以何种方式开发新险种、员工能否胜任这项任务、保险市场的需求、开发资金等等，这些就是计划、组织和协调，属于保险管理的工作。可见，保险经营与保险管理只有相互配合，同步开展，才能使保险企业的经营活动有条不紊地运行。

1.3.2.2 保险管理指导经营的同时又为保险经营服务

为扩大保险企业经营规模，保险企业必须对保险市场进行全面调研，对供求状况和发展趋势做出预测；同时，还必须对人力、物力、财力做出一系列安排和调度等管理职能的运作。如果没有保险管理，扩大企业经营规模就无从实现。在保险经营过程中，保险管理部门会针对经营决策的可行性形成和提出指导性意见，例如资金条件是否具备、保险需求是否形成、员工素质是否适应等，以免盲目扩大经营规模。

1.3.2.3 保险经营与保险管理相互促进，相互制约

在竞争日益激烈的保险市场，保险管理必须采取现代化和科学化的方式，而要想使用先进的保险管理手段，必须提高保险经营水平。管理方式受制于一定的经营方式，反过来保险经营技术的提高也促进保险管理的发展。随着保险经营从简单方式发展到全面开放、全球协作的经营方式，保险管理也从凭个人经验判断管理转变为科学系统的标准化管理。

经营与管理的关系是经营决定管理，管理促进经营，管理中有经营，经营中有管理，两者互为表里，是一个统一的整体。

2 保险市场管理

市场是商品经济的产物，而保险作为商品经济的重要组成部分，只有在市场中交换才能实现其价值。狭义的保险市场是指保险公司与客户双方对保险商品进行交换的场所；广义的保险市场是指保险商品交换及交换过程中的相关劳务供求关系的总和。

2.1 保险市场的特征

2.1.1 保险市场是直接的风险市场

保险来源于风险，保险商品本身就与风险直接相关，为各种风险提供保障。投保人、被保险人通过保险将自身的特定风险分散转移给保险人，保险人则通过保险市场集合并分散风险。因此，保险市场是一个直接的风险市场。

2.1.2 保险市场是无形市场

保险市场的无形性与科学技术的进步直接相关。在社会经济发展初期，由于科技的不发达，保险公司一般在固定的交易场所进行保险商品的交易，并且需要当事人当面进行交易。但随着科技的迅猛发展，尤其是网络通信和电子设备的应用，保险商品的交易较少局限在固定的时空，利用电话、手机 App、互联网等通信工具随时进行交易越来越受欢迎，保险展业、投保、签单、索赔、理赔、追偿等环节都可以通过这些现代化通信工具完成，保险市场趋于无形的特点愈发显著。

2.1.3 保险市场是非即时结清市场

交易当场钱货两讫，即时完成，属于即期交易。而金融市场中很多商品交易都存在时间差，如债券市场、期货市场，人们通过时间差来获取收益。保险是一种特殊的金融商品，由于风险的不确定性和保险合同的射幸性，保险合同成立时是无法确定合同是否履行的，不能立刻结清，最终交易结果要看约定的保险事件是否发生，其间隔时间也是不确定的，寿险的期限长达几十年，而短期意外险只有几天或几个月。

2.1.4 保险市场是特殊的“期货”交易市场

保险合同实质是保险人对未来风险事件发生而造成被保险人经济损失的补偿承诺。由于保险合同具有射幸性，保险人是否履约取决于保险期限内是否发生约定的保险事故或者约定的期限是否届满，以及风险造成的损失是否达到约定的补偿或给付条件。这一点与期货现在进行买卖，未来进行交割的特点极为相近，所以保险商品的交易在某种程度上类似于期货。

2.2 保险市场的构成要素和运行机制

2.2.1 保险市场的构成要素

一个完整的保险市场应当包括保险商品的供给方、保险商品的需求方、公平合理价格下的保险商品以及健全完备的中介四大要素。

2.2.1.1 保险市场的主体

在早期的保险市场，由于保险公司数量较少，主要采用直销的方式销售保险商品，因此保险市场的主体只有保险商品的供给方和需求方。随着保险市场的不断发展与开放，可保风险日益复杂，保险业竞争激烈，保险营销趋于区域化和国际化，此时保险中介应运而生，其能够帮助保险供求双方沟通并达成交易，促使保险市场顺利运行，成为保险市场不可或缺的基本要素之一。

（1）保险商品供给方。保险商品供给方是指在保险市场上提供保险商品的各类保险人。在保险市场上，保险人可以具有不同的组织形式，一般可分为个人保险组织、公司保险组织、合作保险组织、行业自保组织。受经济全球化和金融混业经营趋势影响，并购浪潮迭起，出现了一批综合性的保险集团或金融控股公司，这些金融机构或专营保险业务，或兼营保险业务在内的多类金融业务，在金融领域拥有强大的市场影响力。但无论何种形式的保险组织，都必须根据国家法律规定获得认可和执照才能设立和运营。

（2）保险商品需求方。保险商品的需求方是指保险市场上所有现实和潜在的保险商品购买者，即投保人。投保人既可以是个人、家庭，也可以是单位、特定团体。不同的投保人有不同的保险需求，但他们都希望通过保险分散和转移特定的风险，这就要求保险人适应形势变化去开发新险种、新业务，来满足其不断变化的保险需求。

（3）保险中介。保险中介又称保险辅助人，是指介于保险机构之间、保险人与投保人之间或独立于保险人和投保人的第三人，是专门为保险交易双方提供服务，并从中依法获取佣金或服务费的个人和单位，主要包括保险代理人、保险经纪人和保险公估人。保险中介是保险市场精细分工的结果，推动了保险业的发展。其满足了保险供需双方的诉求，促使交易更加迅速地合意完成，对保险经济关系的形成和实现起到不可替代的作用，成为保险市场中与传统的供需双方、保险商品三要素并列的要素。

2.2.1.2 保险市场的客体

保险市场的客体就是保险商品，即保险市场上供给方和需求方的交易对象。保险商品是保险供给方提供的满足需求方风险转移需要的一种特殊形态的商品。

与普通商品相比，保险商品的特殊性在于以下五个方面：

（1）无形性。保险商品是一种无形的商品，实质是一种经济保障的承诺。它看不见，摸不着，也不能试用，只能在约定的保险事件发生或者约定的期限届满时履行，具有很强的抽象性，无法为客户感知。无形性正是保险商品和其他有形商品之间的最大区别。

（2）非渴求性。非渴求性商品是指消费者一般情况下不会主动购买的商品，保险商品就属于此类。保险是风险管理的重要工具之一，而保险中的常见风险往往涉及伤残、死亡、疾病、损失等人们谈之色变或不愿提及的情况，此外，由于保险合同的射幸性，部分人抱有侥幸心理，认为这些事故不会降临到自己身上，从而忽视保险保障的重要性，不会主动购买保险商品。这个特点也决定了保险推销工作的重要性，尤其是在广告宣传和人员推销环节上，只有让大家了解保险商品，熟悉其特点，才能使人们正确看待保险，将之作为市场上正常的商品，针对自己的需求进行购买。

（3）异质性。保险产品的异质性是指保险产品的多样性和服务范围的广泛性。当今社会高科技和互联网、大数据当道，风险具有加速生成的特点，各类新型风险不断出现。同时，客户的个性化需求也越来越强烈。因此，保险人必须提供更多样的产品和范围更广泛的服务，以满足不同区域、不同顾客的各种保险需求。

（4）复杂性。与储蓄、股票、债券等大众熟知的金融产品相比，保险商品比较复杂。客户只要知道储蓄的存款本金和利率、股票的买入卖出价、债券的票面价格和利率，就可以很容易计算出收益。而保险商品分为财产责任保险和人身保险两大类，涉及保障责任的界定、保险费率的计算、保费的缴纳方式、保险金额的确定、责任免除等很多专业性问题，普通客户难以理解，并且大部分保险事故的发生不以人的意志为转移，时间地点均无法确定，因此保险商品很难计算收益。

（5）隐形性。与一手交钱、一手交货的现货交易不同，保险商品具体呈现在保险合同中，投保人购买保险后收到的是保险合同，即获得了保险人向投保人做出的承诺。只有当在合同有效期间内发生了保险事故，投保人、被保险人从保险人那里得到赔偿或给付，才能真实感受到保险商品的存在及保障作用，所以保险商品的消费是一种隐形消费。

2.2.2 保险市场的运行机制

市场是以市场机制为核心的一个经济活动的系统，要想市场正常运转，需要市场机制内的供求机制、价格机制、竞争机制相互结合、相互制约达到均衡的状态。保险市场是商品经济发达的产物，市场中交易主体众多，将市场机制引入，结合保险监管，可使保险市场运行更加有序。

2.2.2.1 保险市场机制的含义

保险市场机制，是指将市场机制应用于保险经济活动中所形成的价值规律、供求规律及竞争规律三者之间相互联系、相互制约、相互作用的关系。

2.2.2.2 保险市场机制的运行条件

要使保险市场机制有效运行，需要满足以下条件：

（1）市场交易主体必须存在自己追求的特殊经济利益。不同主体追求的经济利益存在的差异是保险市场机制运行的内在动力。其在保险市场中表现为投保人在相同保障条件下追求支出最低保费，或在同等保费条件下希望获得最大程度的保障；相反，保险公司希望尽可能提高保单价格和盈利水平。

（2）保险商品的价格需要一定的浮动空间。价格是供求关系变化的直接反映。

（3）保险商品需要一定幅度的自由供求关系。商品价格的变动可自发调节市场供求：价格上升，会刺激生产者增加供给，导致消费者减少需求；价格下降，会引起消费者增加购买，抑制生产者的供给。

（4）保险资本有一定限度的自由流动性。

2.2.2.3 保险市场机制的运行

在保险市场中，随着保险商品的价格波动，保险的供给和需求发生变动，但由于保险商品的特殊性，所以价值规律、供求规律、竞争规律也表现出特殊的作用。

（1）价值规律。价值规律是商品生产和交换的基本经济规律。它要求商品按照价值相等的原则互相交换，而商品价值量取决于社会必要劳动时间。商品的价格由价值决定，商品价格既反映价值量，又反映供求关系的变化。

在市场上，当某种商品供不应求时，其价格就可能上涨到价值以上；而当商品供过于求时，其价格就会下降到价值以下。同时，价格的变化会反过来调整和改变市场的供求关系，使得价格不断围绕着价值上下波动，但从长远看来，供求大体是均衡的。对于保险市场，价值规律的主要作用是促使保险经营者合理分配各险种消耗的社会必要劳动时间，并尽可能使个别劳动时间低于社会必要劳动时间来提高经济效益。

保险商品是一种特殊商品，这种商品的价值一方面体现为保险人提供的保险保障（包括有形的补偿或给付和无形的心理保障）所对应的等价劳动的价值，另一方面体现为保险从业人员社会必要劳动时间的凝结。[①] 保险商品的价格由保险费率确定，投保人据此所交纳的保险费是为换取保险人的保险保障而付出的代价，无论从个体还是总体的角度，都表现为等价交换。但由于保险费率主要是依据历史经验而测算出的未来损失发生的概率，所以，价值规律对于保险费率的自发调节仅限于凝结在费率中的附加费率部分的社会必要劳动时间。因此，价值规律对于保险商品的价值形成方面具有一定的局限性，只能通过要求保险企业改进经营技术、提高服务效率，来降低附加费率成本。

（2）供求规律。供求规律表现的是商品的供给和需求之间的关系，它通过对供需双方力量的调节达到市场均衡，从而决定市场的均衡价格，即供求状况决定商品的价格。就一般商品市场而言，商品价格形成直接取决于市场的供求状况；但是保险商品的价格即保险费率，不完全由市场供求状况决定。尽管供求状况能在一定程度上影响

---

① 魏华林，林宝清. 保险学［M］. 3版. 北京：高等教育出版社，2011：328.

保险费率，但保险市场上保险费率的形成主要取决于风险发生的频率。风险发生概率高，相应的保险商品价格就高，反之就低。例如，人寿保险的市场费率，是保险人根据预定死亡率、预定利率与预定营业费用率事先确定的，保险人不能就保险需求的变化随意调整市场费率，需由专门的精算技术予以确立。尽管费率的确定要考虑供求状况，但是供求状况本身并不是确定保险费率的主要因素。

（3）竞争规律。竞争规律是保险市场中的重要规律。一般的商品市场竞争，就其手段而言，价格是最有利的竞争手段。在保险市场上，价格竞争也一度成为最主要甚至是唯一的竞争手段。为了在市场上取得竞争优势，有的保险人甚至将费率降至成本线以下，结果使得一些保险人难以维持，甚至破产倒闭，最终影响广大被保险人的利益。其实，在保险市场上，由于交易的对象与风险直接相关联，风险发生的频率等才是决定费率的主要因素，供求仅仅是费率形成的一个次要因素。因此，一般商品市场的价格竞争机制，在保险市场上必然受到某种程度的限制，并且价格竞争只是竞争的一种方式，在很多情况下，保险市场的竞争成败更多地取决于服务和保险产品方面。

总体说来，保险市场是社会生产总体的一部分，同时存在一定特殊性。我们应当正确认识市场机制的功能，在保险市场中既要充分发挥其调节作用，也要注意市场外其他因素对市场机制的制约作用。

2.3 保险市场的模式、组织形式及结构

2.3.1 保险市场模式

在经济学中，我们通常按照市场上厂商的数目、各厂商供给产品的差异程度、单个厂商对价格的控制程度以及厂商进入或退出市场的难易程度来划分市场类型，据此可将保险市场分为完全竞争型、完全垄断型、寡头垄断型、垄断与竞争并存型。

2.3.1.1 完全竞争型保险市场

完全竞争型保险市场又称自由竞争型保险市场，是指一个保险市场上存在数量众多的保险公司，每家保险公司提供无差异的同质保险商品，且能够自由进出市场；任何一家保险公司都不能单独左右市场价格，即都是价格接受者，由保险市场自发地调节保险商品价格；供给双方自身掌握或通过中介人获取充分的信息，交易完全自由。在这种市场模式中，保险资本可以自由流动，价值规律和供求规律充分发挥作用，由市场配置各类保险资源。政府对保险企业监管相对宽松，主要由保险同业公会在市场管理中发挥重要作用。

一般认为完全竞争是一种理想的保险市场模式，它能最充分、最适度、最有效地利用保险资源。因而，保险业发展较早的西方发达国家的保险市场多为这一类型。

2.3.1.2 完全垄断型保险市场

完全垄断型保险市场，是指保险市场由一家保险公司操纵，这家公司的性质既可

是国营的，也可是私营的。在完全垄断的保险市场上，价值规律、供求规律和竞争规律受到极大的限制，其他公司无法进入该市场，没有可供选择的保险人，自然也就不存在竞争，没有可替代产品，保险消费者只能购买这一家保险公司提供的保险商品，市场价格也由该公司决定，因而，垄断保险公司可凭借其垄断地位轻易获得超额利润。

完全垄断模式又可细分为两种模式：一种是专业型完全垄断模式，即一个保险市场内存在两家或两家以上保险公司，每家公司专营一类保险业务，相互间业务不交叉，以保持其在细分市场上的垄断地位；另一种是地区型完全垄断模式，指在一国保险市场上存在两家或两家以上保险公司，每家公司垄断某一地区的保险业务，并不得向其他公司垄断区域渗透。

完全垄断下的保险市场资源配置扭曲，效率低下，只有经济十分落后的国家、地区出于控制的需要才会选择这种市场模式。

2.3.1.3 寡头垄断型保险市场

寡头垄断型保险市场，是指在一个保险市场上，只存在少数几家相互竞争的保险公司。在这种模式的市场中，保险业经营依然以市场为基础，但保险市场具有较高的垄断程度，竞争是不充分的，其他保险公司进入市场较难。保险市场上的竞争主要是国内几家大型保险公司之间的竞争，形成相对封闭的国内保险市场。

2.3.1.4 垄断与竞争并存的保险市场

与完全竞争和完全垄断这两种极端的保险市场模式相比，垄断与竞争并存的保险市场更为常见，大部分发达国家采取此种模式。这种保险市场模式下，大小保险公司并存，少数大保险公司在市场上取得垄断地位，保险公司能较自由地进出市场。各公司提供有差别的保险商品，投保人可以根据自身情况做出最合适的选择。同业竞争在大垄断公司之间、垄断公司与非垄断公司之间、非垄断公司彼此之间激烈展开。

2.3.2 保险市场的组织形式

保险市场组织形式的选择，取决于该国原保险基础以及对保险业前景的规划。一般自由度越宽松，市场的组织形式越倾向于多样化。一国经济所有制形式的多样化，客观上也要求保险组织形式的多样化。股份制和相互制保险组织是世界范围内最常见的两种形式，几乎得到所有的非垄断性司法管辖区的允许。另外还有其他组织形式，如相互保险社、保险合作社、劳合社、非营利性服务计划、健康保障组织等等，这些形式只在个别国家得到许可。多数国家允许在本国经营的外国保险人，其法定形式应适用国民待遇。

2014 年国务院发布了“新国十条”，鼓励发展多种形式的互助合作保险。2015 年 1 月，中国保监会印发了《相互保险组织监管试行办法》，对相互保险组织的定义、设立条件、会员、组织机构和业务规则等做出规定。2016 年 6 月 22 日，保监会批准信美人寿相互保险社、众惠财产相互保险社和汇友建工财产相互保险社三家相互保险社试点。众惠财产相互保险社于 2017 年 2 月 10 日获得保监会开业批复，并于 2 月 14 日获得营业执照，成为中国首家开业的相互保险社。

我国开展相互保险试点，是现有市场主体的合理和必要的补充。相互保险可以促进股份制保险更加注重长期利益，股份制保险则带动相互保险更加注重提高经营效率，两者始终在共同推动保险业不断向前发展。这两者之间不是简单的替代关系，而是“补短板、填空白”。《相互保险组织监管试行办法》为相互保险的发展打开了大门，不同的组织形式在不同的领域有比较优势，几乎所有的保险公司都是股份制不应该是社会主义市场经济必须具有的特质，选择何种组织形式应由市场和国情来决定。由于相互制和股份制存在显著差异，现行《中华人民共和国公司法》《保险公司章程指引》等法律法规对相互保险形式并不完全适用，所以我国监管还需跟上步伐，提升保险服务经济社会的能力。

2. 3. 2. 1　个人保险组织

个人保险组织是指以自然人名义承保保险业务的一种组织形式。由于个人资本能力和信誉有限，目前在世界各国个人保险组织很少，主要存在于英美保险市场上，其中最为典型的是英国伦敦的劳合社（Lloyd's）。

劳合社由 1688 年开设在伦敦泰晤士河畔的劳埃德咖啡馆演变而来，1871 年英国议会通过法案，宣布其成为正式的社团组织，其业务从海上保险扩展到主营非寿险业务。劳合社最初只允许承担无限责任的个人投资者进入，1994 年改革后允许法人资本进入，并允许个人社员退社或合并转成有限责任的社员，因此改革后的劳合社，其个人承保人和无限责任的特色逐渐褪去，但这并不影响劳合社在世界保险业中的领袖地位。

劳合社是世界上最大、历史最悠久的保险机构，它设计了史上第一张盗窃保险单，为第一辆汽车和第一架飞机出立保单，近年又是计算机、石油能源保险和卫星保险的先驱，在世界保险业中有着特殊的地位。其所出具的保单条款、制定的费率在世界保险市场上是一直被效仿的对象。随着人口转移、城市化和风险复杂性的日益增加，劳合社为跟上客户需求，保持快速的产品开发速度，仅 2015 年就开发出超过 15 款网络保险产品，承保包括声誉风险造成的财务损失到保护重要基础设施免受恐怖分子或其他恶意网络攻击的一切风险。

就劳合社组织的性质而言，它不是一个保险公司，而是一个社团组织，它不直接接受保险业务或出具保险单，所有的保险业务都通过劳合社的会员，即劳合社承保人单独进行交易。劳合社只是为其成员提供交易场所和相关服务，与股票交易所类似，交易有严格的自律机制。承保会员常常通过辛迪加的形式来进行经营活动。辛迪加由若干承保会员组成，它通过一个或多个代理人来办理业务，代理人可选择参加辛迪加与否，辛迪加的每个会员按事先确定的承保比率来分担赔偿责任。每个会员都对损失负无限责任。当某一会员无法履行其赔偿责任时，其他会员将代其赔偿。这一做法无疑确保了劳合社的信誉，同时分化形成专业化、富有经验的承保和管理力量，实现了保险资本和技术的完美结合。

2. 3. 2. 2　公司保险组织

在保险市场上，公司保险组织是最常见和最主要的保险组织形式，它是指以公司形式经营保险业务的保险组织，按照财产所有制关系不同可分为国营保险组织和私营保险组织。

（1）国营保险组织。国营保险组织又称公营保险组织，是指由国家或地方政府投资设立的保险机构。国营保险组织既可以由政府直接经营，也可以由符合国家法律要求的其他公共团体经营。国营保险组织经营可能以盈利为目的作为增加财政收入的手段，组织形式为经营商业保险的保险组织，如中国人寿保险公司、中国人民保险公司，它们与其他保险组织一样经营各类保险业务，开展公平的市场竞争。值得一提的是，在 1988 年以前我国保险市场不发达，那时中国人民保险公司属于完全垄断型的国营保险组织，垄断了我国所有的保险业务，扮演保险监管者和保险经营者的双重角色。国营保险组织也可能以政策的实施为宗旨，并无营利的动机，组织形式为经营社会保险的保险组织，专门经营一些强制性或特定的保险业务，如我国的出口信用保险公司、美国联邦政府设立的存款保险公司、日本厚生省管辖的国营健康保险机构。这种情况下的保险组织形式类似政府机构，管理体制一般是行政式的，甚至由国家立法对其承保范围、承保对象、保障程度做出规定，强制承保，所承保风险多属私营保险不愿意或无能力经营的特殊风险，如失业保险、农业保险、投资保险、出口信用保险等，侧重于为整个社会经济生活的正常运转提供保障。

国有独资保险公司是一种典型的国营保险组织形式，有以下几个特点：

①国有保险公司不设股东会，国家是国有保险公司的唯一股东。在一般的有限责任公司中，股东权利通过股东会行使。而在国有保险公司中，国家是唯一的股东，因此不设股东会。但是代表国家出资的机构或部门必须获得国家授权。

②国家仅以出资额为限对公司承担有限责任。

③国有独资保险公司是特殊的国营保险公司。国有保险公司的章程，由国家授权投资的机构或部门制定，或者由公司董事会拟定，由国家授权投资的机构批准，并报经中国保监会核准后生效。

目前国营保险组织是我国保险公司的主要组织形式之一，在我国保险市场上占有重要地位，中国人民保险公司、中国人寿保险公司、中国出口信用保险公司、中国太平保险公司是我国四大副部级保险公司，由中共中央组织部任命人事权，中国保监会负责监督。

（2）私营保险组织。私营保险组织是由私人投资设立的保险经营组织，通常采用保险股份公司和相互保险公司形式。

①保险股份公司。保险股份公司是指两个或两个以上出资者以一定形式共同出资，按照法律程序组建，对外承担有限责任，专营保险业务的以盈利为目的的法人企业。广义的股份公司一般包括股份有限公司和有限责任公司两种形式，其中，保险股份有限公司是现代保险公司制度下最典型的组织形式。

保险股份有限公司是由一定数量的股东发起组织的，将全部公司资本划分为等额股份，通过发行股票（或股权证）筹集资本，股东以其所认购股份承担有限责任的法人企业。设立股份有限公司，除必须符合《中华人民共和国公司法》具体规定的公司发起人的人数、公司债务的限额、发行股票的种类、税收、营业范围、公司的权力、申请程序、公司执照等，还要符合《中华人民共和国保险法》关于保险公司的规定，如主要股东具有持续盈利能力，信誉良好，最近三年内无重大违法违规记录，净资产不低于二亿元。

保险股份有限公司作为一种现代保险公司制度，因其严密而健全的组织形式，为世界各国广泛采用，从资本规模和市场份额来看均处于保险组织形式的主导地位。同时，由于保险股份有限公司的经营目的是盈利，所以比较适用于那些风险较大、投机性较强的财产保险业务。综合看来保险股份有限公司形式有以下几个特点：

第一，可以迅速聚集大量资本，广泛聚集社会闲散资金形成充足的经营资本，有利于扩展保险业务和公司的成长，充分发挥大数法则的作用，分散风险，提高对被保险人的保障能力。

第二，股份有限公司采取所有权和经营权分离，拥有众多专业管理人才，经营管理水平高，创新险种能力强，可以迅速对市场需求做出反应。

第三，公司重大事项必须向社会公开，有利于接受社会公众监督，使经营更加安全。

第四，使用确定的保险费制一方面可以排除被保险人的追补义务，另一方面也便于保险业务的持续扩张，更符合现代保险的特征和投保人的诉求。

但是保险股份有限公司的形式也存在一定的局限：既然以盈利为目的，那么对于风险的筛选控制会更加严格，经营成本较高；与非营利保险组织相比保险费率较高，而获得保险金给付的条件相对苛刻；由于所有权和控制权相分离，容易出现委托代理问题。

保险有限责任公司也是现代企业制度中较常见的公司组织形式，是指不通过发行股票，由股东根据自己的实际财力投资相应比例的股本，公司以自己的全部资产对外承担责任，而公司股东则以所投资的资本为限对公司债务承担有限责任的保险公司。

相对于早期劳合社等承担无限责任的保险组织，保险有限责任公司有以下几个特点：

第一，最大的特点就是保险有限责任公司股本不划分为等额的股份，而是根据股东协议分为相应的额度，公司股东按照出资额对外承担有限责任，即使公司经营不善，也不会造成股东过大的损失，最坏的情况就是投资到保险公司中的资本全部损失。

第二，按照我国法律的规定，有限责任公司的股东人数为1~50人，数量较少，容易协调，出让股权一般要取得其他股东的同意，并且老股东有优先购买权。而且股东之间，尤其是原始股东彼此通常较为熟悉，相互间有较强的人身信任关系，所以保险有限责任公司既有资本联合的性质，又有很强的人合性。

第三，保险有限责任公司依照法定的方式对公司进行经营和管理，一般要建立股东会、董事会、监事会等组织机构，高级管理人员通常也是股东，公司所有权和控制权分离程度不及股份有限公司。

但由于公司的账目无须向社会公众公开披露，所以信息透明度较低。一些中小规模的保险企业为享受现代公司制的优势，保持封闭式经营，会选择这种组织形式，但从资本总额来看，保险有限责任公司远远少于保险股份有限公司。

②相互保险公司。相互保险公司是所有投保人基于相互保障的原则为自己办理保险而设立并共同拥有的法人组织，体现“人人为我、我为人人”的理念。相互保险公

司是保险业特有的一种非营利性的公司组织形态，也是相互制保险组织中最主要的组织形式。

相互保险公司具有以下几个特点：

第一，相互保险公司没有股东，一般由成员代表大会、董事会、监事会及经理层组成，其中成员代表大会为公司的最高权力机构。投保人根据公司章程的规定可作为法人的组成人员（会员），以向公司缴纳保险费，公司根据合同约定进行赔付的形式，从事相互保险活动。也就是说，公司会员是保险人和被保险人的统一体。只要缴纳保费，投保人就可以成为公司会员，而保险合同一旦解除，会员资格随之消失。公司清算时，在偿付完其他债务后，剩余财产归全体投保人所有。

第二，由于相互保险公司的投保人同时为保险人，成员的利益同时就是投保人和保险公司的利益，所以可以有效避免保险人的不当经营和被保险人的欺诈所导致的道德风险，更为有效地集中和管控风险。

第三，相互保险公司不以盈利为目的，所有的资产和盈余都用于被保险人的福利和保障。相互保险公司通过所有权关系取代了市场交易，这为降低费率提供了条件，为经济条件相对较差的人们寻求保险保障提供了机会。同时，没有利润压力使得相互保险公司更为重视那些对被保险人有利的长期保险项目。

第四，相互保险公司的经营资本又称为基金，主要来源于各公司成员加入公司之时认购公司基金作为创立的费用及其所交纳的保险费之和。各个公司成员以交纳的保险费为限承担有限责任。由于相互保险公司没有资本金，也不能发行股票，其竞争对手无法通过资本市场运作来进行恶意收购。

第五，相互保险公司运用上述基金在经营中若有盈余时，则将其拨作公积金和法定准备金，或者以保单红利的名义分配给公司成员，即保单持有人。当公司经营亏损时，则或者由公司成员以分摊保费的方式弥补，或者采取减额赔偿，即削减部分保险金的方法加以解决。

但是相互保险公司也存在局限：一是其不能以发行股票的形式向社会募集资金，不能充分地利用资本市场，使它的发展速度受到一定的限制，主要依靠留存盈余来增强承保能力。二是由于筹资能力弱，又没有外部融资渠道，因此其保障能力弱于股份制公司，一旦资金周转出现问题，即使远未达到资不抵债的程度也可能破产。三是相互保险公司的经营管理技术要求很高，如何确定公司的盈余，以及不同保单持有人以何种比例分配该盈余，可能使成员之间即被保险人之间产生新的利益分配不公甚至对立的问题。其经营成果和内控制度的透明度也不如股份制公司。也是由于这一原因，相互保险公司大多经营人寿保险业。四是随着股份保险公司经营万能险、分红险等险种，相互保险公司被保险人可以分享公司经营成果的优越性变得不明显，在费率等方面的区别逐渐减少。

相互保险公司作为当前世界保险市场上的主流组织形式之一，在全球保险市场上占有重要地位。为了更好地保护被保险人利益，近年来出现保险股份有限公司向相互保险公司转化的趋势。2014 年按照资产规模排名，扣除再保险公司，排名前 50 的保险公司中共有 9 家相互保险公司（日本 2 家，美国 7 家）。其中有 5 家专门经营人身险业务；1 家专门经营财险业务；2 家既经营人身险业务，也经营财险业务；1 家经营人身险、财险和再保险业务。瑞士再保险 2016 年 8 月发布的 Sigma 报告则指出相互保险公司占整个保险市场直接保费收入的份额从 2007 年的 24%上升至 2014 年 26%。

2004 年我国成立了第一家经营财产险的相互保险公司——阳光农业相互保险公司，填补了国内相互保险公司的缺位。而在此之前，自 1979 年恢复保险业务以来，我国保险公司的组织形式一直是股份制。自 2015 年年初《相互保险组织监管试行办法》发布以来，相互保险公司逐渐走俏。

（3）合营保险组织。合营保险组织是指一种公私合营的保险经营组织（公司等），即由政府或组织与私人共同投资设立的保险经营组织。公可以是政府或国有公司，私可以是国内国外的私人（公司）投资者。①

合营保险组织分为两种形式：一种是私人与政府共同投资设立的保险经营组织，属于公私合营保险组织；另一种是本国政府组织与外商共同投资设立的保险经营组织，在我国，此类保险经营组织称为中外合资保险公司，例如中德安联大众人寿保险公司、金盛人寿保险公司、中英人寿保险有限公司等。中外合资保险公司和其销售的产品均受保监会监管，它们和国内的国寿、人保、平安、太平洋等本土老牌保险公司的主要差别在于分支机构的多少。分支机构决定了一些理赔服务方式是否支持和经营的局限，若外资公司在当地没有分支机构，那么上门收单勘查就比较难实现，就只能选择邮寄资料获取理赔。

合营保险组织也以股份制形式出现，并具有保险股份有限公司的特点。

2.3.2.3 合作保险组织

合作保险组织是指社会上为了获得保险保障，具有共同风险的个人或单位共同筹资设立的一种保险组织形式，可分为消费者合作保险组织和生产者合作保险组织。合作保险组织的形式有相互保险社、保险合作社、交互合作社。

（1）相互保险社。相互保险社是为了应付自然灾害或意外事故造成的经济损失，由有相同保障要求的人或单位自发组成的一种集体保险组织，当其中某个成员遭受损失时，由其余成员共同分担该损失。

相互保险社有如下几个特点：

第一，相互保险社无股本，其经营资本来源仅为社员缴纳的分担金。参加相互保险社的社员需事先缴纳一定数量的赔偿基金和管理费，在年度结算确定出实际赔偿分担额后多退少补。该基金在未支付赔款前可存入银行或投资，所得利息或红利归全体社员所有。

第二，相互保险社保险费采取事后分摊制，事先并不确定。

第三，相互保险社的最高管理机构是社员选举出来的管理委员会，通常由委员会指定一位具有法人资格的代理人主持日常工作。

目前欧美国家依然存在相互保险社这种组织形式，如针对海上保险的船东互保协

① 林秀清. 保险与实务［M］. 北京：北京理工大学出版社，2010：58-62.

会、英国的“友爱社”、美国的“兄弟社”等。

（2）保险合作社。保险合作社是由为获得保险保障的人们自愿集股设立的一种特殊的相互组织形式。它要求社员（只能是自然人）加入时必须缴纳一定金额的股本，社员对合作社的债务以其认购的股本为限。只有社员才能作为保险合作社的被保险人，但是社员也可以不与保险合作社建立保险关系。合作社为社员提供保险服务，采取固定保险费制，事后不再补缴保费。

保险合作社和相互保险社非常相似，它们都是互助合作的组织形式，都是非营利机构，但是它们也存在一些区别：

第一，保险合作社是由社员共同出资入股设立的，社员必须缴纳一定金额的股本；而相互保险社却无股本。

第二，保险合作社的业务范围仅局限于合作社的社员，只承保合作社社员的风险。

第三，保险合作社采取固定保险费制，事后补缴；而相互保险社保险费采取事后分摊制，事先并不确定。

第四，只有保险合作社的社员才能作为保险合作社的被保险人，但是社员也可以不与保险合作社建立保险关系；而相互保险社与社员之间是为了一时目的而结合的，如果保险合同终止，双方即自动解约。

目前全球具有影响力的保险合作社有美国的蓝十字与蓝盾协会等。蓝十字与蓝盾协会（Blue Cross Blue Shield）是美国历史最悠久、规模最大、知名度最高的专业医疗保险服务机构，为一亿多美国人提供医疗保险，占据大半医保市场。但是该协会并不直接拥有或控制任何一家蓝十字与蓝盾公司，它只是拥有蓝十字与蓝盾商标和名称，对世界各地被授权冠以蓝十字蓝盾的医保公司进行监督和规范。大部分蓝十字和蓝盾保险公司为非营利性保险公司，它们在各州独立经营，互不干涉。非营利组织和营利组织的区别在税务方面，并不是说非营利组织的经营结果不能有盈余，非营利组织要向联邦税务局证明自己的盈余是用在公共服务上，而不是发放给股东或管理层。

（3）交互合作社。交互合作社是单独存在于美国的一种保险组织形态，是一种介于相互保险组织和个人保险组织之间的混合体。交互合作社的社员之间互相约定保险及保险责任限额，在限额内可将保险责任按比例分摊于各社员之间，同时接受各社员的保险责任。例如，甲参加交互合作社，并约定25万元的保障额度，那么就把他的额度分摊给乙、丙、丁等其他社员，同时他也要分摊其他社员共计25万元的保险，这样就使甲将25万元的风险，由集中于个人财产而转变为分散于乙、丙、丁等其他社员的财产。同样，如果社员乙需要30万元的保障额度，那么乙就要分摊其他社员30万元的保险。

交互合作社的投保人仅以社员为限，互相交换保险也限于社员之间，有相互保险组织的性质。但是各社员以个人名义在一定金额限度内承担责任，而不是分摊，所以它又与相互保险组织有所不同，有类似英国劳合社个人保险组织的性质，比如美国的农夫保险集团（Farmers Insurance Group）和USAA保险公司。

交互合作社不是非法人或合伙组织，其社员除个人外，还可以是法人。其业务通常由各社员以委托方式委托代理人经营。代理人是交互合作社的重要管理人，负责处理有关保险的一切业务，如核保、理赔等，收取一定的酬金，通常为所收保险费的一部分，但是相关经营费用是由交互合作社支付的。有时各社员推选出代表组成顾问委员会，以监督代表人执行业务，这与股份公司的董事会颇为相似。①

交互合作社主要涉足火灾保险与汽车保险方面，在人寿、海上、伤害等保险方面较少。其保险费的缴纳采用事后分摊的方式，并无资本、盈余及准备金等的积存。

我们可以从所有者、经营目的、决策机构、资金来源、成员资格、保费收取方式、责任类别等方面对上述几种保险组织形式加以归纳比较（见表2.1）。

表2.1　　几种保险组织形式的比较表

	个人保险组织	公司保险组织			合作保险组织		
	个人保险商组织	保险股份有限公司	保险有限责任公司	相互保险公司	相互保险社	保险合作社	交互合作社
所有者	个人保险商	股东	股东	保单持有人即会员	社员	社员	社员
经营目的	盈利	盈利	盈利	非盈利	非盈利	非盈利	非盈利
决策机构	理事会	股东大会	股东大会	成员代表大会	社员大会或管理委员会	社员大会或代表大会	社员大会或顾问委员会
资金来源	个人保险商净值	股东出资股本金	股东出资股本金	社员支出的基金及出资人支出的基金（负债性质）；无股本	社员缴纳分担金；无股本	合作社成员出股本；对外筹资	类似于相互保险社
成员资格	确切地说是一个保险市场，只向其成员提供交易场所和有关的服务，本身并不承保业务	基于保险合同而取得；无社员关系	基于保险合同而取得；无社员关系	社员关系同时基于保险合同而取得，合同终止，社员资格终止	保险契约终止，相互保险社的社员关系随即解除	社员缴付股本后，即使没有参加合作社的保险，也拥有社员关系	既有相互保险组织的性质又有英国劳合社个人保险商的性质
责任类别	从无限转变为有限	有限	有限	有限	有限	有限	有限
保费收取方式	固定保险费制	固定保险费制	固定保险费制	从事后分摊保费制逐渐转变为固定保险费制	采取事后分摊保费方式	固定保险费制	采取事后分摊保费方式
代表机构	劳合社	美国美亚、友邦，德国安联，泰康人寿等	陆家嘴国泰人寿保险有限责任公司，中法人寿保险有限责任公司	日本生命人寿，美国大都会人寿	船东互保协会，英国友爱社	美国蓝十字与蓝盾协会	美国农夫保险集团，USAA保险公司

2.3.2.4　专业自保组织

专业自保组织是指某一行业或企业为本企业或本系统提供保险保障的组织形式，一般是由一家母公司单独出资或母公司与其控股子公司共同出资，且只为母公司及其

① 江生忠. 保险企业组织形式研究［M］. 北京：中国财政经济出版社，2008：69-182.

控股子公司提供保险服务的保险公司。

自保是国际大型企业进行风险管理的重要手段，也是国际保险市场的重要组成部分。相比商业保险公司需要为股东谋求最大利益、以利润为导向的立场相比，自保公司由于多是母公司旗下的全资子公司，协助母公司完成风险管理目标是自保公司运营的首要目的。

专业自保公司与一般商业保险公司相比较，具有以下几个特点：

第一，降低保险成本。当前成立自保公司的目的主要是节约成本，提供风险损失的资金融通工具。欧美传统保险公司的费用率一般在20%~30%，而自保公司的运营成本大约为保费的5%，由此可以节省一大笔保险费用。

第二，满足企业的保险需求。早期人们设立专业自保公司在很大程度上是由于在传统保险市场中人们无法得到某些保险保障才不得已而为之。自保公司承保业务的伸缩性较大，对于传统保险市场所不愿承保的风险，也可予以承保，以解决母公司风险管理上的困难，还可以提供优惠的保费支付安排。

第三，减轻税收负担。企业在购买保险时，所支付的保险费作为企业经营所必要的成本，可以从应税所得中扣除。但是，风险自担的成本一般是无法从应税所得中扣除的。因此，人们通过设立专业自保公司，使企业既可以得到自担风险的好处，又能得到税收方面的利益。自保公司不仅在已决赔款和费用中享受税收优惠，在赔款准备金方面也能获得税收减免，利用这一优势，可以减少整个企业的纳税额。

第四，改善企业现金流量。保险公司从收取保险费到出险并对损失做出赔偿之间，一般存在一段相当长的时间间隔。通过建立专业自保公司，其潜在投资收益也是属于企业的。另外专业自保公司可以向其他企业提供保险业务，这成为新的利润增长点。

第五，再保险有优势。通常拥有自保公司的企业被认为风险控制较好，参加再保险时，由于自保公司也承担了一部分保险责任，再保险公司会更加信赖自保公司对潜在风险的评估，认为企业产生道德风险的可能性较低，从而给予较优惠的再保险条件。

然而自保公司也存在一定的弊端：一是自保仍然属于风险自留，并且自保公司大部分业务在本质上仍然以母公司为主要来源，危险单位有限，使大数法则难以发挥功能，并不能将风险完全转移。二是自保公司通常规模较小，组织较为简陋，财务基础脆弱，不易吸引专业人才，难以提高经营水平。三是母公司成立自保公司前期需要大量资金投入，会增加母公司的资金占用和成本。四是如果专业自保公司一味追求盈利，可能会增加母公司的风险，甚至导致整个企业破产。

随着中国企业更多的“走出去”，自保正成为更多企业垂青的保险组织形式。截至2015年年底，国内已有五家大型国企设立了自保公司，分别是中国海洋石油总公司成立的中海石油保险经纪有限公司、中国石油化工集团公司设立的中石化保险经纪有限公司、中国石油天然气集团公司成立的中石油专属财产保险股份有限公司、中国广核集团有限公司设立的中广核保险经纪有限责任公司以及中国铁路总公司设立的中国铁路财产保险自保有限公司。以中石油专属财产保险公司为例，其2015年实现保费收入5.56亿元，比2014年增长257%，实现利润总额3.27亿元，保费收入占集团母公司总保费支出从2014年的近10%增至近30%。其海外业务共承保了14个国家的22个项目，范围覆盖中东、中亚、美洲、非洲、亚太五大海外油气合作区，与54家再保险公司开展了业务合作。此外还有公司通过境外并购取得了并购对象已设立的自保公司。

2.3.2.5 保险集团公司

保险集团公司就是在一个集团公司（母公司）的框架之下，各子公司专门从事银行、证券、保险、信托等不同领域的金融业务。

近年来，西方金融机构在降低成本、提高效率和提升国际竞争力的压力下，为适应客户多元化服务的需求，纷纷通过收购和兼并等方式组建新的金融集团，迅速扩张其资本，扩大经营领域，占领市场。全球金融业开始经历由分业经营向集团经营的历史转变，但这绝不是半个多世纪前金融服务业混业经营的简单重复，而是在市场需求形态高级化、现代金融业经营管理手段有了巨大发展和进步的情况下，金融服务业走向更高级经营阶段的标志。

大资管背景下，来自消费者对产品多元化的诉求，以及来自股东对企业超常规增长的愿景，倒逼保险公司不断追求资本投资最优化、资本利润最大化。国外诸如德国安联集团、法国安盛集团、荷兰国际集团等成功范例，让国内保险公司的股东们看到了集团化带来的巨大优势。比如集团资源整合可有效降低经营成本，可以在不同业务之间共享核心能力和资源，从而充分利用规模经济，实现多层面的协同，实现客户资源利用最大化。目前，已有人保、国寿、平安、太平洋、中再、太平、阳光、华泰、安邦、中华联合、富德等十多家保险集团。其中，中国平安保险（集团）股份有限公司所持有的金融机构牌照最为齐全。更多的保险公司选择先设立低成本的保险销售公司或中介公司，而后再进军保险产业链中的其他环节。

作为保险集团，其金融控股的基本作用是形成同一集团在品牌、经营战略、营销网络以及信息共享等方面的协同优势，降低集团整体运营成本并从多元化的经营中获取更多收益。保险集团的金融控股职能，不但有利于集中统一管理各项资金，实现投资专业化管理，取得投资规模效益，还有利于增强专业子公司的抗风险能力，扩大规模竞争的优势。保险集团控股的形式，既可以保持原有产险、寿险及相关业务的相对独立性，又能在集团不同金融业务之间形成良好的“防火墙”，从而有效控制风险；同时，集团控股的架构使各子公司具有独立的法人地位，控股集团对子公司的责任、子公司相互之间的责任，仅限于出资额，而不是由控股集团统付盈亏，这既可以防止不同的业务风险相互传递，对内部交易起到遏制的作用，又防止了个别高风险子公司拖垮整个集团的情况发生。

但是，国际上也有不少保险集团化失败的鲜活案例。设立保险集团并不必然产生竞争优势，不当的集团化策略也有可能分散企业资源，令企业失去管控能力，反而无法获得竞争力。同时，集团化将导致保险公司组织形式、股权关系、业务和风险结构趋于复杂，关联交易增多，这些都可能会对业务发展、战略规划和风险管理产生复杂的影响。比如，来源于保险业务的资金会通过借助自有的信托、不动产等渠道提高运用效率和收益，而这种自营业务的大量增加也可能导致风险在集团内部聚集。一旦风控不到位，就会导致风险交叉传递的可能性加大。尤其是在中国第二代偿付能力监管制度体系（以下简称“偿二代”）之下，保险集团所面对的风险管理要求要远比单一保险公司复杂和多变。“偿二代”进一步明确了在保险集团管理层级多、业态丰富的状况下集团层面的特有风险，包括风险传染、组织结构不透明风险、集中度风险、非保险领域风险等，这无疑对保险集团的风险管理提出了更高的要求。

在保险集团化过程中，拿齐牌照只是第一步。保险业的综合经营，需要保险集团对各业务线的发展和协同承担起重要的战略管控角色，而不仅仅是财务层面的管控和报表合并。保险集团化后，须对新发展的业务建立一个合理的增长预期和平衡的盈利预期，避免过于追求快速扩张而带来低质量的甚至是无价值的增长。

2.4 保险市场的供需分析

2.4.1 保险市场的需求

2.4.1.1 保险需求的含义

经济学意义上的需求是针对消费者的购买能力而言的，即在一定价格条件下，以一定的货币支付能力为基础，消费者愿意并且能够购买的商品数量，一般指的是个人需求。就保险商品而言，其价格就是费率。保险需求是指在特定时期和一定费率水平上，保险消费者即投保人在保险市场愿意并且能够购买的保险商品的数量。

保险需求的产生，源于风险的客观存在和人们对风险所致经济损失承受能力的有限性。保险需求实际上是投保人对保险保障的需求，这可以用投保金额或保费收入加以计量。另外由于保险交易的特殊性，保险需求除需具备对商品的需要和相应的支付能力两个条件外，投保人必须是完全民事行为能力人或满足法律规定的无行为能力和限制行为能力人的监护人，否则保险合同无法律效力；并且投保人对保险标的必须具有可保利益。①

2.4.1.2 影响保险需求的主要因素

（1）风险因素。保险商品服务的具体内容是各种客观风险。风险是保险存在的客观前提和基础。风险因素存在的程度越高、范围越广，保险需求的总量也就越大；反之，保险需求量就越小。随着科技的发明、经济的发展和社会的进步，新兴风险也大大增加，对保险的需求将不断扩大。

（2）社会经济与收入水平。保险是社会生产力发展到一定阶段的产物，并且随着社会生产力的发展而发展。保险需求的收入弹性一般大于 1，即收入的增长引起对保险需求更大比例的增长。但不同险种的收入弹性不同。

（3）保险商品价格。保险商品的价格是保险费率。保险需求主要取决于可支付保险费的数量。保险费率与保险需求一般成反比例关系。保险费率越高，则保险需求量

---

① 粟芳，许瑾良. 保险学［M］. 2 版. 北京：清华大学出版社，2011：29-31.

越小；反之，则保险需求量越大。

（4）人口因素。人口因素包括人口总量和人口结构。保险业的发展与人口状况有着密切联系。人口总量与人身保险的需求成正比，在其他因素一定的条件下，人口总量越大，对保险需求的总量也就越多，反之就越少。人口结构主要包括年龄结构、职业结构、文化结构、民族结构。由于年龄风险、职业风险、文化程度和民族习惯不同，对保险商品需求也就不同。

（5）商品经济的发展程度。商品经济的发展程度与保险需求成正比，商品经济越发达，则保险需求越大，反之则越小。

（6）政策因素。金融财政及社会保障政策等都会对保险需求产生影响。以税收政策为例，它对保险需求的影响体现在国家对保险税率、税种及税收分配等设定的行为规范会在某种程度上改变保险价格，进而改变对保险的实际需求量。在其他因素不变的情况下，如果税收政策对人们购买保险具有鼓励的作用，保险需求就越大，反之则越小。再如强制保险是政府以法律或行政的手段强制实施的保险保障方式。凡在规定范围内的被保险人都必须投保，因此强制保险的实施，人为地扩大了保险需求。

（7）互补商品与替代商品的价格。当保险商品的价格不变，而与其相关的互补商品或替代商品价格变化时，保险需求也会发生变化。例如，利率水平的变化对储蓄型的保险商品有一定影响，当利率上升时，储蓄型保险需求就会减少，反之则会增加。再如汽车和汽车保险是互补品，汽车价格下降，引起汽车需求量上升，汽车保险的需求也随之增加，反之则会减少。

2.4.1.3 保险需求函数

我们可以将保险需求量看作上述影响因素的函数，由此可以得出保险需求函数，即：

$Q^d = f(x_1, x_2, x_3, \cdots)$

其中，Q^d 为保险需求量，x_1，x_2，x_3 等为影响保险需求量的因素。

我们可以假定其他条件不变，仅分析当价格变化时保险需求量的变动情况。保险需求函数又可写为：

$Q^d = f(P)$

其中，P 为保险费率。

由保险需求函数可得出保险需求曲线（见图 2.1）。

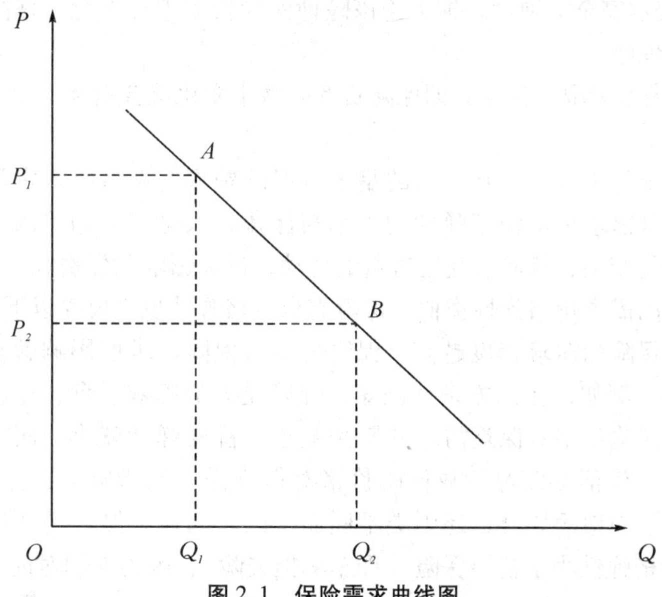

图 2.1 保险需求曲线图

保险需求曲线表明：保险需求量与保险费率呈负相关关系。在 A 点，当保险价格为 P_1时，需求量为 Q_1；在 B 点，当保险价格为 P_2时，需求量上升为 Q_2。

2.4.1.4 保险需求弹性

保险需求弹性是指保险需求量对各影响因素变化的反应程度，一般用需求弹性系数表示，其表达式为：

$$保险需求弹性系数 = \frac{需求量变动率}{各因素变动率}$$

保险需求弹性主要包括三种：保险需求的价格弹性、保险需求的收入弹性和保险需求的交叉弹性。

（1）保险需求的价格弹性。保险需求的价格弹性是指保险费率的变动所引起的保险需求量的变动情况，它反映了保险需求对费率变动的敏感程度，可表示为：

$$E_d = -\frac{\Delta Q/Q}{\Delta P/P} = -\frac{\Delta Q}{\Delta P} \times \frac{P}{Q}$$

其中，Q 表示保险需求；ΔQ 表示保险需求量变动；P 表示保险费率；ΔP 表示保险费率的变动；E_d表示需求弹性系数；负号表示保险需求量和费率一般呈反方向变动，加上负号使 E_d取正值便于比较。

需求价格弹性 E_d存在五种情况：

①$E_d>1$，表示富有弹性，即当该险种保险费率下降时，保险需求的增加程度大于保险费率的减少程度，例如大部分汽车保险。

②$E_d=1$，表示单位弹性，即该险种保险费率的变化与保险需求量变化程度相等。

③$E_d<1$，表示缺乏弹性，即当该险种保险费率下降时，保险需求的增加程度小于保险费率的减少程度，例如大部分责任保险。

④$E_d=0$，表示完全无弹性，即无论该险种保险费率怎样变化，保险需求量都不会变化，例如强制保险。

⑤$E_d=\infty$，表示无限大弹性，即保险费率的微小变化就会引起保险需求量无限大的反应。

研究保险需求价格弹性，基本目的是了解保险费率与保费收入之间的关系。当保险费率变动时，其需求价格费率弹性的大小与保费收入是密切相关的。因为费率变动引起保险需求量的变动，从而引起销售量的变动，进而影响到保费收入。

与一般商品的需求价格弹性类似，保险需求价格弹性也主要受以下因素影响：

①消费者对保险的需求程度越高，保险价格对保险需求的影响就越小，保险需求价格弹性就越小。例如，在西方发达国家，保险是人们除衣、食、住、行之外的第二生活必需品，故保险价格对保险需求的影响就小，价格弹性就小。而在我国，由于人们并不认为保险是生活必需品，故保险价格对保险需求的影响大，保险价格弹性大。保险价格弹性除了因地而异外，还因类不同而不同，如强制保险（如机动车辆第三者责任保险）的价格弹性小于自愿保险（如车辆损失险），因为人们对前者的需要程度高于后者。

②一个国家的社会保险、财政补贴、民政救济、企业和个人自保活动对保险均有一定的替代作用。这些事业开展得越多、越好，人们对保险的需要程度就会越低，价格弹性也将随之越大；反之，如果上述事业发展得越少、越差，人们对保险的需要程度就会越高，价格弹性也就随之越小。

③能用于购买保险的货币收入量与保险需求的价格弹性正相关，即能用于购买保险的收入量越大，保险需求的价格弹性就越强，反之就越弱。其中的道理很简单，消费者能用于购买保险的货币收入量越小，其选择的余地就越小，从而价格弹性就越小，反之就越大。

（2）保险需求的收入弹性。保险需求的收入弹性是指保险消费者货币收入变动所引起的保险需求量的变动，它反映了保险需求量对保险消费者货币收入变动的敏感程度，可表示为：

$$E_I=\frac{\Delta Q/Q}{\Delta I/I}=\frac{\Delta Q}{\Delta I}\times\frac{I}{Q}$$

其中，Q 表示保险需求，ΔQ 表示保险需求的变动，I 表示货币收入，ΔI 表示货币收入的变动，E_I 表示需求收入弹性系数。

保险需求与消费者收入呈正相关关系。一般来讲，保险需求的收入弹性大于一般商品。这是因为：首先，保险商品特别是人身保险带有很大的储蓄性。储蓄与消费者的货币收入呈正方向变化。根据需求层次理论，人的需求满足是顺序递进的，只有当低层次的需求满足以后，才能顾及较高层次的需求，而生存较安全是更低层次的需求，因此，只有当温饱问题解决以后，消费者才能更多地考虑保险的需要。消费者货币收入的增加，必然带动储蓄性保险需求量的增加。其次，人们的消费结构会随着货币收入的增加而变化，一些高额财产、文化娱乐、旅游等精神消费支出比例会由此而增大，而与其具有互补作用的消费会随着消费者货币收入的增加而增加，例如汽车保险、家庭财产保险、旅游意外伤害保险等保险的需求会随之增加。

（3）保险需求的交叉弹性。保险需求的交叉弹性是指相关的其他商品的价格变动引起的保险需求量的变动，它取决于其他商品对保险商品的替代程度和互补程度，反映了保险需求量变动对替代商品或互补商品价格变动的敏感程度，可表示为：

$$E_{12} = \frac{\Delta Q_1 / Q_1}{\Delta P_2 / P_2} = \frac{\Delta Q_1}{\Delta P_2} \times \frac{P_2}{Q_1}$$

其中，Q_1表示保险需求，ΔQ_1表示保险需求变动，P_2表示替代商品或互补商品价格，ΔP_2表示替代商品或互补商品价格的变动，E_{12} 表示交叉弹性系数。

一般而言，保险需求与替代商品的价格呈正方向变动，即交叉弹性为正，且交叉弹性越大，替代性也越大。如自保与保险就是互为替代品。保险需求与互补商品价格呈反方向变动，即交叉弹性为负。如汽车保险与汽车为互补品，当汽车价格提高时，汽车保险需求量减少。

2.4.2 保险市场的供给

2.4.2.1 保险供给的含义

保险供给是指在一定的费率水平上，保险市场上各家保险企业愿意并且能够提供的保险商品的数量。保险市场供给可以用保险市场上的承保能力来表示，它是各个保险企业的承保能力的总和。承保能力具有多重含义：一是指保险市场能够提供的总保险金额，二是指保险市场能够提供的某些特殊险种的保险金额，三是指可保风险的可保总金额，四是指保险人的承保意愿。因此，保险供给是由保险人的承保能力所决定的保险商品的供给数量。

保险市场供给包括质和量两个方面。保险供给的质既包括保险企业所提供的各种不同的保险商品品种，也包括每一具体的保险商品品种质量的高低；保险供给的量既包括保险企业为某一保险商品品种提供的经济保障额度，也包括保险企业为全社会所提供的所有保险商品的经济保障总额。保险供给是以保险需求为前提的。因此，保险需求是制约保险供给的基本因素。

2.4.2.2 影响保险供给的主要因素

存在保险需求的前提下，保险市场供给主要受到以下因素的制约：

（1）保险费率。一般说来，保险费率上升，所收取保费增加，会刺激保险供给增加，此时社会有一部分资本流向保险行业，扩大了保险供给；反之，保险费率降低，保险供给就会减少。因此保险供给与保险费率呈正相关关系。保险公司可以根据保险市场费率的变化情况从保险结构上调整业务，通过扩大或减少供给，调高或调低费率的方法来使险种的结构合理化。

（2）保险经营资本量。保险公司经营资本包括投入资本和公积金两部分。投入资本指公司股东实际投入的资本金。公积金是指公司基于增强自身财务能力，为扩大经营范围以及预防意外亏损，按照法律和公司章程的规定，从公司税后利润中提取的部分资金积累。一般来说，保险经营资本量越大，保险供给能力就越强，反之则越弱。

《中华人民共和国保险法》规定："经营财产保险业务的保险公司当年自留保费不得超过其实有资本金加公积金总和的四倍。"《中华人民共和国保险法》对于保险公司承保的每一风险单位的规模也做了规定："保险公司对每一危险单位，即对一次保险事故可能造成的最大损失范围所承担的责任，不得超过其实有资本金加公积金总和的百分之十；超过的部分应当办理再保险。"

（3）偿付能力。由于保险经营的特殊性，各国保险公司都必须遵循最低偿付能力标准的法律规定，因此保险供给会受到偿付能力的制约。如果保险公司的偿付能力低于法定最低偿付能力标准，保险监管机构就要限制保险公司签订新的保险合同，使得保险公司不能随意扩大保险供给。我国自2016年1月1日起施行中国第二代偿付能力监管制度体系，以风险为导向，这使得不同风险的业务对资本金的要求出现了显著的变化，从而显著影响保险公司的资产和负债策略。

（4）保险业的经营技术和管理水平。保险业经营要求很强的专业性和技术性，尤其是保险费率厘定需要应用复杂的保险精算技术。有些险种即使有较大的市场需求，但由于险种设计过于繁复，保险公司仍然难以提供。所以保险业的经营技术和管理水平越高，就越能降低交易成本、提高风险管理能力，就越能向社会提供适宜的保险产品。

（5）保险人才的数量和质量。一般来说，保险从业人员的数量越多，保险供给能力就越强，反之则越弱。但是，在一个竞争的保险市场中，从业人员的素质（包括业务素质和道德素质）更加重要。所以人力资本理论创始人舒尔茨所言的人力资本的实力对保险供给能力十分关键。对保险公司而言，保险经营所需的专门人才如精算师、理赔师、承保员等是重要的人力资本。保险人才素质过硬，开发出新险种，展业能力强，从而扩大保险供给，促进保险需求。

（6）互补品和替代品的价格。互补品与保险供给呈正相关关系：互补品价格上升，引起保险需求减少，保险费率上升，促使保险供给增加；互补品价格下降，引起保险需求增加，保险费率下降，使得保险供给减少。替代品价格与保险供给呈负相关关系，替代品价格下降，保险需求减少，保险费率上升，促使保险供给增加，反之则使保险供给减少。

（7）政策因素。政策因素在一定程度决定着保险业的发展方向、保险业市场结构，从而影响保险供给能力。一是涉及保险本身的规定，主要是指社会经济政策对保险活动直接采取的各种管理、调节手段和办法。例如，如果政府对保险业采取鼓励发展的政策，社会流入保险业的资本量可能增加，由于竞争，保险业的人力资本、经营技术会不断提高，因此，保险供给能力得以增强。二是涉及保险经济运行的社会经济环境，主要是指社会经济政策的调整和变化，间接地创造了适宜保险经济发展的社会经济环境，例如农业政策、计划生育政策等。积极的社会政策可以对保险经营活动加以引导和疏通，从而增加保险供给；消极的社会经济政策则会阻碍保险业的发展，从而减少保险供给。

（8）政府监管。保险业是一个极为特殊的行业，各国对其都有相对于其他行业更严格的监管，因而即使保险费率上升，但由于政府的严格监管，保险供给也难以扩大。

2.4.2.3 保险供给函数

我们可以将保险供给看作上述影响因素的函数，由此可以得出保险供给函数，即：

$Q^s = f(x_1, x_2, x_3, \cdots)$

其中，Q^s 为保险供给量，x_1，x_2，x_3 等为影响保险供给量的因素。

我们可以假定其他条件不变，仅分析当价格变化时保险供给量的变动情况。保险供给函数又可写为：

$Q^s = f(P)$

其中，P 为保险费率。

由保险供给函数可得出保险供给曲线（见图 2.2）。

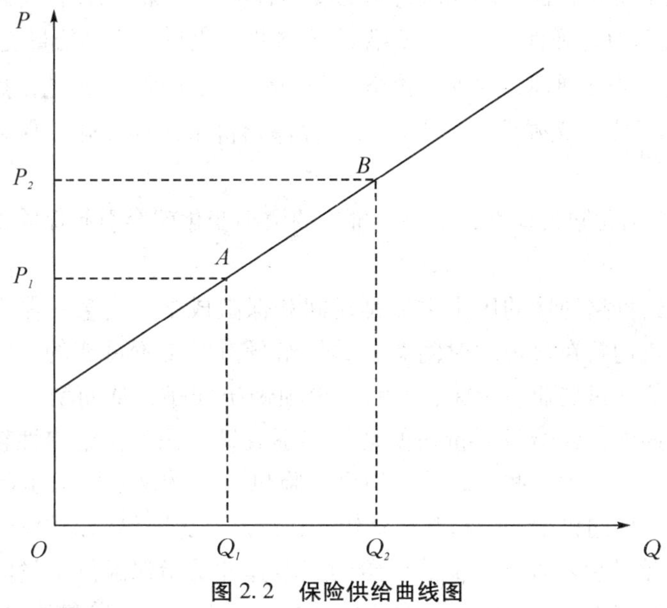

图 2.2 保险供给曲线图

保险供给曲线表明：保险供给量与保险费率呈正相关关系。在 A 点，当保险价格为 P_1时，需求量为 Q_1；在 B 点，当保险价格为 P_2时，供给量上升为 Q_2。

2.4.2.4 保险供给弹性

保险供给弹性是指保险供给量对各影响因素变化的敏感程度，主要有保险供给的价格弹性、保险供给的资本弹性和保险供给的利润弹性三种形式。

保险供给弹性有其特殊性：一是保险商品的供给和需求是同时存在的。保险商品一旦被提供，同时就被有购买欲望和购买能力的需求方所购买，当然这仅指保险买卖的承保环节。二是保险供给弹性较一般商品稳定，不会因经济兴衰产生明显的骤然的变化。三是保险商品的供给具有长期性和持续性，特别是在人寿保险中，可能持续几十年的时间。①

① 刘连生，申河. 保险学原理［M］. 北京：中国金融出版社，2008：67-74.

（1）保险供给的价格弹性。保险供给价格弹性是指保险供给量的变动对保险商品价格量变动的反应程度，即保险费率每变动百分之一所引起的保险供给量变动的百分率。它反映了保险供给对价格变动的敏感程度，可表示为：

$$E_s=\frac{\Delta Q/Q}{\Delta P/P}=\frac{\Delta Q}{\Delta P}\times\frac{P}{Q}$$

其中，Q 表示保险供给；ΔQ 表示保险供给量变动；P 表示保险费率；ΔP 表示保险费率的变动；E_s表示供给弹性系数；一般来说 E_s取正值，根据保险价格与保险供给的函数关系，两者呈正相关关系。

供给价格弹性 E_s同样存在五种情况：

①$E_s>1$，表示富有弹性，即保险价格的变动程度小于保险供给量的变动程度。

②$E_s=1$，表示单位弹性，即该险种保险价格的变化与保险供给量变化程度相等。

③$E_s<1$，表示缺乏弹性，即保险价格的变动程度大于保险供给量的变动程度。

④$E_s=0$，表示完全无弹性，即无论该险种保险价格怎样变化，保险供给量都不会变化。

⑤$E_s=\infty$，表示无限大弹性，即保险价格的微小变化就会引起保险供给量无限大的反应。

影响保险供给价格弹性的因素主要是时间和保险成本。当某一保险商品的价格发生变化时，保险机构要在很短的时间调整其供给量有时是不可能的，但在较长的时间内，保险机构就能通过展业、承保、理赔等事项做出安排，从而增加保险商品的供给量，因此，在短期内，供给量对价格变动反应不灵敏，保险供给弹性较小，而在长期内，保险供给弹性则要大一些。此外，如果保险供给量的增加，只引起保险商品边际成本的微小变化，保险供给的价格弹性就较大；反之，保险供给的价格弹性就较小。

（2）保险供给的资本弹性。保险供给的资本弹性是指保险供给量的变动对保险公司资本量变动的反应程度，即资本每变动百分之一所引起的保险供给量变动的百分率。它反映了保险供给对资本变动的敏感程度，可表示为：

$$E_s=\frac{\Delta Q/Q}{\Delta K/K}=\frac{\Delta Q}{\Delta K}\times\frac{K}{Q}$$

其中，Q 表示保险供给，ΔQ 表示保险供给量变动，K 表示保险资本，ΔK 表示保险资本的变动，E_s表示供给弹性系数。

一般来说，保险资本量与保险供给两者成正比例关系，而这个百分比要靠大量的数据和统计分析才能得到。也就是说，资本增加，保险供给就越大，但不同的保险品种，保险的资本弹性又不相同。对于社会所必需的保险品种，资本供给的弹性小，反之就大；对于可替代性强的品种，保险供给的弹性大，因为资本可随时投向不同的险种。

（3）保险供给的利润弹性。保险供给的利润弹性是指保险商品的供给量变动对利润变动的反应程度，即保险利润每变动百分之一所引起的保险供给量变动的百分率。它反映了保险供给对利润变动的敏感程度，可表示为：

$$E_s = \frac{\Delta Q/Q}{\Delta\pi/\pi} = \frac{\Delta Q}{\Delta\pi} \times \frac{\pi}{Q}$$

其中，Q 表示保险供给，ΔQ 表示保险供给量变动，π 表示保险利润率，$\Delta\pi$ 表示保险利润率的变动，E_s 表示供给弹性系数。

一般而言，保险供给利润弹性是正值。保险供给对利润率很敏感，因为商业保险经营的目的是盈利。它们之间呈正相关关系，利润率提高，将会带来保险商品供给量的增大，而利润率下降时，保险商品供给量也会下降。保险利润在不同险种险别中有较大区别，如在涉外险中利润较高，弹性较大，而在农业险及机动车险中利润较低，弹性较小。

2.4.3 保险市场供求平衡

保险市场供求平衡，是指在一定的保险价格条件下，保险供给恰好等于保险需求，即保险供给与保险需求达到均衡点。

保险市场供求平衡受市场竞争程度的制约。市场竞争程度决定了保险市场费率水平的高低，因此，市场竞争程度不同，保险供求平衡的水平各异。而在不同的费率水平下，保险供给与需求的均衡状态也是不同的。保险市场有自动实现供求平衡的内在机制。

保险市场供求平衡包括供求的总量平衡与结构平衡两个方面，而且平衡还是相对的。保险供求的总量平衡是指保险供给规模与需求规模的平衡。保险供求的结构平衡是指保险供给的结构与保险需求的结构相匹配，包括保险供给的险种与消费者需求险种的适应性、费率与消费者缴费能力的适应性以及保险产业与国民经济产业结构的适应性等。

我们设 S 为保险市场的供给曲线，D 为需求曲线，E 为均衡点。如图 2.3 所示：

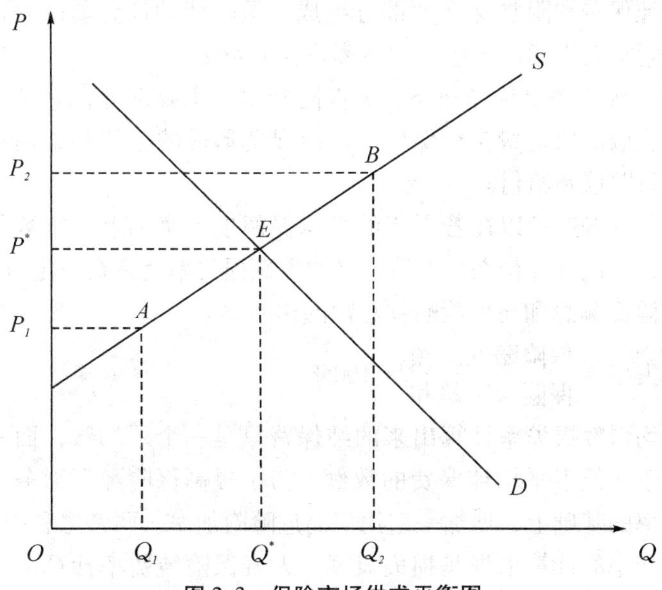

图 2.3 保险市场供求平衡图

当保险费率 P 不变时，$S=D$，即保险市场供求平衡。此时供给曲线和需求曲线相交的点 E 为均衡点，它表示保险需求与保险供给在该点时达到均衡，在均衡点上的价格（P^*）为均衡价格。

当保险市场处于不均衡状态时，有两种情况：当保险供给大于需求，竞争加剧，保险商品的价格将下降；而当保险需求大于保险供给，将使保险商品价格走高。市场机制就会发挥调节作用，使价格恢复为均衡价格。

2.4.4 保险市场价格

保险价格是保险市场中的重要组成部分，是调节保险市场活动的经济杠杆，是保险市场供给和需求的具体表现。

2.4.4.1 保险价格的含义

保险价格是指是每一保险金额单位与应缴纳保险费的比率，即保险费率。保险价格如果单纯地从供给量的内在因素（如成本等）考虑，只是保险的理论价格，需要加上外部因素（如竞争等）才能形成保险的市场价格。保险理论价格是保险市场价格的基础，保险市场价格是保险理论价格的表现形式。

2.4.4.2 保险理论价格

保险理论价格就是指不考虑影响保险价格的外部因素，仅以决定保险价格的内在因素的价值为基础而形成的价格。价值是价格的基础，价格是价值的货币表现形式。保险商品的价值从质上说是凝结在保险商品中的人类劳动，从量上说是生产保险商品所耗费的社会必要劳动时间。生产保险商品的社会必要劳动量，决定保险商品的价值量，进而决定了保险的理论价格。

保险价值反映在货币上就是保险价格，保险价格的具体形式是保险费。保险费一般指毛保费，由纯保费和附加保费两部分组成。保险费的计算基础是保险费率，习惯上将由纯费率和附加费率两部分组成的费率称为毛费率。

（1）纯费率。纯费率也称净费率，是保险费率的主要部分，它是根据损失概率确定的。按纯费率收取的保险费叫纯保费，以纯保费形成的赔偿基金用于保险事故发生后对被保险人进行赔偿和给付。

目前，世界各国普遍把以往若干年的平均保额损失率加上一定数量的危险附加率之和作为纯费率，以此计算预期纯保费。平均保额损失率就是在一定时期（一般为3 年或 5 年）内的保险金额总和与保险赔款总额的比率。

$$\text{平均保额损失率}=\frac{\text{保险赔款总额}}{\text{保险金额总和}}\times 100\%$$

由于按照平均保额损失率计算出来的纯保费只是一个平均数，而实际发生的保险损失额往往会高于或低于平均纯保费的数额。为了提高保险经营财务的稳定性，必须在平均保额损失率的基础上，增加一定比率的危险附加率。两者之和为预期的纯费率。

财产保险纯费率的计算依据是损失概率。人寿保险纯费率计算的依据是利率和生命表。

（2）附加费率。附加费率是保险人经营保险业务的各项费用和合理利润与纯保费的比率，按照附加费率收取的保险费又称附加保险费。它在保险费率中处于次要地位，以保险人的营业费用为基础计算，用于保险人的业务费用支出、手续费支出以及提供部分保险利润等。但附加费率的高低，对保险企业开展业务，提高竞争能力有很大的影响。

附加保费通常包括三项内容：营业费用、预期利润、异常风险费用。三项之和与保险金额总和的比率即附加费率。

$$附加费率 = \frac{营业费用 + 预期利润 + 异常风险费用}{保险金额总和}$$

（3）毛费率。毛费率包括纯费率和附加费率两部分。

毛费率 = 纯费率 + 附加费率

保险人承保一笔保险业务，用保险金额乘以保险费率就得出该笔业务应收取的保险费。按照毛费率计算出来的保费即毛保费或保险费，也就是保险理论价格。因此保险理论价格就是纯保费（风险保险费）与附加保费（费用附加保费、利润附加保费、异常风险附加保费）之和。

2.4.4.3 保险市场价格

保险市场价格就是通常所说的交易价格，它受市场竞争、货币价值、保险标的、国家有关政策及替代品价格等诸多外部因素的影响。受市场供求关系和竞争力量的影响，保险市场价格总是围绕价值上下波动。保险理论价格实际上是抽象的价格，在实际经济生活中通用的都是保险的市场价格。市场价格与理论价格由于多种外部因素的制约和影响，存在一定程度的偏离。

2.4.4.4 保险费率市场化

从人身险费率到车险费率，保险业大刀阔斧地进行市场化改革。保险费率市场化实际上就是让保险产品的价格发挥市场调节作用，利用费率杠杆调控保险供需关系，提高保险交易的效率。保险费率市场化包括费率决定、费率传导、费率结构、费率管理、费率机制、资金价格、劳动力价格等要素的市场化。保险费率作为经济杠杆在保险业务中发挥着重要作用，保险费率宏观上能够调节保险的供给和需求关系，微观上能够改变个人和企业的行为偏好。

保险费率市场化改革需要建立健全完整的保险市场组织体系，将保险市场、再保险市场、保险中介市场的建设与建立新的保险费率调节传导机制有机结合起来，整体推进，同时，保险费率市场化改革要求保险公司进行体制改革以适应市场化改革的需要，构造保险费率市场化改革的良好微观经济基础。目前保险市场已经初具规模，再保险市场和保险中介市场需要加快完善，进而形成完整、有效、互动、灵敏的保险市场体系。

2.5 保险市场的现状

2.5.1 衡量保险市场发展的指标

2.5.1.1 保险深度

保险深度是指一国（地区）的全部保费收入与该国（地区）的生产总值总额的比率，它是衡量一国（地区）保险市场发展程度和潜力的指标之一。

保险深度的计算公式为：

$$保险深度 = \frac{一国保费收入}{国内生产总值}$$

保险深度可以反映出一个国家的保险业在整个国民经济中的重要地位。该指标的计算不仅取决于一国总体发展水准，而且还取决于保险业的发展速度。

2.5.1.2 保险密度

保险密度是按照一国的人口计算的人均保费收入，它反映了一个国家保险的普及程度、保险业的发展水平与人们保险意识的强弱。一般说来，保险密度越大，表明该地区保险业发达，市场发育水平高。一个地区的保险业发展和保险密度是其经济、社会、文化等诸多因素共同作用的结果。

保险密度的计算公式为：

$$保险密度 = \frac{某地区当年保费收入}{某地区当年常住人口数}$$

中国市场虽然有望于2020年前成为全球第二大保险市场，但是保险市场保险密度和深度仍然偏低。截至2015年年底，中国人均寿险保单数不足1张，而美国5张，日本6.5张；中国内地人均保额1万元左右，而中国香港人均保额48万元。

2.5.1.3 市场份额

市场份额即各国总保险费占世界总保险费的比例。加入WTO以来，我国保险业发展迅速，“十二五”期间，我国保险市场全球排名由第6位升至第3位，对国际保险市场增长的贡献度达26%，我国在国际保险监管领域的影响力和话语权日益增强。

2.5.1.4 寿险与非寿险保费比例

寿险与非寿险保费之比也是反映保险业务结构发展变化的重要标志。该指标在20世纪80年代初为40：60，到20世纪90年代初为52：48，到20世纪90年代中期已达58：42，进入21世纪后，世界平均寿险保费收入在总保费中占比达到65%以上。

纵观2015年，保险行业投资回报率较低、承保业绩下降，非寿险公司盈利水平有所下滑，但保费增长率从2014年的2.4%提高至2015年的3.6%。寿险市场尽管处于低利率环境，保费增速从2014年的4.3%下滑至4.0%，不过股东权益和盈利水平均有所上升。

2.5.2 中国保险市场的现状

2014年8月，《国务院关于加快发展现代保险服务业的若干意见》发布，保险业迎来了发展的重大机遇期。"新国十条"提出了现代保险服务业的发展目标：到2020年，努力由保险大国向保险强国转变。保险成为政府、企业、居民风险管理和财富管理的基本手段。保险深度达到5%，保险密度达到3 500元/人。

瑞士再保险Sigma报告数据显示，2015年，全球市场人均保险支出为662美元，发达市场人均保险支出为3 666美元。其中，同是保费收入大国的美国、日本、英国和法国2014年的保险密度分别为4 017美元/人、4 207美元/人、4 823美元/人和3 902美元/人，而我国保险密度到2015年也才仅为271.77美元/人，相差10多倍。这表明我国运用保险机制的主动性还不够，全社会的保险意识还不强。在保险深度方面，全球保险深度为6.2%，美国、日本、英国和法国2014年的保险深度分别为7.3%、10.8%、10.6%和9.1%，而我国的保险深度在2015年仅为3.59%，差距非常明显。这表明我国保险业对国民经济相关领域的覆盖程度较低，保险业务的发展相对滞后。我国保险机构国际竞争力、保险业的国际影响力也还不够强，我国还不是保险强国。

2016年8月，保监会发布《中国保险业发展"十三五"规划纲要》，发布保险业"十三五"发展规划，并提出坚持"保险业姓保，保监会姓监"。在2016年保险监管方面有三件大事：一是正式实施"偿二代"，有助于提升监管的效率，促进保险业的健康发展，并且增强了中国参与国际保险市场规则制定的话语权。二是启动国内系统重要性保险机构（D-SII）监管制度建设，提出更高的监管要求。三是发布中国保险业第三套生命表，对于产品定价、准备金评估、现金价值计算等都具有重要意义，有利于夯实行业发展和监管的基础。

互联网、大数据、云计算、移动终端的兴起和广泛运用在保险业不断深入。互联网保险的经营模式正在快速渗透、改变，乃至颠覆保险产业链中的多个环节。互联网与保险的结合，使保险业呈现出全新的发展态势，互联网为传统的保险业注入了新元素、新活力，拓展了保险业的发展空间，实现了保险覆盖面的扩大和保险渗透率的提升，凸显了互联网保险业务作为"新引擎"的助力作用。但是不少互联网保险确实是在打着创新的名义玩噱头，却忽视了保险的保障功能，并且互联网保险的服务水平有待于进一步提升。

国际经验表明，人均GDP 8 000~12 000美元的经济发展时期，正是保险业需求最旺盛的阶段。这个阶段也是我国努力跨越中等收入陷阱，全面建成小康社会的攻坚阶段。因此，未来十年到二十年的时间，仍然是我国保险业实现跨越式发展的重要战略机遇期。

未来保险着力点应该是供给侧改革，保险公司应该充分利用"一带一路"带来的机遇，对外重点开发工程保险、财产保险、水险、责任和人身意外保险、贸易信用保险等业务；对内大力发展商业健康险和商业养老保险，满足居民不断增长的刚性需求。同时，保险公司应通过稳健审慎的产品策略、有效的资产负债协同管理机制、认真贯彻“偿二代”体系建设要求，全力拓展第三方业务，参与大资管市场竞争。保险业应立足经济社会发展全局，积极服务国家战略，在为国家重大发展战略和重大改革举措提供强有力支持上发挥越来越重要的作用。

3　保险公司计划与统计管理

虽然保险公司是经营风险的特殊企业，但是它与一般的企业一样，需要对保险经营的各项活动实行计划管理，按预定目标组织实施，以保证保险企业的高效运转和良性循环。此外，为了全面了解保险企业的经营状况，准确厘定保险费率，为保险理论和实务研究提供可靠的数据资料，保险公司还应该加强保险统计管理。

3.1　保险计划管理概述

3.1.1　保险计划管理的含义

所谓保险计划管理，就是指保险公司根据发展需要及本身的条件，通过周密的调查研究，制订保险计划，以组织、领导、监督和调节保险经济活动的一种制度和方法。保险计划是指保险公司的计划，即保险公司为了实现一定目标而制订的未来行动方案。保险公司的各项经营活动，包括承保、投资、理赔、人力资源管理等都要求实行计划管理，按照预定目标组织实施。

保险计划管理的主要任务是根据保险市场需求、企业内外环境状况和企业经营目标，编制经营计划，组织、监督计划实施，调控计划的执行，充分利用企业的各种资源，协调企业的各项业务活动，以最好的经济效益和效率实现企业的经营目标，同时加强计划工作自身的管理，提高计划管理工作的科学性、可行性和工作效率。

3.1.2　保险计划管理的意义

正确的决策指引公司的发展方向，好的计划则可以起到将决策具体化、目标化并为控制提供依据的作用，使企业各层员工的工作都能够切实可行地为企业的目标服务。保险企业作为一种新型的社会化企业，需要根据高度发展的生产技术要求，对保险经营过程进行计划管理。因此，保险计划管理对于保险企业的经营活动有着重要意义。

3.1.2.1　实行计划管理有利于提高保险企业的经济效益和社会效益

从保险企业所追求的经济效益来看，通过计划管理，一方面保险企业可以克服市场调节的消极方面，更合理地配置和利用人力、物力和财力等一切资源，使保险企业经营中所投入的物化劳动和活劳动减少，并降低企业的经营成本，提高保险公司的经济效益和社会效益；另一方面企业实行科学的计划管理，可以使保险企业的经营活动与国民经济协调发展，调整和改善保险企业与外部各环境因素的关系，树立良好的社会形象，扩大经营市场，最终以良好的社会效益促进企业自身的经济效益。

3.1.2.2　实行计划管理可以明确保险企业的发展方向和经营目标

保险计划是根据保险市场经济规律，党和国家的路线、方针、政策，以及保险的有关规定，结合企业内外条件所制订的未来保险业务活动的方案，它规定了保险企业在计划期内经营活动的主要任务，对业务发展速度、险种结构、保额、赔款额、再保险分出额和分入额，以及保险机构、职工人数等一系列经济指标提出具体要求，为保险企业各职能部门、基层单位和广大职工指明了努力方向，规定了行动纲领，使企业各部门和各项保险业务紧密衔接起来，保证保险企业顺利发展。另外，企业实行保险计划管理，根据保险发展的总体战略目标和国家保险政策，以及下达的有关经济指标，制定固定资产投资、保险资金运用、财务收支、劳动工资、职工培训等具体目标和行动规划，从而为企业发展提出了明确而具体的经营目标。

3.1.2.3　实行计划管理能够使保险企业更有效地发挥保险的功能

保险企业是庞大的经济实体，是国民经济中的重要组成部分。要使这个企业的经济活动正常运转，发挥积极组织保险基金和对意外灾害进行经济补偿的作用，就必须加强计划管理，以便在企业内部建立各种职能部门和科学的劳动组织形式，实现各系统、各要素、各工作环节的有机配合与协调，使各部分保持正常的比例关系，才有助于提高保险企业的经营水平，充分发挥保险企业的职能作用。

3.1.3　保险计划管理的原则与要求

3.1.3.1　保险计划管理的原则

为了使保险作为社会“稳定器”和经济“助推器”的作用正常而充分地发挥，保险公司在进行计划管理时必须遵循以下原则：

（1）科学性、法律性和政策性相结合的原则。保险计划管理应当建立在科学基础上从实际出发，保险企业在制订计划时根据客观市场经济规律，充分考虑主客观条件和保险公司经营环境，采用先进的计算方法和手段，通过系统分析论证来确定各项计划指标的范围，保证计划的正确性，使保险计划能反映保险企业的特殊经营要求，不断提高计划管理水平。同时作为专业的风险管理机构，保险企业必须在国家既定的宏观政策和法律法规下运作，保证企业的稳健经营，维护被保险人的利益。这都要求保险企业的计划管理必须满足科学性、法律性和政策性相结合的原则。

（2）统一计划和分级管理相结合的原则。保险公司必须有一个统一的发展规划和长远的计划总目标，使公司内部各部门和广大员工协调一致地共同努力。但由于保险公司各部门、各分支机构客观环境存在差异，保险公司的各级部门应当具有一定的自主计划管理权，在统一计划的基础上，根据各部门的实际情况制订符合本部门的计划，使计划管理更具可行性，这样才能更好地执行和完成保险公司的总体计划。因此，只有实行统一计划和分级管理相结合，充分发挥各部门的积极性，才能提高保险计划管理的效益。

（3）严肃性与灵活性相结合的原则。保险计划是保险公司的发展战略和行动方针，不能因为主观原因随意变动计划，只有强调计划的严肃性，才能充分发挥计划管理对保险公司经营管理水平的提高和经济效益的促进作用，才能使公司各部门和广大员工有效地实现计划目标。但是保险公司本身经营的是风险，难免出现计划与实际不一致的情况，因此，应当坚持严肃性与灵活性相结合的原则，根据实际适当对计划做出合理修正和调整，同时参考分级管理制度，赋予保险公司各部门根据实际情况调整保险计划的权利，以保证计划管理的科学性，最大限度发挥计划管理的作用。

（4）专业性和群众性相结合的原则。保险计划是通过建立保险计划管理机构和配备专业计划管理人员来实现的，并且最终计划是由保险企业领导者和专业人员来完成的。但是由于保险公司的广大员工处于保险经营活动的一线，最了解公司经营活动中的具体情况，对保险计划的编制、执行、控制和评价最有发言权，这就要求保险公司在制订保险计划时要依靠广大员工，其执行也要依靠一线员工。只有专业性和群众性相结合，才能保证保险计划不脱离实际。

3.1.3.2 保险计划管理的要求

保险计划的执行需要与其他管理职能相衔接配合，使得计划管理渗透和贯穿于保险公司经营管理的各个环节，此外还必须建立相应的考核制度，以确保计划的严肃性。同时，保险公司是经营和管理风险的企业，保险业务的特殊性以及与不确定性相伴的特点，使得保险公司对计划管理又有特殊的要求和条件。

（1）保险计划管理要以宏观经济为基础。宏观经济总量和变化趋势对保险需求有着重要影响。由于保险的首要职能是为社会经济的稳定运行提供保障，而大多数经济活动进行过程中都有风险，因此经济越发达对保险的需求也就越高。另外，保险产品属于收入弹性较高的商品，因此，保险需求对国民收入的变化具有很强的敏感性。国民收入提高到一定程度时，可能带来保险需求成倍的增加，反之则可能引起保险需求成倍的萎缩。因此，要想准确地把握市场和消费者对保险产品的需求，对保险产品的供给做出合理的预计和安排，就必须密切关注宏观经济的动向和走势。

（2）保险计划管理要以保险需求为基础。风险无处不在、无时不在，因此保险需求广泛存在于经济的各个领域，这与一般商品的需求仅来自有限的市场有显著的区别。这一特点要求保险公司对外部市场的关注要远远超出其他类型的企业。特别是对于财产保险公司来讲，随着风险管理技术的发展和产品的不断创新，越来越多的有形财产和无形财产以及责任被纳入可保风险的范围内，保险标的种类繁多，涉及面广，性质各异。因此，要实现计划的准确性、有效性和精细化，就必须对相关市场的总量、性质、变化趋势、影响因素、保源转化情况等一系列问题进行广泛的考察和深入的研究。

（3）保险计划管理要重视保险投资。保险投资是保险公司一项重要的经营活动，因而也是计划管理的重要内容。过去对保险资金运用的法律政策限制比较多，投资收益对保险公司利润的贡献度比较低。但近年来情况在逐步发生变化。随着保险市场开发程度的加大和竞争的日趋激烈，许多保险公司的承保利润开始下降，甚至出现亏损，保险公司逐渐重视投资活动对偿付能力和盈利能力的影响。与此同时，我国保险资金运用渠道在不断拓宽，保险资金运用的效果对保险公司盈利水平和竞争能力的影响程度也在不断加大。因此，保险公司计划管理部门必须详细掌握自身可运用资金的规模、来源构成、期限结构、利率敏感度等情况，以及保险投资的风险来源、风险构成、风险控制及投资策略等相关情况，以便对投资活动特别是投资的风险和收益做出合理和恰当的预测和安排。

（4）保险计划管理要重视精算技术的应用。在任何企业，以历史数据为基础的定量测算都是保证计划的科学性和可靠性所必需的，这对于保险公司尤为重要。对保险事故规律性的探索过程必须要以充分的历史数据为基础，利用精算、统计等技术工具研究和分析才能完成。此外，对准备金的计提也必须通过对大量历史数据的分析才能确定合理的规模，从而既能满足未来赔付的需求，又不至于因提取过高而影响利润计划的准确性。但是大量的原始数据往往是孤立存在的，每一个数据所反映的都是一次保险事故特有的信息。要挖掘数据中所包含的规律性，精算技术和各种统计方法是保险公司深入研究有关不确定性问题的重要工具。因此，保险公司应做好精算技术应用的基础性工作，并在计划管理环节重视精算技术，使计划管理的科学性和有效性落到实处。

3.1.4 保险计划的种类和指标体系

保险计划是对将来活动做出决策而进行的周密思考和准备工作，保险公司应按照社会需要和保险公司自身的经营条件，确定保险公司的经营思想、经营方针、经营目标和经营计划。

3.1.4.1 保险计划的种类

（1）按计划期和作用的不同分类。按计划期和作用的不同，保险计划分为中长期计划、年度计划和进度计划。

①中长期计划。中长期计划的计划期一般为 5 年及 5 年以上。它具有预见性和纲领性的特点，其内容主要是确定保险公司的发展战略、经营方针、经营规模和经营范围等，解决保险公司发展过程中的一些重大问题，如计划目标、计划重点、区域布局、发展策略等。中长期计划是保险公司今后较长一段时期内经营的指导思想和行动指南。保险公司通常依据国民经济和保险公司自身的发展状况编制中长期计划。由于中长期计划期限长，不确定因素多，因此只能对保险公司发展远景做一个轮廓性的规划，保险公司还必须通过年度计划和短期计划对其进一步具体化。

②年度计划。年度计划的计划期一般是一个自然年。年度计划是依据保险公司在中期计划中的分年度指标而编制的实施性计划，是长期计划的具体体现，也是长期计划实现的保证。通常年度计划是在上年计划完成的基础上，根据中期计划规定的各项指标，综合平衡计划年度内国民经济发展的新情况、新要求以及计划所处的内外环境而制订的。保险公司的年度计划包括各个经营环节和各个方面的计划。保险公司在向分支机构下达年度计划时，还规定了考核指标的内容，为检查计划执行情况提供依据。

③进度计划。进度计划是根据各项年度计划指标分解制订的季度或月度的短期计

划。进度计划是保险公司内部为组织日常经营活动，保证各个经营环节相互衔接和平衡而制订的计划，具有实践性的特点。进度计划作为保险公司年度计划的控制手段，通过将年度计划按季、按月地规划保险公司日常工作以及每个员工的行动目标和具体任务，不仅有利于建立和维护正常的业务经营秩序，而且在进度计划执行过程中，可以及时发现年度计划中存在的问题，寻找原因，及时解决，从而有效地控制年度计划的执行过程，避免到年终考核时才发现问题，因无法及时纠正而影响年度计划的执行和控制。

（2）按计划性质分类。保险计划按性质又可分为保险业务收入计划、财务收支计划、投资计划、固定资产投资计划、机构人员编制计划、薪酬福利计划、员工培训教育计划和经济核算指标计划。

①保险业务收入计划。保险业务收入计划是保险年度计划中的核心计划，也是编制其他计划的依据。保险业务收入计划主要根据国民经济发展、保险需求以及保险公司的长期计划编制。保险业务收入计划主要内容有保费收入、新险种的开发、承保深度、承保密度、承保面、赔付率等。保险业务收入计划还可以细分为直接业务计划和再保险业务计划。直接业务计划包括财产保险计划、人身保险计划和涉外业务计划。再保险业务计划分为分出分保业务计划和分入分保业务计划。

②财务收支计划。财务收支计划是反映保险公司一切货币收支的综合性计划，它是依据保险公司的业务计划、费用预算、劳动工资及缴纳额等编制的货币收支计划。财务收支计划的基本内容为营业收支项目和非营业收支项目。财务收支计划的目的是促进保险公司加强经济核算，增收节支。

③投资计划。投资计划是保险计划的重要组成部分。投资计划的编制需要保险公司的投资部门、财务部门和精算部门通力合作、相互制约，既要处理好投资业务与承保业务的关系，又要遵循保险投资的原则，加强投资风险的控制，保证投资的安全和收益。

④固定资产投资计划。固定资产具有价值高、使用年限长的特点。固定资产投资计划包括基本建设计划和设备计划两部分，必须经过相关部门的审批。基本建设计划是根据国家规划和保险公司自身财力与需要而制订的有关营业用房、员工宿舍等固定资产的新建、扩建、改建和恢复等项目工程的计划。设备计划是编制运输工具、计算机和大型办公设备等的购置和制造计划。

⑤机构人员编制计划。机构人员编制计划是根据保险长期计划和年度业务计划编制的保险机构和部门以及人员发展规模的计划，它是保险业务计划实施的辅助计划。但是机构人员编制计划要注意机构人员结构、员工规模与劳动生产率的关系。

⑥薪酬福利计划。薪酬福利计划是根据国家薪酬政策和保险公司的薪酬分配原则，确定各级员工薪资报酬数额的计划。它是在业务计划和机构人员编制计划的基础上编制的，是保险年度计划中的一项重要计划，主要内容包括薪酬的范围、结构、等级与数额，岗位业绩要求与绩效考核标准，福利安排及薪酬激励手段等。

⑦员工培训教育计划。员工培训教育计划是根据保险业务发展的需要和员工的实际情况，合理安排员工进行各种形式的理论学习和业务学习的计划。对于现代保险公

司来说，员工教育计划是一项重要的长期计划，它直接关系到保险公司员工综合素质的改善、保险公司竞争能力的增强和经营管理水平的提高。员工培训教育计划通常分为在职员工的再教育计划和保险代理人的培训计划。

⑧经济核算指标计划。经济核算指标计划是反映保险公司经济效益和经营管理水平的计划，它的主要内容为承保率、利润率、费用率、赔付率、保费增长率、投资收益等。

3.1.4.2 保险计划指标体系

保险计划指标是指保险公司在计划期内的具体目标和发展水平。保险公司的各项计划都通过一系列的指标来规定和表现，因此，编制计划的主要内容实际上就是编制计划指标。

计划指标按性质不同可分为质量指标和数量指标。质量指标是用相对数表示的保险公司在计划期内业务经营活动在质量上应达到的目标，它反映的是保险经营质量水平。保险计划的质量指标包括成本利润率、综合费用率、赔付率、投资利润率、人均保费收入、人均利润等。数量指标是用绝对数来表示的保险公司在计划期内业务经营活动在数量上应达到的目标。保险计划的数量指标包括保费收入、营业费用、利润总额、投资收入、员工人数、工资总额等。

（1）保费收入指标。它属于保险公司的承保业务指标，主要是用以综合反映保险公司业务状况、承保金额、承保责任以及某一地区保险业发展水平的业务指标。

（2）人均保费收入指标。这是反映保险公司劳动组织情况和经营管理水平的综合性指标，属于劳动生产率指标。人均保费收入指标的设置，可以促进保险公司合理安排劳动力，降低劳动耗费，增加保费收入。

（3）营业费用指标。这是反映保险公司的经营性费用支出的指标，属于财务成本指标。加强保险公司的经营管理，提高经营管理水平，可以降低营业费用支出，增加保险公司的利润。

（4）利润总额指标。这是反映保险公司经营成果和对国家财政贡献的指标，属于保险公司的综合性指标。保险公司的利润总额等于营业利润加上营业外收入减去营业外支出。

（5）人均利润指标。这是综合反映保险公司劳动组织情况和员工对企业和国家贡献水平的指标，属于劳动效益指标。人均利润指标的设置，有利于促进保险公司优化劳动组合，降低费用支出，提高经营管理水平，同时也便于保险公司考核各分支机构和各职能部门的经济效益。

（6）投资收入指标。这是反映保险公司投资业务状况的指标，属于保险公司的资产业务指标。投资业务和承保业务并驾齐驱是现代保险业发展的一种潮流，投资是现代保险公司发展的一大支柱。在承保能力日趋过剩，保险竞争日益加剧的今天，投资收入对保险公司的利润总额具有非常重要的影响。

（7）成本利润率指标。这是反映保险公司经营成本（包括赔款支出和营业费用支出）与利润的比例关系的指标，属于保险公司的财务成本指标。成本利润率指标的设置，可以促进保险公司加强成本管理，有计划地控制成本支出，增加保险利润，提高经济效益。

(8) 赔付率指标。赔付率是反映保险公司赔款与保费收入的比例关系的指标，它属于保险公司的业务成果指标，与保费收入指标一样属于保险业务计划中的重要指标。赔付率指标的设置可以促使保险公司严格核保，加强风险管理，降低保险风险发生的频率和损失程度，从而提高保险公司的经济效益。

3.1.5 保险计划的编制、执行和控制

3.1.5.1 保险计划的编制

(1) 编制计划的一般程序。编制保险计划是保险计划管理的第一步，一般分为三个阶段，即准备阶段、编制计划草案阶段和计划确定阶段。

①准备阶段。这一阶段的任务是根据计划的内容，搜集和整理计划编制的基本依据。具体来说，就是搜集和整理与保险计划相关的党和国家的有关方针、政策，国民经济的发展规划，上年或本年计划的执行情况，以及企业经营环境及其变动趋势，调查研究保险市场状况，广泛搜集保源信息、供求信息、竞争信息，并对保险需求进行分析和预测，为科学、准确地编制保险计划奠定可靠的基础。

②编制计划草案阶段。这一阶段的任务是在企业经理领导下，与各有关部门和广大职工相互配合，经过试算平衡，制订保险计划草案。计划草案的编制，要注意计划任务与企业人力、物力和财力之间的平衡等，以保证计划的可行性。

③计划确定阶段。经过对各个计划草案进行比较，筛选出最佳或最满意的计划草案，作为企业付诸实施的计划。

(2) 保险计划的编制方法。保险计划的编制方法主要有综合平衡法、比例法、动态关系法和滚动计划法。

①综合平衡法。综合平衡法是编制计划的基本方法。平衡是指保险经营活动中各个局部、各个环节、各种要素和各种指标之间的平衡。综合平衡就是利用这些平衡关系来确定计划指标，制定的指标具有科学性和可行性。

②比例法。它是以历史上形成的有关指标之间比较稳定的比例关系为基础，结合计划期内因素的变动情况来推算相关指标的一种计划编制方法。这种方法对于结构性计划指标体系中指标的确定，效果最佳。采用这种方法时应注意两点：一是历史上形成的比例关系要具有稳定性，不能忽高忽低，否则不宜采用；二是对计划期影响因素的变化要进行全面分析，并对历史上形成的比例进行恰当的调整。

③动态关系法。此方法是利用某种指标在历史上发展变化的一般规律，考虑计划期内的变化因素，确定计划指标的一种方法。这一方法的关键是确定计划期内指标增长率，它由指标变化的规律性和计划期内影响因素的变化决定。计划指标的计算公式为：

计划期某项指标=报告期该项指标完成数×（1+计划期该项指标增长率）

④滚动计划法。滚动计划法是一种动态编制计划的方法。与静态计划相比，它不

是等计划全部执行之后再重新编制下一个时期的计划，而是在每次编制或调整计划时，均将计划向前推移，即向前滚动一次。五年计划改为每年编制一次。

滚动计划法由于是在计划执行一段时间后修订新一周期的计划，新计划周期包括原计划周期中未执行的部分。对一个执行期的计划来说，它要经过多次修订后才进入执行阶段。因此，这种方法编制的计划总是处于动态变化的过程，这一动态过程考虑了外部环境的变化，使计划更加切合实际。

3.1.5.2　保险计划的执行

保险计划的组织执行是计划管理过程中的一项细致而复杂的管理活动，是计划管理的主体。具体在保险计划组织执行过程中就是要充分发挥组织、指挥与协调职能，抓好计划的落实和执行，完成计划的目标。

保险计划组织执行的具体工作主要有：

（1）实行指标分解。实行指标分解是保险计划组织执行的第一步，指标分解包括两方面的内容，一是将年度计划分解成季度计划或月度计划，明确规定各阶段的目标；二是向各部门、各科室和全体职工分解计划目标，使计划执行者心中有数，任务明确。

（2）建立内部经济责任制。在保险计划指标分解的基础上，按照经济责任、经济权利和经济利益相统一的原则，建立和完善公司内部经济责任制，明确规定计划执行者应承担的责任。

（3）加强日常管理。在保险公司计划的组织执行过程中，公司领导作为计划制订者，应加强日常管理和技术指导，强化公司的指挥系统，并运用各种统计方法和工具了解公司各部门和职工的计划完成情况，及时解决计划执行中发现的问题。此外，为充分调动员工积极性，应根据员工业绩奖惩分明，保证保险计划按时高质量完成。

3.1.5.3　保险计划的控制

保险计划的控制与调整，是指对企业内部各部门和职工的经营活动的控制以及根据保险计划指标的执行情况做出调整。控制和调整的前提是及时、准确、全面地掌握计划的执行情况。由于保险计划具有预期性、计划实施所依赖的内外部环境的变化和管理工作可能存在的缺陷等，计划执行往往出现偏差，从而影响到计划的科学性和计划管理的效率。因此，保险公司必须对保险计划实行有效的控制和适时的调整，以确保保险计划的顺利实现。

在保险经营实践中，为了实现有效的控制，保险公司必须做到以下几点：

（1）实行标准化计划管理。把营销、承保、理赔、投资、再保险、财务等各个经营管理环节的工作标准化，使各部门、机构和员工严格按标准去操作。

（2）建立保险公司信息系统。保险公司信息系统，可以使保险公司领导者通过信息系统及时了解本企业的经营情况以及经营环境的变化，进而采取有针对性的应对措施，消除计划实施过程中可能出现的偏差。

（3）及时检查评价控制。检查评价是最传统的，也是最为直接的控制手段。公司领导或主管人员要定期检查计划执行进度和服务质量情况，及时发现问题和分析原因，迅速判断并做出处理决策。这种控制手段的特点是，领导者随时能掌握第一手资料，避免信息在传递过程中衰减，提高信息沟通率，有更好的控制效果。

当保险公司实际经营环境与预期状况发生较大差异时，就必须对计划指标及行动方案进行调整，才能真正发挥保险计划管理的作用。调整计划的方法有指标修正法和滚动式计划调整法两种。对于年度计划可采取指标修正法予以调整。例如，若保险公司在上半年的业务经营状况明显好于预期，就可对下半年的计划指标适当调整，如降低赔付率、成本费用率指标，提高利润率指标，以适应经营环境的变化。对于中长期计划多采用前述的滚动式计划调整法进行调整，边执行边调整，这样有利于增加保险计划的适应性和可行性。

3.2　保险统计管理概述

大数法则是保险公司经营的数理基础。保险事故发生的概率是根据过去大量的保险统计资料中的保险金额的损失率及有关因素计算的。费率厘定的准确与否直接影响到保险公司的业务经营的稳定。因此，保险统计对保险业的经营和发展具有重要的意义。

3.2.1　保险统计的含义

保险统计是运用各种科学的调查方法，获取保险经营活动及其有关的社会现象方面的数据资料，经过整理和分析，用以反映保险经济现象的规模、水平、结构、速度、深度、密度、效益等状况，揭示保险经济现象运动规律，实施监督管理的工具。保险统计是保险企业核算的方法之一，也是保险公司计划管理的重要手段。

3.2.2　保险统计管理的意义

实行保险统计管理的意义在于：

3.2.2.1　为制订保险经营计划和管理者进行决策提供依据

保险统计通过定期统计报表、专门调查（如抽样调查、重点调查、典型调查）等形式，以大量的统计指标数据，全面反映保险业务经营状况及相关经济状况。这些准确、及时的数据为计划目标的制定提供了依据。同时，通过统计分析，揭示出保险经济活动的规律性，为保险企业管理者掌握全局，了解信息，进行经营决策提供了可靠的依据。

3.2.2.2　为开展保险理论研究提供依据

进行保险理论的研究，探讨新的经营方式，是促进保险经营活动向前发展的重要手段。而理论研究是以实践为基础的，离开了实践，理论研究就成了无源之水。保险统计通过系统、完整、科学地对统计资料进行整理、归纳和分类，建立统计资料档案，存储保险经济有关历史资料，为保险理论研究提供了大量的实践数据和资料。

3.2.2.3 为制定和实施保险法律法规提供依据

保险法律法规是依据国家经济发展总目标和有关保险事业发展的方针，在准确掌握了一定时期保险业务状况的基础上，结合保险业务自身的特点制定的，它贯穿于保险经济活动的始终。因此，保险法律法规的制定必须以科学的统计数据为基础，如此才能符合保险业务自身的发展规律。同时，通过对保险统计指标数据的分析研究，可以对保险经济运行状况实施定量检查，以监督保险法律法规在各时期的执行效果，发现偏差及时纠正，最终促进保险业健康、协调、稳定地发展。

3.2.3 保险统计的内容

目前我国已形成以业务统计、资金运用统计、财务统计、人事统计为核心的保险统计指标体系。

3.2.3.1 保险业务统计指标体系

保险业务统计是全面反映保险企业业务经营活动状况的统计，其主要内容包括保险业务成果统计和保险业务理赔统计。其中，反映保险业务成果的统计指标主要有保费收入、营业收入、营业利润、保险金额、保户储金、分保保费、分保手续费、承保数量、退保人数、全员人均保费收入等；反映保险业务理赔的统计指标主要有赔案件数（包括已决赔案件数和未决赔案件数）、赔款（包括已决赔款和未决赔款）、给付（包括死亡、伤残、医疗给付额、满期给付额、养老金给付额）、无赔款优待款、退保金、赔付率（即赔款与保费收入之比）及各种出险原因（如火灾、盗窃等）。

3.2.3.2 保险资金运用统计指标体系

在现代保险市场上，把保险资金用于种种投资，已成为保险企业获取高额利润、增强偿付能力、提高竞争能力的重要途径。保险资金运用统计包括三方面的内容：

（1）保险资金的数量和运用规模统计。保险资金的数量决定了保险企业有多少资金可进行投资，保险企业可运用的资金由资本金、责任准备金（包括未到期责任准备金、未决赔款准备金、人身保险的各种准备金、总准备金）和其他可运用的资金（如承保盈余、暂时闲置的资金）组成。保险资金的运用规模受国家宏观调控政策、经济发展对资金的需求及保险资金的数量等因素影响，可通过计算保险资金运用率（即投资资金总额与企业全部资产之比）来反映。

（2）保险资金的运用情况统计。保险资金投入资本市场后，呈现多种投资形式，如购买债券和股票、不动产投资、抵押贷款、投资基金、同业拆借等，对于各种形式的资金运用额、所占份额、投资收益等需要进行统计。此外，在所运用的保险资金中，还需统计短期、中期、长期投资各自所占份额。

（3）保险资金运用效益统计。保险资金运用效益统计主要对投资收益总额、资金运用盈利率（指投资收益总额与投资资金总额之比）、资金运用回收率（指年度实际回收的资金总额与年度应按期回收的资金金额之比）、资金平均占用时间、资金运用成本率（指投资的各项费用和支出与投资资金总额之比）等指标进行统计。

3.2.3.3 保险财务统计指标体系

保险财务统计是对保险企业的财务成本及财务评价进行综合描述，它包括两方面的内容：

（1）保险财务成本统计。保险财务成本统计是指对保险企业在业务经营过程中发生的与业务经营有关的各项支出，主要包括利息支出、赔款支出、各种准备金（如未决赔款准备金、投资风险准备金、呆账准备金、坏账准备金）、固定资产折旧费、代办费支出、业务宣传费、防灾防损费、业务招待费、有价证券买卖损失、业务管理费等指标进行统计。

（2）保险财务评价统计。保险财务评价统计是指对保险企业经营状况和经营成果进行定期总结和评价，包括对经营状况指标和经营成果指标的统计。

其中，反映经营状况的指标主要有：①流动比率=流动资产/流动负债；②资本风险比率=逾期放款/投资资金总额；③固定资本比率=固定资产净值/资本金。

反映经营成果的指标则主要有：①利润率=利润总额/营业收入；②资本金利润率=利润总额/资本金；③成本利润率=总成本/利润总额；④费用率=费用总额/营业收入；⑤工资利润率=利润总额/职工工资总额；⑥全员人均利润=利润总额/职工人数。

3.2.3.4 人事统计指标体系

人事统计是保险企业劳动人事管理的依据，其主要内容包括对职工人数（包括对业务人员、管理人员、工程技术人员、后勤服务人员、其他人员五大类人员的统计）、人员流动、年龄结构、受教育程度、薪酬福利总额、职工平均工资、职称晋升状况等指标的统计。

3.2.4 保险统计的步骤

保险统计工作分为统计设计、统计调查、统计整理和统计分析四个基本步骤。

3.2.4.1 统计设计

统计设计是根据统计研究对象的性质和对其研究的目的，对整个统计工作进行全面考虑和安排。在统计设计阶段，要确定调查对象的范围，规定分析该对象的统计指标、指标体系和分组方法，以确保统计工作的顺利进行和统计工作的质量。

3.2.4.2 统计调查

统计调查是根据统计研究的目标和任务，按照统计设计的要求，有组织、有计划地搜集与保险公司经营活动有关的统计资料。统计调查是统计工作的基础，因为统计调查资料是否完整和准确，直接影响保险统计工作的质量。

保险统计调查的内容很多，有与保险业有关的国家宏观经济状况和地区经济状况、风险事故发生的频率以及风险发生造成的损失范围和损失程度、国内保险市场上的供求关系，尤其是社会对各类保险业务的需求、国际保险市场的动态等。保险统计调查的方法很多，一般是通过保险监管机构制定的保险公司统计制度中规定的统计报表这种调查方式来搜集掌握大量的统计资料。

3.2.4.3 统计整理

统计整理是通过统计调查，将搜集的大量的、分散的、零碎的原始资料，运用科学的方法进行整理、分类和汇总，使之系统化、条理化、科学化，成为具有代表性、概括性、统计性的资料。统计整理是统计调查的继续，也是统计分析研究的前提和基础。

3.2.4.4 统计分析

统计分析是根据国家对保险业的政策法规的要求，对搜集和整理的大量资料进行综合计算、分析和研究，从中发现问题，找出规律，提出解决办法。

保险统计工作是一个整体，各个步骤的工作都是相互关联的，哪一个步骤的工作发生差错，都将影响保险统计工作的质量。因此，保险公司必须切实加强对保险统计工作的管理。一方面，认真执行保险统计相关规定，采取有效措施稳定保险统计队伍，加强保险统计信息化建设；另一方面，要严格落实责任，统计负责人应切实承担起领导职责，加强对有关部门的协调和统计联系人及具体人员的管理。

3.2.5 保险统计的管理要求

保险统计应用于保险经营管理，主要是通过设计科学的统计指标体系，采用大量数据来反映和研究保险经营管理规律。因此，根据“统一领导、分工负责、综合归口”的管理原则，实行保险统计管理必须满足以下要求：

首先，必须明确统计人员的职责权限。一是统计人员必须履行职责，遵守统计规律，坚决抵制违反统计制度，虚报、瞒报统计数字的弄虚作假行为；二是统计人员有权揭发和检举统计工作中违反国家法律法规，破坏国家计划的行为；三是统计人员要准确、及时、系统地向有关部门和领导提供统计资料和统计数据，并且有权对本单位的经济活动和业务计划进行检查和监督。

其次，必须加强保险总公司计划部的统一管理，以确保统计指标及其口径范围和计算方法的一致性。保险统计报表的设计、组织填报及指标说明等事项应由总公司计划部统一管理，确保统计指标、口径范围、计算方法的统一。有关部门需要增设统计项目或增加非一次性统计报表时，必须由计划部批准，防止报表泛滥。

最后，必须认真审查统计报表，对外公布和计算使用的数字，以统计部门签发的为准。在统计调查和编制统计报表的过程中，要对照原始单证对数字认真审查，避免漏报、错报数字或项目。统计报表应严格按规定日期报出，并且经主管经理、统计负责人和制表人分别签字盖章后方能生效。公司对外公布和计算使用的数字，以该报表为准。若报表报出后发现错误，应及时发文更正。

随着我国保险市场不断走向成熟，《中华人民共和国公司法》《中华人民共和国保险法》《中华人民共和国统计法》《保险统计管理规定》等法律法规在实际工作中的逐步落实，各阶层对保险统计工作重要性认识的不断提高，保险统计必将在保险经营管理中越来越发挥出其反馈信息、提供咨询、实施监督、参与决策的重大作用。

3.3 保险计划和统计管理的关系

保险计划管理和统计管理既相互区别，又相互联系。相互区别表现在：保险计划管理是在统计工作的基础上，侧重于未来保险业发展趋势和规律的预测、筹划和实施，具有超前性；保险统计管理是通过统计指标体系的科学设计，侧重于运用大量的历史数据反映和研究保险经营管理的规律，具有滞后性。相互联系表现在：保险统计管理是保险计划制订和分析的基础，是检查和监督计划完成情况的重要工具。

4 保险营销管理

保险营销是保险公司经营的第一个环节，它不仅仅是一种促销活动，更是对保险市场的充分研究和统筹决策。通过对保险营销各环节进行统筹规划和有效管理，可以提高保险营销效益，增强保险公司的市场竞争力，实现保险公司利润目标，促进保险公司的可持续发展。

4.1 保险营销概述

4.1.1 保险营销的概念

保险营销又称保险销售，是指以保险产品为载体，以消费者为导向，以满足消费者需求为中心，运用整体手段，将保险产品转移给消费者，以实现保险公司长远经营目标的系列活动，包括保险市场的调研，保险产品的构思、开发与设计，保险费率的合理厘定，保险分销渠道的选择，保险产品的销售及售后服务等一系列活动。

保险营销体现的是一种消费者导向型的理念。保险营销是以保险市场为起点和终点的活动，它的对象是目标市场的准保户。保险营销的目的是满足目标市场准保户的保险需求。保险营销不仅是为了推销保险商品获得利润，还是为了提高保险企业在市场上的地位或占有率，在社会上树立良好的信誉。

4.1.2 保险营销的特点和原则

4.1.2.1 保险营销的特点

（1）服务性。保险营销是一种服务活动，其营销对象是保险这一特殊商品。保险商品从外在形式来看只是一纸承诺，并且这种承诺的履行只能在约定的事件发生或约定的期限届满时。对保户而言，其无法从保险单中马上获得实质性的消费感受。保险营销人员只有通过优质的服务使客户对其产生信赖感，才能长期吸引客户，保持客户对保险的信心，并不断开发新的客户来源。因此，与其他职业相比，保险营销服务质量的好坏尤为重要，它关系到保险企业的生存与长远发展。

（2）专业性。保险学是一门范围非常广泛的交叉学科，涉及经济、法律、医学、数学、社会学等学科。此外，保险营销人员在营销过程中要与各个行业、社会各界和各色人物进行广泛的接触，涉及许多专业知识和技能，因而保险营销人员需要运用其各方面的丰富专业知识，如营销学、心理学、风险管理、金融、投资、财务管理等知识，根据客户的保险需求及不同客户的心理特征，为客户设计合理的保险保障方案。

（3）挑战性。由于保险商品过于抽象，保险单过于复杂，人们对保险商品了解甚少，在没有强烈的销售刺激和引导下，一般不会主动购买保险商品。正是这种购买欲望的缺乏，使保险尤其是寿险必须依靠推销。加之我国的经济体制及社会保障制度的特点，使我国的商业保险发展较为缓慢，国民的保险意识也较为薄弱，所以保险营销环境不容乐观，保险营销工作也极富挑战性，这就要求保险营销人员具备良好的心理素质和坚强的意志。

（4）竞争性。保险营销的竞争并非价格的竞争。保险商品的价格即保险费率是根据损失概率并考虑利率、保险期限等其他各种因素经精确计算而确定的，其并不主要取决于市场上的供求关系。为了保证保险公司的偿付能力，中国保险监督管理委员会也对主要险种的费率进行监管。因此，价格竞争在保险营销中并非占有重要地位，相反，如优质的服务、优势险种等倒更有利于保险营销活动。

4.1.2.2 保险营销的原则

（1）遵守法律规范和职业道德原则。保险营销人员代表保险公司与客户进行沟通活动，其品德和信誉的优劣不仅影响保险公司的整体形象，而且还关系客户的利益是否得到保护。一般而言，保险营销人员严禁有下列不道德行为：①保费折扣；②换约招揽；③对保险条款等方面的错误描述。保险营销是一项经济活动，它受法律的保护和约束，每个营销人员在营销活动中的行为都必符合国家相关法律法规的要求。

（2）客户至上，优质服务原则。保险营销是一种商业服务行为，保险公司只有提供优质服务才能占领较大的市场份额。客户签约投保并不意味着一笔交易的完成，恰恰相反，而是保险服务的真正开始。一般来说，保险服务包括两个方面的内容：一是保险业务自身的服务，如承保、防灾防损、理赔等；二是拓展性服务，如汽车修理服务、风险管理咨询服务、社会福利服务、金融服务等。保险营销人员向客户提供的保险服务必须具有全面性和高效性。

（3）最大诚信原则。最大诚信原则不仅是保险合同的基本原则之一，也是保险营销人员必须遵循的重要行为准则。对于保险营销人员来讲，主要从两个方面来做到最大诚信：一是保险营销人员必须要把了解到的保险标的风险的真实情况，尤其是那些影响到保险人决定是否承保和是否调整费率的重要事实，如实告知保险人；二是寿险营销人员还要对客户诚实守信，必须如实向客户说明保险公司的基本情况、保险条款的内容等，尤其是寿险保单的保险责任和除外责任，不得夸张宣传，欺骗客户。

（4）积极开拓市场原则。保险营销人员在众多保险需求不同的客户群中，要有针对性地开展营销活动，开拓自己的营销市场。此外，保险营销人员应对市场的各种需求状况进行调查，全面掌握市场需求信息，包括潜在市场、市场占有率、销售趋势、竞争形势等各方面的信息。同时对信息的收集一定要注重迅速、准确、灵敏，即具有一定的时效价值和准确性，这样才能在营销工作中处于主动地位，灵活出击。然后保险营销人员利用获取的市场需求信息，分析客户群的心理活动和保险购买偏好，不断开拓新的服务领域，不断推出新的保险险种，不断挖掘新的保险客户，提高公司的市场占有率。

4.1.3 保险营销的发展阶段

从1992年美国友邦保险公司把个人寿险营销机制带入中国，25年的时间里，我国的保险营销事业从零起步，到突飞猛进，至成绩斐然。保险营销经历了以下几个发展阶段：

4.1.3.1 以产品为导向的营销阶段（1992—2002年）

1992年友邦带来全新保险营销模式；1993年深圳平安起草寿险营销方案；1994年太平洋财险开展个人寿险营销业务；1996年年初中国人保财险和寿险分业，寿险筹划个人营销模式。从此全国上下，每年以几十万递增的保险营销大军突袭大江南北，寿险营销机制势如破竹。拎包串巷、敲门扫楼、街头问卷等一系列的方式，打开了国内保险营销市场的开端。

在此阶段，保险营销部门只是一个简单的保险推销部门，是保险公司的一个附属单位。保险公司的整个销售没有系统化、专业化，所推出的产品往往是保险公司根据本企业的自身情况所设计的险种，没有考虑保险市场的需求，如推出在市场上无法售出的某些险种。

4.1.3.2 以销售为导向的营销阶段（2002—2012年）

保险业步入第二个十年，信息增险①、电话邀约、客户联谊成了开拓市场的主要方式。虽然这些方式短时期内换得了丰厚的保费，但并不能说这就是保险模式创新的成功。随着保险公司数量增多，保险市场日益成熟，市场竞争异常激烈。公司内部机制发生了质的变化，考核压力越来越大，利益引导氛围越来越浓，导致销售误导越来越多，保险销售越来越难。

在这一阶段，保险公司虽然以保险商品的销售为主要手段，但营销部门本身只具有附属功能，保险推销则由专门的营业部或展业部负责。这个阶段表现为“我们会做什么，就努力去推销什么”。

4.1.3.3 以市场需求为导向的营销阶段（2012年至今）

随着社会和经济的进步，保险营销不再只依赖于营销部门来实施，而是需要保险公司运用其所有的资源，包括人员及财务，拟订适当的营销计划，对定价、配销、促销、客户沟通等方面制订具体方案，将客户视为上帝，主动做好与客户间的沟通工作，对市场需求定期进行调查研究，随时把握市场需求变化，使保险商品的推销更为顺畅。

微信、互联网销售保险模式的出现，在一定程度上已经冲击了传统的保险营销模式。随着互联网金融时代的来临，网络已然成为保险销售的一大渠道。

4.1.4 保险营销管理的基本程序

保险营销管理程序包括分析营销机会、保险市场调查与预测、保险市场细分与目

① 信息增险是指利用手机短信来推销保险。

标市场选择、制定保险营销策略、组织实施和控制营销计划等。

4.1.4.1 分析营销机会

分析市场环境，寻找营销机会，是保险营销活动的立足点。营销机会是营销环境中对保险公司的有利因素。一个市场机会能否成为保险公司的营销机会，要看它是否符合保险公司的目标和资源。如果有些市场机会不符合公司的目的，就不能转化成营销机会。

4.1.4.2 保险市场调查与预测

在分析营销机会的基础上，保险公司要对保险市场进行调查和预测。市场调查就是要弄清楚各种保险的需求及其发展趋势。市场调查的程序包括确定调查目的、调查计划、调查方法、对掌握的数据进行分析及撰写调查报告等。

预测保险市场，特别是预测目标市场的容量，有利于不失时机地做出相应决策。保险市场预测一般要经过六个步骤：明确预测目标、确定预测计划、确定预测时间和方法、搜集预测资料、分析预测结果、整理预测报告。

4.1.4.3 保险市场细分与目标市场选择

在竞争的保险市场上，无论实力多么雄厚的保险公司也不可能占领全部市场领域，每个公司只能根据自身优势及不同的市场特点来占领某些市场。这就需要保险公司对市场进行细分并确定目标市场。市场细分就是依据保险购买者对保险商品需求的偏好以及购买行为的差异性，把整个保险市场划分为若干个需求愿望各不相同的消费群，即“子市场”。保险市场细分的主要标准有：①地理区域因素，例如区分城市市场和农村市场；②人口统计因素，即按照年龄、性别、家庭结构、收入水平、职业、文化程度等划分不同的保险消费群；③心理因素，即根据营销消费者购买保险的心理因素进行细分；④行为因素，即根据消费者的投保行为将保险市场进行细分。市场细分后，还应根据各个细分市场的消费者特征，确定细分市场的名称。

在市场细分的基础上，保险公司可以根据自身的营销优势选择合适的目标市场。一般而言，保险公司首先对市场进行评估，可以通过对五个方面因素的分析进行评估，即同行业竞争、新参加的竞争者、替代产品、购买者的议价能力、供应商的议价能力，然后选择一个或几个细分市场作为目标市场，最后确定占领市场的策略。保险公司仍需将本身的目标与所在的细分市场的情况结合在一起考虑，对于一些有较大吸引力的细分市场，如果不符合保险公司长远目标，应该放弃；对于符合保险公司目标的细分市场，如果不符合保险公司长远目标，也应该放弃；对于符合保险公司目标的细分市场，在进入时也要考虑自己是否具备必要的资源和条件。

4.1.4.4 制定保险营销策略

保险营销策略主要有险种策略、费率策略、销售渠道策略和保险促销策略。险种策略是根据保险市场的保险需求制定的，包括新产品开发策略、险种组合策略、产品的生命周期策略等内容。费率策略包括定价方法、新险种费率开价等，保险公司应该根据不同险种制定不同保险费率。销售渠道策略是对将保险商品送到保险消费者手中的途径的决策。保险销售渠道有直接销售和间接销售两种。保险促销策略是指促进和影响人们购买行为的各种手段和方法，如人员促销、广告促销和公共关系促销等。

4.1.4.5 组织实施和控制营销计划

营销管理程序的最后一个步骤就是组织实施和控制营销计划。其主要内容就是组织保险公司的所有营销资源，根据本公司的市场定位，制定相应的营销战略战术，以实施和控制保险营销活动。为了实施保险营销计划和战略，保险公司必须建立相应的营销组织部门。营销组织通常由一位副总经理负责，其主要工作有两项：一是合理安排营销力量，特别是保证各部门经理如广告经理、销售人员经理、公共关系经理等的合作关系；二是要与负责财务、行政、研究与开发、人事等部门的副总经理密切配合，使公司各部门协调一致，以满足客户的需要，实现公司的营销计划。同时，为及时发现和处理计划实施过程中出现的各种意外情况，必须建立相应的营销控制系统，以确保营销目标的实现。

4.1.5 保险营销环境分析

保险营销环境是指影响保险公司的营销管理能力，使其能否成功地发展和维持与其目标客户交易所涉及的一系列内部因素与外部条件的总和。保险营销环境是复杂多变的，它随着社会经济、文化、政治的发展变化而不断变化。同时，保险营销环境的各因素又不是孤立存在的，而是相互联系、相互作用、相互制约的一个统一体。

从环境层次的角度来划分，保险营销环境可以分为宏观环境和微观环境。

4.1.5.1 宏观环境分析

所谓宏观环境，就是指那些给保险公司提供市场机会和造成环境威胁的主要社会力量，包括人口环境、经济环境、政治法律环境、社会文化环境和科学技术环境等。

（1）人口环境。人口环境指人口的规模、密度、地理分布、年龄、性别、家庭、民族、职业，以及其他有关情况。人口状况如何将直接影响到保险企业的营销战略和营销管理，尤其是人身保险的市场营销与一国人口环境的联系尤为密切。人口环境及其变动对市场需求有着整体性、长远性的深刻影响，制约着保险公司营销机会的形成和目标市场的选择。因此，多角度、多侧面地正确认识人口环境与保险营销之间存在的不可避免的深刻联系，把握住人口环境的发展变化，是保险公司把握自己的行业特点和资源条件，正确选择目标市场，成功开展营销活动的重要决策依据之一。

（2）经济环境。经济环境是指保险企业与外部环境的经济联系，是影响企业营销活动的主要环境因素。它包括一个国家或地区的消费者收入、消费者支出和物价水平等经济指标。经济越发达，组织和个人面临的风险就越多，对风险管理的需求就越迫切，保险的需求就越旺盛。保险公司在分析消费者收入这个经济指标时，应当注意社会各阶层收入的差异性以及不同地区、不同年龄、不同职业的消费者的收入水平，针对具体情况，把握时机，及时开发出适销对路的险种。保险公司在分析消费者支出模式时，要了解消费者用于各种消费支出的比例以及消费者的各种储蓄目的，适时调整自己的营销策略，以争取到更大的市场份额，在竞争中占据有利的地位。

（3）政治法律环境。政治法律环境主要是指与保险市场营销有关的国家方针、政策、法令、法规及其调整变化动态，以及有关的政府管理机构和社会团体的各种活动。任何国家的国内政治局势和政策法规与国外的政治局势和政策法规的变化，都会给保险市场营销带来相应的影响，无论是挑战还是机遇，保险企业都应认真对待。

（4）社会文化环境。社会文化环境是指一个国家、地区或民族的文化传统，如风俗习惯、伦理道德观念、价值观念、宗教信仰、法律、艺术等。保险营销管理者必须具体研究这些问题，了解和熟悉各种不同的社会文化环境，才能做好保险营销工作。

（5）科学技术环境。科学技术对人类的生活最具影响力，如新技术、新产品的不断问世，一方面将会降低原有风险，给企业带来源源不断的经济利益，但另一方面也会给企业带来一些新的风险，从而为保险市场营销创造新的机会。

4.1.5.2 微观环境分析

保险营销的微观环境是指与保险企业直接有关的市场营销环境，包括供给商、保险中介人、保险顾客、竞争对手、社会公众以及保险企业内部影响营销管理决策的各个部门，如计划、人事、财务、业务、营销等。

（1）保险企业内部各部门。保险企业内部各部门之间分工协作的关系是构成保险企业内部环境的一个重要因素。保险企业内部各个部门、各个管理层次之间的分工是否科学合理，合作是否和谐、目标能否一致、配合是否默契，直接影响到保险企业的营销管理决策和营销方案的实施。

（2）保险中介人。保险中介人包括保险代理人、保险经纪人和保险公估人。事实上，一个成熟健全的保险市场不应只是保险企业与保险购买者两个基本要素的简单组合，它还需要有保险中介人活跃其中，这已是大多数保险业发达国家的具体实践所证实的一个普遍规律。保险公司为了扩大市场份额，需要保险代理人、保险经纪人为其招揽业务、开拓市场；发生保险事故后，需要保险公估人站在公正的立场上查勘定损。两者之间能否建立稳定有效的协作关系，会对保险公司服务于目标顾客的能力形成重大影响。

（3）保险顾客。保险顾客是保险营销的基础。就某一险种而言，购买该险种的个人或组织越多，风险就越分散，保险企业的经营就越稳定；反之，其经营的风险性就越高。因此，分析保险购买者的心理及行为特征是保险企业不可忽视的一项重要工作。

（4）竞争对手。保险企业的竞争对手主要是指提供同一种类保险服务，但其承保条件、保险责任、除外责任、保险范围以及售后服务有所不同的竞争者，它涵盖了在保险市场上提供保险服务、经营保险业务的所有保险企业。各个保险企业为了达成自身最佳的经营绩效，都会采取不同的营销策略和竞争手段，从而形成行业竞争关系。

同行业竞争通常用卖方密度、服务商品差异、进入难度三个指标来衡量。卖方密度是指保险竞争者的数量，即有多少家保险公司，特别是实力强的保险公司有多少，这在保险市场需求相对稳定的情况下，会直接影响到保险公司市场份额的大小和竞争的激烈程度。例如，近几年来外资保险公司在我国涌现，使得各保险公司的市场份额相对降低，竞争越来越激烈。服务商品差异是指各家保险公司提供同类保险服务商品的差异程度，它主要表现为险种差异、业务差异和营销策略差异。差异使保险服务产品各有特色，这就构成了一种竞争关系。进入难度是指一家新的保险公司试图进入某个保险市场时遇到的难度。不同的国家或地区、同一国家的不同地区、一国在经济发展的不同阶段，新企业进入保险市场的难易程度是不一样的。一般说来，政治体制、民族宗教都会不同程度影响国家或地区对于市场准入的规定。

（5）社会公众。由于保险营销活动会影响到社会公众的利益，因此政府机构、金融机构、中介机构、群众团体、地方居民等也会关注、监督、影响、制约保险企业的营销活动。保险企业遵纪守法，及时理赔，开展社会公益活动，努力塑造并保持良好的信誉和公众形象，是保险企业适应和改善环境的一个重要方面。

4.1.6 保险营销策略

营销是企业以顾客需要为出发点，根据经验获得顾客需求量以及购买力的信息、商业界的期望值，有计划地组织各项经营活动，通过相互协调一致的产品策略、价格策略、渠道策略和促销策略，为顾客提供满意的商品和服务而实现企业目标的过程。保险行业天生具备与社会发展和百姓生活紧密结合的特点，其营销策略是指保险公司根据目标市场的保险需求、自身的经营能力和市场竞争等因素制定的有利于保险营销的手段。保险营销策略主要包括目标市场策略、保险商品组合策略、险种生命周期策略、保险费率策略和促销策略等。

4.1.6.1 目标市场策略

目标市场策略是在保险市场细分的基础上，针对目标市场的情况和保险营销的需要制定的。保险公司在选择好目标市场之后，还要选择适当的目标市场策略。一般来说，可供选择的目标市场策略有以下三种：

（1）无差异性市场策略。无差异性市场策略也称整体市场策略，是指保险公司把整个市场看作一个目标市场，只注意保险消费者对保险需求的共性，而不考虑他们对保险需求的差异性，以同一条款、同一标准的保险费率和同一营销方式向所有的保险消费者推销这种保险。无差异性市场策略适用于那些差异性小、需求范围广、适用性强的险种的推销。如机动车辆第三者责任险，可在一个国家的所有地区内用同一营销方式和保险费率进行营销。

（2）差异性市场策略。差异性市场策略是指保险公司选择了目标市场后，针对每个目标市场分别设计不同的险种和营销方案，去满足不同消费者的需求的营销策略。这种营销策略，可以根据保险消费者需求的差异性，捕捉保险营销机会，扩大保险销售量，提高市场占有率，适用于新成立的保险公司和规模较小的保险公司。

（3）集中性市场策略。集中性市场策略也称密集性市场策略。保险公司选择一个或几个细分市场作为目标，制订一套营销方案，集中力量争取在这些细分市场上占有大量的份额，而不是在整个大市场上占有小量份额。集中性市场策略适用于资源有限、实力不强的小型保险公司。[①]

4.1.6.2 保险商品组合策略

保险商品组合是指保险公司根据保险市场需求、保险资料、公司的经营能力和市场竞争等因素，确定保险商品保障机能的结合方式。保险商品组合关系到保险公司险种开发的计划与保险资源的利用，关系到保险公司的经济效益和发展前途，所以必须予以重视。

（1）扩大保险商品组合的策略。扩大保险商品组合有三个途径：一是增加保险商品组合的广度，即增加新的险种系列；二是加深保险商品组合的深度，即增加险种系列的数量，使保险险种系列化和综合化；三是保险商品广度、深度并举。

（2）缩减保险商品组合策略。缩减保险商品组合策略是指保险公司缩减保险商品组合的广度和深度，即减少一些利润低、无竞争力的保险险种。这是在保险市场处于饱和状态，竞争激烈、保险消费者交付保险费能力下降的情况下，保险公司为了更有效地进行保险销售，或者为了集中精力进行专业化经营，取消某些市场占有率低、经营亏损、保险消费者需求不强烈的保险商品而采取的策略。

（3）关联性小的保险商品组合策略。随着保险市场需求的发展和保险公司之间的激烈竞争，越来越多的保险公司将财产保险与人身保险进行组合，每一组合或以财产保险为主，或以人身保险为主，使新组合的保险险种更能满足消费者的需求。例如，有的保险公司将家庭财产保险与家庭成员的人身意外伤害保险相组合；有的保险公司将驾驶员意外伤害保险与机动车辆保险相组合，形成具有特色的新险种。从保险业发展来看，财产保险与人身保险的组合，适应了保险市场的需求变化，受到广大消费者的欢迎。

4.1.6.3 险种生命周期策略

险种生命周期是指一种新的保险商品从进入保险市场开拓，经历成长、成熟到衰退的全过程。险种生命周期包括投入期、成长期、成熟期和衰退期。

（1）投入期的营销策略。险种投入期是指险种投放保险市场的初期阶段。保险企业通常采用的营销策略有：①快速掠取策略，即以高价格和高水平的营销费用推出新的保险商品的策略；②缓慢掠取策略，即以高价格和低水平的促销费用将新的保险商品投入保险市场的策略；③迅速渗透策略，即以低价格和高水平的销售费用推出新的保险商品的策略；④缓慢渗透策略，即以低价格和低水平的营销费用推出新的保险商品的策略。

（2）成长期的营销策略。险种成长期是指险种销售量迅速增长的阶段。保险企业应采取的营销策略包括不断完善保险商品的内涵，广泛开拓营销渠道，适时调整保险费率，确保售后服务的质量，以尽可能地保持该险种在保险市场上长久的增长率。

（3）成熟期的营销策略。险种成熟期是指险种销售量的最高阶段。保险企业应采取的营销策略有：①开发新的保险市场；②改进险种；③争夺客户。

---

① 邓大松，向运华. 保险经营管理学［M］. 2版. 北京：中国金融出版社，2011：87-92.

(4) 衰退期的营销策略。险种衰退期是指险种已不适应保险市场需求，销售量大幅度萎缩的阶段。因此，保险企业要采取稳妥的营销策略，有计划地、逐步地限制推销该险种。此外，还应有预见性地、有计划地开发新险种，将那些寻求替代险种的消费者再一次吸引过来，使险种衰退期尽量缩短。

4.1.6.4 保险费率策略

保险费率策略是保险营销策略中最重要的策略之一，它与其他策略相互依存、相互制约，调整保险产品结构比例，提高保险交易的效率，促进对保险产品的不断创新。

(1) 低价策略。它是指以低于原价格水平而确定保险费率的策略。实行这种定价策略是为了迅速占领保险市场或打开新险种的销路，更多地吸引保险资金。但是保险企业要注意严格控制低价策略使用的范围，以防损害偿付能力。

(2) 高价策略。它是指以高于原价格水平而确定保险费率的策略。保险企业可以通过实行高价策略获得高额利润，有利于提高自身的经济效益，同时也可以利用高价策略拒绝承保高风险项目，有利于自身经营的稳定。但是保险企业要谨慎使用高价策略。

(3) 优惠价策略。它是指保险企业在现有价格的基础上，根据营销需要给投保人以折扣费率的策略，包括：①统保优惠；②续保优惠；③趸交保费优惠；④安全防范优惠；⑤免交或减付保险费。

(4) 差异价策略。差异价策略包括三种类型：①地理差异价，即保险人对位于不同地区相同的保险标的应采取不同的保险费率。②险种差异价，即各个险种的费率标准和计算方法都有一定的差异。③竞争策略差异。其主要做法包括：第一，与竞争对手同时调整费率，以确保本企业在保险市场占有的份额；第二，在竞争对手调整费率时，保持原费率不变，以维护本企业的声誉和形象；第三，采取跟随策略，在已知竞争对手调整费率时，先不急于调整本公司的费率，待竞争对手的费率对市场销售产生较大影响时，才跟随竞争对手调整相关费率。

4.1.6.5 促销策略

促销策略是保险企业、保险代理人、经纪人等将有关保险商品的信息通过各种沟通形式，如人员推销、广告、公共关系、展业推广等传递给投保人，以便让投保人了解、产生兴趣、产生投保欲望、最终做出投保决策等。

(1) 培养营销思想，创新市场策略。保险营销是帮助客户建立风险意识、保险认知和选择保险服务的过程，不只是满足市场需要的营销，更多是激发和创造市场需求的过程营销。保险公司须建立高效联动的以客户需求为导向的销售运营系统、服务支持系统和文化价值系统，为多维营销和互动营销创造条件，推动保险公司从“销售保险产品组合”转移到“满足客户需求组合”的市场策略上来，真正把“创造客户价值和满意度”作为持续健康发展的前提和基础，稳定和培养保险公司忠诚客户和家族客户。

(2) 健全分销体系，改革营销制度。截至 2015 年 12 月，全国已有 10 多家保险公司成立了保险销售公司。如何从战略和制度层面整合个险、银保、团险、网销，产险互动，产险和养老年金直销团队以及险资组建的基金销售经理等多元销售队伍，需要保险公司在市场定位、销售制度和激励体系方面进行总体设计、统一规划、统筹协调、整体推进、督促落实。特别是结合现有渠道改革创新的需要，加快制度的创新，建立保险行业“相对统一、利益共享、组织精简、机制灵活、结构优化、信息畅通、职能前移、相互转换”的营销渠道（营销网络）体系。

在改革营销制度方面，要充分发挥个人代理人、经纪人、员工制销售队伍的优势，从培训体系、销售组织体系、激励体系对现有的销售渠道进行统一改革，减少渠道冲突、体制冲突和服务冲突。当前最重要的是要对佣金制的个人代理人制度进行研究创新，重点研究个人代理人对客户名单和长期保单的权益归属问题，以及营销团队长期发展的利益问题。

（3）协调整体利益，创新营销激励。保险市场营销的整体利益包括三个方面：一是以开发客户全生命周期价值（客户终身价值）为根本的长远利益，二是基于保险营销价值链的营销员（所有从事销售的业务员）报酬利益，三是协调保险公司系统可持续营销的整体利益。

所谓客户全生命周期价值（客户终身价值）是从保险生命周期和客户家族缘故来进行思考的，为每位客户树立终身服务的理念，整合寿险、财险、养老年金和基金产品等所有产品为客户提供全方位营销服务的价值，构建出彼此信赖、共存共荣的长远利益。围绕客户终身价值，除常规促销服务之外，保险企业可以考虑创建以社区和客户家庭为基础的“保险门店”“保险之家”的销售激励方式，同时为每位客户建立“保险终身积分卡”和“保险生命价值积分卡”，还可以考虑与金融机构合作研发出保单价值可查验、保单现金价值可借取的，融保险、银行功能为一体的“人生价值”保险银行信用卡，让客户的保单价值随时可见，时时关注个人风险，灵活运用保单借款，增强保险客户保单利益的价值体验。

（4）提高营运效率，创新营销支持。保险营销效率来源于“点效率、线效率、面效率和立体综合效率”四个方面。立足保险营销生态系统，需要保险行业在保险产品、移动网站、线上与线下服务、销售激励制度、营销企划支持等方面进行改进和提高。对联动客户的生命周期进行管理，保险公司可以相互寻找和共享优质客户，预测和防范销售风险并分析客户需求，实现对客户的整合营销，共同评价营销活动的投入与产出目标。同时，保险公司还可以研发保险公司销售支持系统、销售人员标准工作（培训）手册、销售价值管理办法、客户权益积分管理办法等销售制度，实现在点的效率上建立保险销售的行为素质标准和线上线下的支持体系，在线的效率上建立起不同层级清晰明确的职责范围和考核指标，在面的效率上建立起高效沟通、全面整合、整体作战的销售运作机制，在立体综合效率上真正体现保险公司销售渠道诚信、专业、合作、标准的职业形象，确保公司系统销售体系在营销方式上言行一致，从而逐步建立起金融保险营销服务的标准和品牌。

（5）塑造行业品牌，创新营销互动。保险公司开展保险互动营销须具备三个条件：一是品牌的影响力和号召力，二是上亿的客户群体和销售队伍以及员工队伍，三是全社会正共同处在一个“搜索引擎、网络视频、微信微博、网上社区”等全数字营销时代。如何适应天时地利人和的互动营销时代，一方面保险公司有必要加强对客户特质和行为模式的分析研究，另一方面要在保险门户网站和移动互联网的基础上，搭建网络互动平台，通过微信、微博和电子邮件的方式，组织销售人员和广大客户注册检验。同时在大中城市社区建立“保险实体网点与虚拟网络”相结合的保险综合性营销服务平台，逐步建立起保险公司客户网络交流共享服务平台，为亿万客户和数百万销售队伍搭建一个线上与线下结合的互动营销服务平台。

4.2 新险种的开发管理

保险公司要提高在整个保险市场的占有率，就必须开发适合市场需要的新险种。由于保险商品生命周期的作用和市场竞争的压力，新险种的开发成了保险公司经营管理的重要一环。保险公司只有不断进行险种创新，才能满足客户不断变化的保险需求，才能在市场竞争中保持稳定发展。

4.2.1 新险种开发的步骤

尽管各国保险公司甚至各个保险公司的险种开发均有自己的特色，但就其基本程序而言，不外乎六个步骤。

4.2.1.1 市场调查

保险公司必须先进行市场调查，了解保险客户对新的危险保障的需求及其市场潜力，调查原有的经营状况，从中寻找险种开发的方向和设计点。

4.2.1.2 可行性分析

可行性分析即保险公司根据自己的业务经营范围，在市场调查的基础上对险种开发进行可行性分析，选择险种开发的重点，初步构思主要考虑开发什么保险业务，其内容一般包括险种名称、业务性质、主攻方向及其与公司现有业务的联系等。

4.2.1.3 保险条款设计

由于保险条款是保险险种的主要内容，条款设计便成了险种开发的关键环节。设计保险条款时要注意以下问题：

（1）明确保险标的的范围。例如，财产保险条款应对保险财产、特约保险财产和不可保财产明确区分，让投保人容易了解。

（2）确定保险责任和除外责任。保险责任是确定保险人承担危险的依据，是保险人对所承保的保险事故发生时应承担的损失赔偿责任或保险金给付责任。除外责任是保险合同列明的不属于保险人赔偿范围的责任。确定保险责任和除外责任时，既要考虑保险人承担危险的大小，又要适应市场的需求。

（3）确定保险金额和偿付计算方法。保险金额是保险人承担赔偿或给付保险责任的最高限额。在财产保险中，保险金额确定的方法一般是以保险标的的保险价值为依据；人身保险的保险金额确定方法原则上是由投保人与保险人约定而成。保险赔偿和给付是保险人在保险标的遭遇保险事故导致被保险人财产损失或人身伤亡时依法履行的义务，因此，其计算方法一般在条款中明确规定。

（4）确定保险期限。保险期限是保险人承担保险责任的时间。保险期限的确定有两种方式：一是定期保险，即规定半年、一年为保险期限；二是航程保险，即以某一事件的自然发生过程为保险期限。无论以何种方式确定，保险期限都应在保险条款中明确规定。

（5）确定保险费率及保险费支付办法。保险费是投保人付给保险人使其承担保险责任的代价。保险条款应对保险费率，缴付保险费的方式、时间和次数明确规定。

（6）列明被保险人的义务。被保险人是受保险合同保障，享有保险金请求权的人。保险条款应明确被保险人负有的主要义务，如损失通知义务、防止和减少损失义务等。

4.2.1.4 鉴定

险种设计完成后，保险公司一般由其专门的险种设计委员会或有关专家顾问咨询机构对其进行鉴定，其内容主要包括险种的市场及业务量大小、险种能否给公司创造效益以及条款设计中有无缺陷等。如果鉴定通不过，则需重新进行市场调查、可行性论证及条款设计工作。因此，鉴定环节实质上是公司对险种开发部门的设计进行审核和把关。

4.2.1.5 报批

险种作为保险公司的保险商品，事先由保险公司设计推出，事后为保险客户所购买。险种设计是否合理，直接关系到作为保险消费者的保险客户的切身利益，因此在一些国家，险种报批是保险法律规定的一项必经程序。审批保险条款等也是保险管理机关的法定权力，尤其是对一些主要险种更是如此，以便维护保险客户的权益。

4.2.1.6 进入市场

经过前述程序，险种即可投入市场，但对新险种而言，其生命力往往要经过保险市场的检验，因此，保险公司险种开发的最后阶段便是试办，待试办证实该项险种的生命力后再大规模推广，并争取迅速占领市场。

上述程序是险种开发中的通常程序，对于各保险公司而言，其具体步骤与内容可能有所差异。例如，有的公司设有专门的市场调查部门、险种开发部门，拥有一支专门的险种设计队伍；有的公司则由展业或承保部门负责进行；有的公司借助于代理人的力量；还有的则缺乏自己的新险种，即只是借鉴或照搬其他保险公司的条款开展业务。

4.2.2 险种设计的原则

险种设计是保险公司重要的工作，它直接关系到保险公司的生存与发展。不仅保险公司重视保险险种的设计与开发，保险监督部门也十分重视这项工作。《中华人民共和国保险法》第一百三十六条规定："关系社会公众利益的保险险种、依法实行强制保险的险种和新开发的人寿保险险种等的保险条款和保险费率，应当报国务院保险监督管理机构批准。国务院保险监督管理机构审批时，应当遵循保护社会公众利益和防止不正当竞争的原则。其他保险险种的保险条款和保险费率，应当报保险监督管理机构备案。”《中华人民共和国保险法》明确了保险公司在制定保险费率和保险条款方面的自主权，这使保险公司的经营管理面临新的机遇和挑战，保险公司间的竞争将更加激烈。

4.2.2.1 市场性原则

市场性原则，是指保险公司要以市场需求为导向开发新险种。保险公司要提高自身业务在整个保险市场的占有率，就必须开发适合市场需求的新险种。保险商品应能满足一定客户群体的特定保险需求，即险种开发应有特定的目标市场，以最大限度地满足消费者的需求。

4.2.2.2 技术性原则

技术性原则，是指险种的开发要从保险人处理风险的客观能力出发，保证业务经营的财务稳定性。保险新险种开发最为关键的内容是条款的设计和费率的厘定。如果条款设计不合理、费率厘定不准确，将导致保险公司的经营风险。根据大数法则，保险公司只有掌握保险标的的风险性及其发生的规律性，才能保证定价的准确性，这就要求保险公司在开发新险种时要掌握大量风险事故资料。

4.2.2.3 社会性原则

保险公司作为社会经济体系中的一员，有责任和义务支持和促进政府的经济政策的贯彻与执行，设计和开发一些政策性的保险业务，明确政策性保险业务也可能由于其业务面广泛和社会影响力大的优势，使其成为宣传保险公司的广告性业务。同时，让社会大众通过政策性保险业务认识现代商业保险的社会意义，从而促进和带动其他非政策性保险业务的开展，扩大保险公司的社会效益和企业效益。

4.2.2.4 前瞻性原则

前瞻性原则，是指新险种开发要具有超前的产品开发意识，适应保险市场需求的变化，适时进行产品创新。保险公司要想在不断变化和竞争激烈的保险市场中保持产品竞争优势，必须具有超前的产品开发意识，适应保险市场需求的变化，善于发现和捕捉新的市场机会，遵循产品生命周期和销售方式的周期规律，适时进行产品创新。随着科技发展，传统的保险营销方式也正在发生深刻的变革，如保险电子商务已初露端倪，网上营销正处于高速发展阶段。保险产品开发应适应国际保险市场发展趋势，不断拓展新的销售方式和业务领域。

4.2.2.5 盈利性原则

盈利性原则，是指险种开发应关注公司的长期盈利能力。商业性保险公司要实现企业的可持续发展，其经营最终必须赢利，这就要求保险公司的新险种开发必须进行产品成本收益分析。险种开发的成本主要是在险种开发过程中所投入的人力、物力和财力，除此之外，还应考虑到险种开发的机会成本，以及由于新险种的推出而可能导致的传统业务销售及利润下降的替代成本。保险公司还可能出于完善其产品系列或增强市场竞争力等方面的原因，开发一些成本较高且业务规模较小的不赢利甚至亏损的险种，这也是一种险种开发的无形成本。

4.2.3 新险种条款和费率的管理

4.2.3.1 新险种条款的管理

新险种开发最为关键的内容是条款的设计和费率的厘定。保险条款是保险商品的主要内容，它规定了保险双方的权利和义务，是当事人履行合同和承担法律责任的依据。因此，保险条款设计时需要注意这几方面的问题：一是注意文字严谨，文字应符合经济合同和相关法律规范的要求；二是条款设计应简洁明了，格式应标准化、规范化；三是条款设计时要维护保险公平，使双方承担的义务与权利相适应，尽可能地将逆向选择、道德风险因素限制在责任范围之外。

4.2.3.2 费率厘定的准则

费率厘定是影响保险公司财务稳定性的关键因素，且是调节保险供求的重要杠杆，所以在新产品设计过程中居于首要地位。为了使保险费率厘定更科学、更合理，费率厘定时必须遵循法律准则和业务准则。

（1）法律准则。保险人在厘定保险费率时要符合法律法规，具体包括下列几个原则：

①公平性。公平性是指费率计算上的公平。一方面，保费收入必须与预期的支付相对称；另一方面，被保险人所负担的保费应与其所获得的保险权利相一致，保费的多寡应与保险的种类、保险期限、保险金额、被保险人的年龄和性别等相对称，风险性质相同的被保险人应承担相同的保险费率，风险性质不同的被保险人，则应承担有差别的保险费率。

②合理性。合理性是指保险费率水平应与保险标的风险水平和保险人的经营水平相一致。费率过低，会损害保险人的利益，最终使被保险人得不到充分的保障。保险人不能为追求超额利润而片面制定过高的保险费率，费率过高，尤其是附加费率过高，会损害被保险人的利益，加重被保险人的经济负担。

③充分性。充分性是指所收取的保险费足以支付保险金的赔付及合理的营业费用、税收和公司的预期利润，充分性原则的核心是保证保险人有足够的偿付能力。如果保险费率过低，就会降低保险人的偿付能力，使保险人的经营处于不稳定状态，不利于稳健发展。

（2）业务准则。保险人在厘定保险费率时总体上要做到权利与义务对等，具体包括下列几个原则：

①稳定灵活原则。稳定是指保险费率应当在一定时期内保持稳定，以保证保险公司的信誉。稳定的费率有利于保险公司的业务核算，也使被保险人的保费支出保持稳定。不稳定的保险费率会给保险公司的经营活动带来负面影响。同时，坚持稳定原则

并不是要求保险费率保持一成不变，保险费率也要随着风险的变化、保险责任的变化和市场需求的变化而做出相应的调整，因此其具有一定的灵活性。

②促进防灾防损原则。促进防灾防损原则要求保险费率的厘定应有利于促进防灾防损。具体来讲，就是对注重防灾防损工作的被保险人采取较低的费率。贯彻这一原则有两个好处：其一，可以减少保险人的赔款支出；其二，可以促进被保险人加强防灾防损，减少整个社会的财富损失。

4.3 保险营销渠道管理

保险营销渠道是指保险商品从保险公司向保户转移过程中所经过的途径。保险营销渠道的选择直接制约和影响着其他营销策略的制定和执行效果。选择适当的营销渠道，不仅会减少保险公司经营费用的支出，而且还会使保险商品的销售更为顺畅。

按有无中间商的参与，可将保险营销渠道划分为直接营销渠道和间接营销渠道。此外，随着信息技术和互联网的蓬勃发展，保险网络营销渠道的作用已不容小觑，具有重要的市场影响力。

4.3.1 直接营销渠道

4.3.1.1 直接营销渠道的含义

直接营销渠道，也称直销制，是指保险公司利用支付薪金的业务人员为保险消费者直接提供各种保险险种的销售和服务。

在保险市场不健全的时期，保险公司大都采用直销制进行保险营销。但随着保险市场的发展，保险公司仅仅依靠自己的业务人员和分支机构进行保险营销是远远不够的，同时也是不经济的。无论保险公司的资金实力有多雄厚，都不可能建立一支足以包容整个保险市场的营销队伍，即使可能，庞大的工资支出和业务费用势必提高保险经营的成本。因此，在现代保险市场上，保险公司在依靠自身的业务人员进行直接营销的同时，还要广泛地利用保险中介人进行间接营销。

4.3.1.2 直接营销渠道的优势和劣势

（1）直接营销渠道的优势。在这种营销方式下，保险公司可以有效控制承保风险，保持业务量的稳定。

①保险公司的业务人员由于工作的稳定性强又比较熟悉保险业务，因而有利于控制保险欺诈行为的发生，不容易发生因不熟悉保险业务而欺骗投保人的道德风险，给保险消费者增加了安全感。

②保险公司的业务人员直接代表保险公司开展业务，具有较强的公司特征，从而在客户中树立公司良好的外部形象。

③如果保险公司业务人员完成或超额完成预期任务，则维持营销系统的成本较低。因为公司员工享有固定的工资和福利，其收入不会因业务超额完成时大量增长，同时

员工的培训费用也少于代理人员的培训费用。

(2) 直接营销渠道的劣势。由于保险直销需要与大量目标客户进行长时间接触沟通，而保险公司雇佣的直销人员是有限的，所以从长远发展来看直销制的弊端很明显。

①不利于保险企业争取更多的客户。因为有限的业务人员只能提供有限的服务，同时他们预定任务较重，无法与所有客户建立较为密切的关系，使保险企业失去了很多潜在的客户。

②不利于扩大保险业务的经营范围。由于直销人员有限，他们只能侧重于进行某些大型险种的营销活动，如企业财产保险、团体人身保险的业务，而某些极有潜力的业务领域都无暇顾及，如个人寿险、家庭财产保险等业务。

③不利于发挥业务人员的工作积极性。由于在直销方式下业务人员的收入与其业务量没有必然的联系，当其超额完成预定工作任务后，并没有相应的业务提成或提成太少。

4.3.2 间接营销渠道

4.3.2.1 间接营销渠道的含义

间接营销渠道，也称中介制，是指保险公司通过保险代理人和保险经纪人等中介机构推销保险商品的方法。保险中介人不能真正代替保险人承担保险责任，只是参与、代办、推销或提供专门技术服务如保险业务咨询与招揽、风险管理与安排、价值衡量与评估、损失鉴定与理算等各种保险活动，从而促成保险商品销售的实现。

4.3.2.2 间接营销渠道的作用

保险中介是顺应社会分工的细化而发展起来的，在完善保险市场体系、促进保险市场健康发展等方面发挥着越来越重要的作用，已经发展成保险业中一个相对独立的子产业。

从世界保险业的发展以及我国保险实践的情况看，保险中介在保险业的作用主要可以归纳为以下几个方面：

(1) 改进保险服务质量，促进保险业务发展。保险中介广泛地宣传保险知识，大力介绍保险公司和保险险种，有利于增强人民群众的风险意识和保险意识，加强保险公司与客户之间的联系；同时，保险中介可以利用自己的专业优势，指导客户合理投保，有利于解除人们心中的顾虑。特别是针对条款比较复杂、期限较长、涉及金额较大的保险产品，消费者在购买保险时更需要向专家咨询，因此保险中介的存在非常有必要。保险中介的存在也极大地方便了社会大众投保，有利于扩展保险市场规模。此外，保险中介特别是保险经纪人的存在有利于纠正保险公司在保险条款制定和保险理赔中存在的倾向性和片面性，更好地维护被保险人的合法利益。

(2) 提高保险企业的经济效益，增强保险企业的竞争能力。对于保险公司来说，保险中介具有社会展业面广、服务质量高、业务费用低、管理方便等优点，可以极大地降低保险企业的经营成本和管理成本，有利于提高保险企业的竞争力。同时，保险中介有着广泛的社会联系，对保险需求、产品评价、理赔服务等方面的信息反应及时，有助于保险企业及时了解市场供需情况，调整和改进自己的经营策略。另外，保险中介的发展还有利于促进和规范保险市场竞争。据《中国保险年鉴 2015》，2014 年全国保险公司通过保险中介渠道实现保费收入占 2014 年全国总保费收入的 79.8%。

（3）健全和完善保险市场，加快保险业与国际接轨。从国际上看，保险中介是一个成熟、健全的保险市场不可缺少的重要组成部分。在经营活动中，保险公司与保险中介各司其职，相互配合，有力地促进保险市场的有序运行。加快保险中介市场的发展有利于增强国内保险企业的国际竞争力，促进保险市场对外开放，对中国保险业的发展具有极其深刻的现实意义。

保险中介人的主体形式多样，主要包括：保险代理人、保险经纪人和保险公估人等。此外，其他一些专业领域的单位或个人也可以从事某些特定的保险中介服务，如保险精算师事务所、保险咨询公司、保险索赔公司、事故调查机构和律师等。

4.3.2.3 保险代理人

《中华人民共和国保险法》第一百一十七条规定：“保险代理人是根据保险人的委托，向保险人收取佣金，并在保险人授权的范围内代为办理保险业务的机构或者个人。”

保险代理制度是代理保险公司招揽和经营保险业务的一种制度。保险人委托保险代理人代为办理保险业务的，应当与保险代理人签订委托代理协议，依法约定双方的权利义务及其他代理事项。保险代理人的行为，通常被视为被代理的保险人的行为。在保险人授权范围内，保险代理人的行为对其所代理的保险人有法律约束力。为保障被保险人的合法权益，《中华人民共和国保险法》第一百二十七条规定：“保险代理人根据保险人的授权代为办理保险业务的行为，由保险人承担责任。保险代理人没有代理权、超越代理权或者代理权终止后以保险人名义订立合同，使投保人有理由相信其有代理权的，该代理行为有效。保险人可以依法追究越权的保险代理人的责任。”

保险代理人为完善保险市场，沟通保险供求，促进保险业发展起到了重要的作用。具体说来有以下作用：

（1）直接为各保险公司收取了大量的保险费，并取得了可观的经济效益。从 2014 年来看，我国通过各种保险代理人所获得的保险业务收入占保险业务总收入的 80%左右，其中通过个人代理渠道实现的保费收入占全国总保费收入的近 40%。

（2）有助于实现巨大的社会效益。各种保险代理人的展业活动渗透到各行各业，覆盖了城市乡村的各个角落，为社会各层次的保险需求提供了最方便、最快捷、最直接的保险服务，发挥了巨大的社会效益。

（3）有效宣传推广保险。保险代理人的展业活动直接、有效地宣传和普及了保险知识，对增强整个社会的保险意识起到了不可替代的作用，进一步促进了我国保险事业的发展。

（4）认识市场规律。保险代理人的运行机制，对保险公司尤其是对国有独资的中保公司的机制转换，有着直接和间接的推动作用。另外，保险代理作为一个新兴的行业，它的发展能容纳大批人员就业，从而在安置就业方面发挥一定的积极作用。

但是保险代理人的综合素质参差不齐，也存在一定的缺陷：

（1）保险人与保险代理人之间存在利益冲突。保险代理人与保险人产生利益冲突的原因就在于保险人在承保时对风险进行严格控制，从而减少了保险代理人可能获得的佣金。

（2）保险代理人若单纯地为佣金而开展业务将导致保险公司承保质量下降。由于保险代理人的个人收入与保险费挂钩，个别保险代理人为了赚得更多的佣金会利用代理权利，有时甚至超越代理权去推销保险单，从而导致保险人与被保险人之间发生矛盾，损害保险公司在保险市场上的声誉。

（3）保险代理人的行为缺乏规范化管理，从而造成保险代理市场的混乱。例如，对保险代理人缺乏严格的业务培训和资格要求，造成保险代理人业务素质的低下；某些兼职代理的主管部门利用其对下属客户的制约关系，强迫客户在指定的保险公司投保；个人代理人队伍庞大，业务素质参差不齐，管理难度大；对代理人的行为缺乏实质性的约束，等。

加强对保险代理人的管理，规范保险代理人的代理行为，是完善保险市场、促进保险事业健康发展的需要。我们可以从以下三个方面进行改进：一是制定标准化的展业流程，统一和明确展业宣传、履行说明义务、投保单填写、收取保费等易引发争议环节的操作标准和注意事项；二是强化对保险代理人的培训及展业过程的监督，要加强保险代理人的上岗培训、业务培训以及相应法律法规的教育工作，提高代理人的工作责任心，改善服务质量，同时通过客户回访定期对展业情况进行调查，对发现的问题及时予以纠正和补救，最大限度地防范风险和减少损失；三是改革佣金制度，现行的佣金制度由于集中支付在初期，实际上对保险代理人产生短期利益的导向，所以首先要降低首年保费的佣金比例，调高以后各年的佣金提取，以长期的经济利益弱化代理人误导欺诈等短期行为的动机，其次在后续佣金的发放上，应综合考查营销员的退保率、投诉率等指标，总之通过薪酬佣金制度的改革，实现风险与收入的挂钩，建立健全有效的内部约束机制。

4.3.2.4 保险经纪人

《中华人民共和国保险法》第一百一十八条规定：“保险经纪人是基于投保人的利益，为投保人与保险人订立保险合同提供中介服务，并依法收取佣金的机构。”

保险经纪人主要是投保人利益的代表，其法律地位与保险代理人完全不同，因保险经纪人在办理保险业务中的过错，给投保人、被保险人或其他委托人造成损失的，由保险经纪人承担赔偿责任。

保险经纪人一般可以经营下列业务：①为投保人拟订投保方案，选择保险人，办理投保手续；②协助被保险人或受益人进行索赔；③再保险经纪业务；④为委托人提供防灾防损或风险评估、风险管理咨询服务；⑤保险监督管理机构批准的其他业务。

再保险经纪人是促成再保险分出公司与接受公司建立再保险关系的中介人。他们把分出公司视为自己的客户，在为分出公司争取较优惠的条件的前提下选择接受公司并收取由后者支付的佣金。再保险经纪人不仅介绍再保险业务，提供保险信息，而且在再保险合同有效期间对再保险合同进行管理，继续为分保公司服务，如合同的续转、修改、终止等问题，并向再保险接受人及时提供账单并进行估算。由于再保险业务具有较强的国际性，因此充分利用再保险经纪人就显得十分重要，尤其是巨额保险业务的分保更是如此。在西方保险业务发达的国家，拥有特殊有利地位的再保险经纪人在有利条件下能够为本国巨额保险的投保人提出很多有吸引力的保险和再保险方案，从而把许多资金力量不大、规模有限的保险人组织起来，成立再保险集团，承办巨额再保险。

保险经纪人的优势非常明显，主要在于其专业性，包括以下几个方面：

(1) 保险经纪人提供服务的专业性强。保险经纪人一般都具有较高水平的业务素质和保险知识，是识别风险和选择保险方面的专家，可以帮助投保人及时发现潜在风险，能够提出消除或减少这种风险的各种可能办法，并帮助投保人在保险市场上寻找最合适的保险公司等，因此，投保人或被保险人通过保险经纪人能获得最佳的服务，即支付的保险费较低而获得的保障较高。

(2) 保险经纪人独立承担法律责任。根据法律规定，保险经纪人应对投保人或被保险人负责，有义务利用自己的知识和技能为其委托人安排最佳的保险。如果因为保险经纪人的疏忽致使被保险人利益受到损害，经纪人要承担法律责任。

(3) 保险经纪人的服务不增加投保人或被保险人的经济负担。保险经纪人虽然是投保人或被保险人的代理人，但其佣金却是向保险人提取。一般来说，保险人从被保险人所缴纳的保险费中按一定比例支付佣金给保险经纪人，作为其推销保险的报酬。因此，利用保险经纪人不会给投保人或被保险人增加额外开支。

但是由于保险经纪人不依托某家保险公司进行中介活动，因此如果保险经纪人缺乏法律法规方面以及内部管理的必要限制，就可能导致保险经纪人以中介为名，采取欺诈的手段提供虚假信息来牟取暴利，使交易者在经济上蒙受损失，扰乱保险市场的正常秩序。

4.3.3 互联网营销渠道

保险网络营销是指保险公司或新型的网上保险中介通过互联网为客户提供有关保险产品和服务的信息，并实现网上承保，直接完成保险产品的销售和服务，由银行将保费划入保险公司。

保险网络营销具有不受时空限制，交易主体、交易过程虚拟化等特点，进一步拓展了保险公司的营销能力，降低了保险公司的运营成本，能够为客户提供较高水平的信息服务，使客户享受到个性化服务。相较于传统营销手段，保险互联网营销渠道具有以下五大优势：

(1) 成本优势。保险公司利用互联网开展业务将会降低其各方面的成本。网络保险的实施使保险公司的产品销售、理赔、客户服务等经营业务均可在线完成，大大节省人力、场地、信息费用。同时，利用网络保险公司可以在培训员工、发布公司内部信息等诸多方面节省大量的费用和时间。

(2) 服务优势。网上保险服务没有时间限制，客户和保险公司可以全天 24 小时交易。在网络技术的支持下保险公司可以随时随地为客户提供保险服务。通过网络的交互功能，客户可以方便、快捷地了解到保险公司背景、其所提供的保险产品的内容及费率表等几乎所有信息。客户还可通过比较多家保险公司的产品和报价，选择一个最适合的产品。客户还可以在任何时候提出索赔申请。同时，保险公司也可以通过网络与客户进行双向交流，回答客户提出的问题，为客户设计保单等。

（3）客户资源优势。由于人力、财力等多方面的限制，保险公司只能与部分客户接触，而保险网络营销可以突破地域的限制，进一步拓展保险公司的客户范围。比如保险网络营销突破了行政区划的地域限制；同时，通过保险网络营销员还可以与偏远地区人群、因工作繁忙而无暇与代理人打交道的人群等进行广泛、有效的联系，大范围地开拓业务发展空间。

（4）市场定位优势。保险网络营销在低额保单目标市场中占有一定的优势。

（5）速度优势。网络可以大量、快速地传递和集中信息，使出现集中处理理赔等保险专业服务职能的机构成为可能。通过软件进行标准化处理，大大地提高了交易速度。由于投保、承保、保险费的支付都是通过网络来进行的，因而大大加快了交易的进程，网络的应用使保险行业的整体运行提速。

同时，互联网营销也存在一些问题：

（1）诚信问题。在保险网络销售中，诚信问题显得很突出，其原因是缺乏较好的沟通，违约成本较低。

（2）相关认证问题。目前，在技术方面，国内还没有相关的机构对各网站开发的电子保单在格式和技术等方面进行统一规范和专业认证。而许多网站的电子保单，并没有完全实现加密技术上的电子签名。在法律规范方面，目前《中华人民共和国保险法》和其他法律法规，还未对电子保单和保险网络营销进行专门的法律界定。在监管方面，鉴于网站，特别是行业相关类网站，面对的是全国的客户，对于这些中介网站潜在资源的开发，如何在一些方面，如业务代理权限等方面，进行鼓励式的监管，也是一个需要尽早解决的问题。

（3）售后服务问题。在本地，保险售后服务可以多种多样，生日祝福礼品、理赔领取通知、产品说明会客户邀请等内容，围绕公司重大活动、传达公司信息、转达荣誉祝贺等都可以无障碍进行。如果保险网络销售在异地达成交易，则售后服务工作难以进行，无法达到与客户面对面交流的效果。

（4）安全稳定性问题。保险网络营销还有一个很重要的问题，那就是安全稳定性问题。电子保单形式的营销系统，由于涉及网上支付、自动生成保单等一系列流程，所以首先要确保网络支付的安全，才能实现真正意义上的在线支付。而对于专业相关网站而言，很多时候涉及与保险公司系统的对接，用于即时自动核保出单或实时监测，还必须要确保双方对接系统的稳定、流畅。

无论是保险公司通过官网直销，还是利用综合性电商平台，抑或是建立网上保险超市、专业的保险垂直搜索，都必须始终坚持用户至上原则，完善从保险产品设计、渠道销售到售后服务、关系维护的全流程，为消费者创造更好的消费体验。

4.3.4 保险行业自律管理

保险行业组织是具体实施保险行业自身管理（即通常所谓自律）的机构，是指经营保险业务的各类保险人组合以及与保险业共生组织的统称，他们为了共同的权益组织起来，对全行业进行自我监督和调节，属于保险企业自律性的民间社团组织性质，具有独立的社团法人地位，既不附属于任何行政管理部门，也不是其分支机构。

保险行业组织在国外保险市场上发展迅速，形式多样且极具影响力，如英国著名的保险联合会、保险经纪人联合会，美国的全国保险监督官协会，新加坡的按不同业务性质组成的财险、寿险、再保险同业协会等，他们一方面代表同业利益协调政府与保险业的关系，另一方面又有自身严格的自律制度，对维护市场秩序、促进保险业健康快速发展起着举足轻重的作用。保险行业组织形式一般有两种：保险行业公会和保险行业协会。中国采用保险行业协会的组织形式，开展行业自律管理工作。

保险行业组织是各保险组织的横向联合组织。相对于国家保险监管机构对各类保险组织自上而下的纵向管理，它实行横向管理，不对保险组织下达“指示”，而是为各成员提供各种服务，如技术咨询、信息发布、市场预测、险种设计等，同时还定期对在职人员进行业务培训，并制定一些共同遵守的规章。保险行业组织的成员在经济上和法律上是独立的。保险行业组织的建立以“自愿平等、互惠互利、进出自由”为原则，对各保险组织不强加干涉，参加组织的各成员都具有平等的地位和权利。保险行业组织的管理贯彻“自我服务、自我约束、自我协调”等原则。组织的最高权力机构是成员代表大会及其理事会，一切决定由理事会和参加成员共同批准，但这种决定只具有建议性质，对各成员公司无强制约束力。

保险行业组织参与市场管理，有利于配合政府实施有效的宏观监管，密切政府与保险业的关系，遏制不正当的市场竞争行为，促进政府各项法规政策的全面贯彻执行和市场的协调、稳定、健康发展。在全面开放的今天，尽管政府监管部门与广大保险企业的关系是管理与被管理的关系，但事实上，政府监管主要是宏观管理，不可能十分具体，保险监管部门就可以通过行业组织贯彻国家关于保险的法律、法规及政策，行业组织可以通过自律机制有效地解决保险活动中的具体问题，从而对国家在宏观监管活动中运用行政、法律方面的不足之处进行弥补，协助政府加强对保险业的管理。此外，各保险公司、中介机构还可以通过行业组织向政府反映行业共同利益的要求和有关保险行业的发展信息，为国家制定保险宏观政策提供依据。

中国保险业进入黄金发展时期，为适应保险市场发展新形势，完善保险行业协会自身建设，加强保险行业组织自律管理显得尤为重要和迫切。

5 保险承保管理

承保管理是保险公司经营风险的总关口，承保质量如何，关系到保险公司经营的稳定性和经营效益的好坏，同时也是反映保险公司经营管理水平高低的一个重要标志。

5.1 保险承保

5.1.1 保险承保的概念

承保是指保险人在投保人提出保险请求后，经审核认为符合承保条件并同意接受投保人申请，承担保单合同规定的保险责任的行为。承保工作中最主要的环节为核保，核保的目的是避免危险的逆选择，实现企业有效益的发展。核保活动包括选择被保险人、对危险活动进行分类、决定适当的承保范围、确定适当的费率或价格、为展业人员和客户提供服务等几个方面。承保的基本目标是为保险公司安排一个安全和盈利的业务分布与组合。

5.1.2 保险承保的基本程序

保险承保是保险人对投保人所提出的投保申请进行审核，继而决定是否承保和如何承保的过程。承保环节是保险合同双方就保险条款进行实质性谈判的阶段，承保质量的高低直接影响到保险企业的生存与发展，是保险经营的一个重要环节，要约、承诺、核查、订费都属于承保业务环节。

5.1.2.1 制定承保方针

承保方针是指导保险人进行风险选择和分级，以及做出承保决策的总原则。保险公司一般设有专门的承保部门或机构，由它制定与公司经营总目标相一致的承保方针。保险公司的经营目标包括保证偿付能力、持续发展、盈利、树立良好社会形象等，在把这些目标转化为指导个别和整体承保过程的规划与决策时，就要依靠承保方针。所以，制定承保方针必须考虑保险经营各个环节，以及影响保险标的风险状况的各种因素，如各环节目标协调、地区的风险状况、保单的形式和费率、使用的定价标准、赔付计划的选择等。此外，承保方针还要与本企业的承保能力、相关法律法规、核保人员素质和再保险能力相适应。

5.1.2.2 获取承保信息

接受投保申请往往意味着承保活动的正式启动，承保内勤人员接受外勤人员或代理人递交来的投保资料和保险费预付款，并进行初审。承保人通常需要在综合各种信息和个人判断的基础上决定是否接受投保人的投保申请。为了做出准确、合理的承保决策，承保人必须设法从各种可能的渠道获得有利于做出正确核保决定的有关信息，以便正确分析和评价保险标的面临的风险。

一般来讲，承保信息来源的渠道主要有：

（1）投保单。投保单是投保人向保险人申请订立保险合同的书面要约。投保单通常由保险人采用统一的格式印制，投保人依照保险人所列的项目逐一填写。投保单是保险合同的重要组成部分，也是不可缺少的原始单证。险种不同，投保单的内容格式也不尽相同，但一般都会包括以下项目：投保人和被保险人（人身保险中还有受益人）的名称、住所及联系方式，保险标的的名称、种类以及保险人需要了解的有关风险项目，保险金额，保险期限，保险费及其支付方式，投保日期，等等。

在投保单上，投保人要向保险人如实告知影响保险人做出签约决定的全部真实情况。例如，在财产保险中，投保人需要如实填写被保险财产的坐落位置、周围环境、营业性质、消防设备等情况；在人身保险中，投保人需要如实填写被保险人的年龄、健康状况、职业、经济承担能力、与受益人的关系等情况。这些信息对于保险人评估风险，决定是否承保都是非常重要的。如果投保人在投保时没有如实告知或隐瞒某些重要事实，保险人可以以投保人违反最大诚信原则而解除保险合同。因此，投保单成为承保人掌握承保信息的第一手资料。此外，投保人以往的损失资料、保险公司对投保人以往的理赔档案等也是获取承保信息的重要途径。

（2）保险公司的外勤人员和中介人。保险公司的外勤人员以及作为保险市场中介人的保险代理人和保险经纪人，在承揽保险业务的过程中通过与投保申请人的多次接触，也能够提供一些投保单上未列明的信息，便于承保人更好地把握投保标的的风险状况，从而进行更为客观的风险评估。此外，在评估投保申请时，承保人还非常重视代理人和经纪人的职业道德和经营业绩，对职业道德水平高、经营业绩一直非常优秀的代理人或经纪人承揽的投保申请，即使没有满足承保人所需求的所有承保条件，承保人可能也会接受。

（3）体检报告。在人寿保险和健康保险中，体检报告是提供被保险人信息的重要来源。体检报告的内容包括身高、体重、腰围、胸围、血型、心肺和神经系统等的情况。对于被保险人年龄和保险金额超过保险公司规定的限制，或是发现健康方面有明显问题，承保人可以授权主治医师对被保险人进行全面的体检，并出具详细的体检报告。

（4）社会公共部门。通过社会公共部门来搜集信息并加以整理分析，是一个十分重要的信息来源渠道，但又经常被忽视。不论是通过投保人填写的投保单还是承保人员直接了解的渠道，都存在一些不足。例如，投保人填写的投保单可能会存在误填的情况，这会给保险人提供错误的信息，而承保人员却不能全部识别，结果导致错误地做出承保决策。承保人员直接了解情况，搜集信息，直接检查保险标的，对被保险人进行调查，一是要牵涉承保人员大量的精力，二是这样搜集的信息也不能保证完全的正确性。例如，在财产保险中，投保人为其厂房投保火灾保险，可能会采取欺骗手段应付承保人员的检查，以获取较低的费率；在人身保险中，承保人员通过医院给被保险人进行体检往往只能了解被保险人的现症，而不能了解被保险人的病史。因此，通过社会公共部门搜集资料是十分必要的，如通过企业上级安全生产管理部门可以了解企业安全生产记录；通过医院可以了解被保险人的病史等；通过财务评级机构，如会计师事务所、审计师事务所、资信评级机构的有关资料可以掌握投保企业的经营业绩、资信情况等；通过社会公共防灾防损部门的现场查勘报告可以了解投保机构的防灾防损状况等。

5.1.2.3 审验核保

保险核保是指保险公司经保险监督管理机构批准设立，并依法登记注册的商业保险公司，在对投保标的的信息全面掌握、核实的基础上，对可保风险进行评判与分类，进而决定是否承保、以什么样的条件承保的过程。核保的主要目标在于辨别保险标的的危险程度，并据此对保险标的进行分类，按不同标准进行承保、制定费率，从而保证承保业务的质量。核保工作的好坏直接关系到保险合同能否顺利履行，关系到保险公司的承保盈亏和财务稳定。因此，严格规范的核保工作是衡量保险公司经营管理水平高低的重要标志。

保险核保信息的来源主要有三个途径，即投保人填写的投保单、销售人员和投保人提供的情况、通过实际查勘获取的信息。首先，投保单是核保的第一手资料，也是最原始的保险记录。保险人可以从投保单的填写事项中获得信息，以对风险进行选择。其次，销售人员实际上是一线核保人员，其在销售过程中获取了大量有关保险标的的情况，其寻找准客户和进行销售活动的同时实际上就开始了核保过程，可以视为外勤核保。所以必要时核保人员会向销售人员直接了解情况。另外，对于投保单上未能反映的保险标的物和被保险人的情况，也可以进一步向投保人了解。最后，除了审核投保单以及向销售人员和投保人直接了解情况外，保险人还要对保险标的、被保险人面临的风险情况进行查勘，即核保查勘。核保查勘可由保险人自己进行，有时也会委托专门机构和人员以适当方式进行。

5.1.2.4 做出承保决策

保险承保人员对通过一定途径搜集的核保信息资料加以整理，并对这些信息经过承保选择和承保控制之后，可做出以下承保决策：

（1）正常承保。对于属于标准风险类别的保险标的，保险公司按标准费率予以承保。

（2）优惠承保。对于属于优质风险类别的保险标的，保险公司按低于标准费率的优惠费率予以承保。

（3）有条件地承保。对于低于正常承保标准但又不构成拒保条件的保险标的，保险公司通过增加限制性条件或加收附加保费的方式予以承保。例如，在财产保险中，保险人要求投保人安装自动报警系统等安全设施才予以承保；如果保险标的低于承保标准，保险人采用减少保险金额，或者使用较高的免赔额或较高的保险费率的方式承保。

（4）拒保。如果投保人投保条件明显低于保险人的承保标准，保险人就会拒绝承保。对于拒绝承保的保险标的，要及时向投保人发出拒保通知。

5.1.2.5 签发保险单证

对于同意承保的投保申请，要求签单人员缮制保险单或保险凭证，并及时送达投保人手中。缮制单证是保险承保工作的重要环节，其质量的好坏关系到保险合同双方当事人的权利能否实现和义务能否顺利履行。单证采用计算机统一打印，要求做到内容完整、数字准确、不错、不漏、无涂改。保单上注明缮制日期、保单号码，并在保单的正副本上加盖公、私章。如有附加条款，将其粘贴在保单的正本背面，加盖骑缝章。同时，要开具"缴纳保费通知书"，并将其与保单的正、副本一起送复核员复核。

5.1.2.6 复核签章

任何保险单均应按承保权限规定由有关负责人复核签发。它是承保工作的一道重要程序，也是确保承保质量的关键环节。复核时会审查投保单、验险报告、保险单、批单保险人出具的变更保险合同的证明文件，以及其他各种单证是否齐全，内容是否完整、符合要求，字迹是否清楚，保险费计算是否正确等，力求准确无误。保单经复核无误后必须加盖公章，并由负责人及复核员签章，然后交由内勤人员清分发送。

5.2 保险续保

续保以特定合同和特定的被保险人为对象，指一个保险合同即将期满时，投保人在原有保险合同的基础上向保险人提出继续投保的申请，保险人根据投保人当时的实际情况，按原有合同条件或适当修改而继续对投保人签约承保的行为。续保通常要比初次承保的手续和程序简便一些。

对保险人来说，续保不仅可以稳定自身的业务量，而且利用与投保人之间的关系，还可以减少展业的工作量，降低保险营业费用。对投保人来说，及时续保不仅可以获得连续不断的保险服务和保险保障，而且作为保险公司的老客户，还可以在一些服务项目和保险费率等方面得到优惠或通融。因此，续保对保险合同双方均有利无弊。

在保险公司经营过程中，与已签约的投保人、被保险人尤其是一些保险金额较高的大客户保持经常性的联系，有助于稳定保险人与投保人之间的关系，增强客户对保险公司的信任，提高续保率，促进业务量稳定增长。同时，保险人在续保时必须注意以下几个问题：一是当投保人提出续保申请时，保险人应及时组织审核验险，避免保险期的中断；二是如果保险标的的危险程度增加或减少了，保险人应对保险费率做出相应的调整；三是保险人应根据上一年的经营状况和赔付情况，适当调整承保条件和保险费率，甚至拒绝续保；四是保险人应考虑通货膨胀因素，使续保后的保险金额与居民消费价格指数的变化相一致，使被保险人能获得充分的保障。

5.3　保险核保

核保是保险业务风险的重要环节，做好核保工作对保险公司的稳定经营和业务的有序发展起到关键作用。

5.3.1　核保的概念和意义

5.3.1.1　核保的概念

核保又叫危险选择（选择可接受的风险，选择该风险的接收条件）。在保险经营中，保险人必须对每一被保险人或投保团体的风险进行审核、筛选和分类，以决定是否承保、承保的条件如何、采用何种费率，以使同风险类别的个体危险达到一致（同质化），从而维持保费的公平合理，这一危险选择的过程即核保。核保是承保业务中的核心业务，而承保部分又是保险公司控制风险、提高保险资产质量最为关键的一个步骤。

5.3.1.2　核保的意义

核保是保险承保的关键环节，对保险经营具有重要的意义。

（1）核保有利于减少和防止逆选择和道德风险，稳定保险经营。通过核保，一方面，可以防止接受不具有可保性的风险，排除不合格的或风险过高的被保险人和保险标的，提高保险业务质量，减少和防止逆选择和道德风险给保险经营带来的不利影响；另一方面，可以辨别投保标的的风险程度，使可接受承保的风险品质趋于一致，从而保证保险经营的顺利进行。

（2）核保有利于提高承保利润。承保利润和投资利润是保险公司经营利润的两个主要来源。通过核保，可以对承保风险进行有效选择和控制，使总体业务的实际损失率等于或低于预定损失率，从而使保险人获得更为稳定的承保利润。

（3）核保有利于实现保险费率的公平性。核保不仅对保险人有极其重要的意义，而且对保险客户而言也是良好的风险选择机制。通过对风险程度的评估和风险分类，并在此基础上分别核定承保条件，每一个投保人都能够根据保险人对其承担风险的大小支付相应的保险费，从而可以真正实现保费负担的公平合理，保证善意投保人的利益。可见，正确的核保有利于实现保险业务的良性发展。

5.3.2　核保的内容及流程

保险核保的内容主要包括核保选择和核保控制两个方面。

5.3.2.1　核保选择

核保选择是指保险公司通过分析、审核、确定保险标的的风险状况，决定承保条件的过程。核保选择包括事前选择和事后选择。

（1）事前选择。事前选择可使保险公司处于主动地位，如果对投保人、保险标的或承保风险发现问题，保险公司可以视其风险情况，采取拒保或条件承保等措施加以限制，使保险公司能够在有利条件下承担风险责任。

核保选择包括：对“人”的选择，即对投保人或被保险人的选择；对“物”的选择，即对保险标的及其利益的选择。

①对投保人或被保险人的选择。在财产和责任保险中，保险标的是有形的财产和无形的利益、责任，虽然保险标的本身的性质与保险风险的大小关系最为密切，但投保人作为保险标的和保险利益的所有人、代理人、受托人，保险标的始终处在投保人和被保险人的控制之下，他们对保险标的的管理、保存、处置是否得当，直接影响到风险的频率和强度，所以也就存在对投保人的选择问题。因此，保险公司在承保前有必要了解投保人的品格、资信、作风等。在船舶保险核保时，保险公司要审核船长、船员的技术水平，船东的资信和经营作风。在汽车保险核保时，保险公司对驾驶员的驾驶技术、政治素质、以往的肇事记录等都要进行严格的审核。人身保险的保险标的是被保险人的寿命和身体，保险公司往往通过风险评估来防止逆选择的发生。风险评估包括以被保险人身体的风险因素为中心的医务审查和以被保险人道德、职业方面的风险因素为中心的事务审查两方面。例如，在个人寿险中，保险公司核保的要素有年龄、性别、体质、个人病史、家庭病史、职业、生活习惯和嗜好、经济状况等。在团体保险中，保险公司核保的要素有团体的性质、投保人数、保险金额、职业风险等。

②对保险标的及其利益的选择。保险标的是保险公司承保风险责任的对象，其自身性质和状态与风险大小以及风险发生所造成的损失程度直接相关。因此，保险公司在承保业务时必须对不同性质的保险标的加以分类，承保时依据分类标准对具体的保险标的做出合理选择，剔除影响保险经营不稳定的保险标的。对保险标的选择的重点应集中在保险标的本身所发生损失的可能性大小上。例如，在火灾保险中，如果保险标的是建筑物，保险人就会对保险标的的坐落地点、建筑结构、防护、占用性质等进行选择。木结构的建筑物比钢筋水泥结构的建筑物火灾风险大，坐落在油库边上的建筑物比坐落在居民区内的建筑物火灾风险大；船舶保险对保险标的的选择是船舶本身是否适航、船龄、船舶的航行区域等；汽车保险对保险标的的选择是汽车本身的性能、使用年限等；人身保险对保险标的的选择是被保险人的年龄、身体健康状况、职业等，年龄已超过65岁或患严重疾病的被保险人会被列入拒保范围。总之，保险人在承保时通过对保险标的的风险评估，尽量选择能使保险业务保持平衡的保险标的予以承保，以保证保险业务经营的稳定。

（2）事后选择。事后核保选择是保险人对保险标的的风险超出核保标准的保险合同做出淘汰的选择，具体表现为以下三个方面：

①保险合同保险期满后，保险人不再续保。

②保险人如发现被保险人有明显误告或欺诈行为，则会中途中止承保或解除保险合同。例如，《中华人民共和国保险法》第十六条第二款规定：“投保人故意或者因重大过失未履行前款规定的如实告知义务，足以影响保险人决定是否同意承保或者提高保险费率的，保险人有权解除合同。”《中华人民共和国保险法》第二十七条第一款规

定："未发生保险事故，被保险人或者受益人谎称发生了保险事故，向保险人提出赔偿或者给付保险金请求的，保险人有权解除合同，并不退还保险费。"

③按照保险合同规定的事项注销保险合同。例如我国远洋船舶战争险条款规定，保险人有权在任何时候向被保险人发出注销战争险责任的通知，通知在发出后 7 天期满时生效。[①]

5.3.2.2 核保控制

核保控制就是保险人在承保时，依据自身的承保能力进行承保控制，并尽量防止与避免道德风险和心理风险。保险人通常从以下几方面控制保险责任：

（1）控制逆选择。所谓逆选择，就是指那些有较大风险的投保人试图以平均的保险费率购买保险。逆选择意味着投保人没有按照应支付的公平费率去转移自己的风险损失。如患有高血压病的人员按平均费率选择投保人寿保险，居住在低洼地区的居民按照平均费率选择投保洪水保险。这样一来，由于某些更容易遭受损失的投保人购买保险而无须支付超过平均费率的保险费，保险人就成了逆选择的牺牲品。因此，保险人承保的任务就是控制逆选择的发生。

保险人控制逆选择的方法是对不符合保险条件者不予承保，或者有条件地承保。事实上，保险人并不愿意对所有不符合可保风险条件的投保人和投保标的一概拒保。例如，投保人就自己易遭受火灾的房屋投保火灾保险，保险人就会提高保险费率承保；投保人患有超出正常危险的疾病时，保险人就会不同意他投保定期死亡保险的要求，而劝他改为投保两全保险。这样一来，保险人既接受了投保，又在一定程度上抑制了投保人的逆选择。

（2）控制保险责任。只有通过风险分析与评价，保险人才能确定承保责任范围，才能明确对所承担的风险应负的赔偿责任。一般来说，对于常规风险，保险人通常按照基本条款予以承保；对于一些具有特殊风险的保险标的，保险人需要与投保人充分协商保险条件、免赔金额、责任免除和附加条款等内容后特约承保。特约保险是在保险合同中增加一些特别约定，其主要有两个作用：一是为了满足被保险人的特殊需要，以加收保险费为条件适当扩展保险责任；二是在基本条款上附加限制条件，限制保险责任。通过保险责任的控制，保险人所支付的保险赔偿额与其预期损失额将十分接近。

（3）控制人为风险。避免和防止逆选择和控制保险责任是保险人控制承保风险的常用手段。但是有些风险，如道德风险、心理风险和法律风险，往往是保险人在承保时难以防范的。因此，有必要对这些风险的控制做出具体的分析。

①道德风险。道德风险是指人们以不诚实或故意欺诈的行为促使保险事故发生，以便从保险活动中获取额外利益的风险因素。保险人控制道德风险发生的有效方法就是将保险金额控制在适当的额度内，因为只有保险金额低于或等于保险标的的实际价值，道德风险才不可能发生。但是由于技术上的困难，保险人很少能够在投保时先行估计保险标的的实际价值，所以为了防范道德风险，保险人在条款中规定保险赔偿只

---

① 魏巧琴. 保险公司经营管理［M］. 5 版. 上海：上海财经大学出版社，2010：98-102.

能以实际损失为限。

同样，在人寿保险的核保中，如果投保人为他人购买保险而指定自己为受益人时，也应注意保险金额的多少是否与投保人的收支状况一致。例如，一个月收入为5 000元的投保人，为他人购买了保险金额为200万元的人寿保险，除了要查清投保人与被保险人之间是否具有保险利益外，其保险金额还应征得被保险人的书面同意，并且还要对投保人的收入来源和以往的保险记录进行调查，保险人才能确定是否承保。

②心理风险。心理风险是指由于人们的粗心大意和漠不关心，以致增加了风险事故发生机会并扩大损失程度的风险因素。从某种意义上说，心理风险是比道德风险更为严重的问题。任何国家的法律对道德风险都有惩罚的方法，而且保险人对道德风险尚可在保险条款中规定，凡被保险人故意造成的损失不予赔偿。但心理风险既非法律上的犯罪行为，而保险条款又难制定适当的规定限制它。因此，保险人为了刺激被保险人克服心理风险因素，主动防范损失的发生，在核保时常采用的控制手段有实行限额承保和规定免赔额（率）。

③法律风险。法律风险主要表现有：主管当局强制保险人使用一种过低的保险费标准；要求保险人提供责任范围广的保险；限制保险人使用可撤销保险单和不予续保的权利；在保险合同双方当事人对保险合同条款存在疑义时，法院往往会做出有利于被保险人的判决，等等。这种风险对于保险人的影响是，保险人通常迫于法律的要求和社会舆论的压力接受承保。例如，我国机动车第三者责任险就是一种强制性保险，其费率不高，而赔偿责任却不小，保险人不能以此为由不承保该项保险业务。[①]

5.3.3 核保要素分析

由于人寿保险和财产保险的标的特征、业务性质不同，各自核保的要求各异，本节分别介绍其核保要素。

5.3.3.1 人寿保险

（1）核保要素。人寿保险的核保要素一般分为影响死亡率的要素和非影响死亡率的要素。非影响死亡率的要素包括保额、险种、交费方式、投保人财务状况、投保人与被保险人及受益人人身保险合同中由被保险人或者投保人指定的享有保险金请求权的人之间的关系；影响死亡率的要素包括年龄、性别、职业、健康状况、体格、习惯、嗜好、居住环境、种族、家族和病史等。在寿险核保中重点考虑影响死亡率的要素。

①年龄和性别。年龄是人寿保险核保所要考虑的最重要的因素之一。因为死亡概率一般随着年龄的增加而增加，各种死亡原因在不同年龄段的分布是不一样的，而且不同年龄组各种疾病的发病率也不相同。因此，保险金给付的频数与程度有很大的差异。另外，性别对死亡率和疾病种类也有很大影响。有关统计资料表明，女性平均寿命要长于男性4~6年，各国生命表中的死亡概率的计算也充分反映了这一点。因此，性别因素也关系着保险人承担给付义务的不同。

① 申建英，王亚芬. 保险理论与实务［M］. 北京：经济科学出版社，2007：125-126.

②体格及身体情况。体格是遗传所致的先天性体质与后天各种因素的综合表现。体格包括身高、体重等。经验表明，超重会引起生理失调，导致各种疾病的发生。所以，超重会使所有年龄的人的死亡率增加，尤其是中年人和老年人。为此，保险公司可编制一张按照身高、年龄、性别计算的平均体重分布表。体重偏轻一般关系不大，但核保人员应注意对近期体重骤减者进行调查，以确定是否由疾病引起。除体格以外的身体情况也是核保的重要因素，如神经、消化、心血管、呼吸、泌尿、内分泌系统失常会引起较高的死亡概率。保险人应搜集各种疾病引发死亡的统计资料，在不同时期引起死亡的疾病的排列顺序是不同的，目前癌症和心血管疾病是引起死亡的最主要原因。

③个人病史和家族病史。如果被保险人曾患有某种急性或慢性疾病，往往会影响其寿命，所以，在核保中除了要求提供自述的病史外，有时还需要医师或医院出具的病情报告。了解家族病史主要是了解家庭成员中有无可能影响后代的遗传性或传染性疾病，如糖尿病、高血压病、精神病、血液病、结核、癌症等。

④职业、习惯嗜好及生存环境。首先，疾病、意外伤害和丧失工作能力的概率在很大程度上受所从事的职业的影响。一些职业具有特殊风险，虽然不会引起被保险人死亡概率的变化，但会严重损害被保险人的健康而导致大量医疗费用的支出，如某些职业病。另外，有些职业会增加死亡概率或意外伤害概率，如高空作业工人、井下作业的矿工及接触有毒物质的工作人员等。其次，如果被保险人有吸烟、酗酒等不良嗜好或赛车、跳伞、登山、冲浪等业余爱好，核保人可以提高费率承保或列为除外责任，甚至拒绝承保。最后，被保险人的生活环境和工作环境的好坏，对其身体健康和寿命长短也有重要影响。如果被保险人居住在某种传染性疾病高发的地区，他感染这种传染病的可能性就比其他人大得多；如果被保险人的工作地点与居住地点距离很远，其遭受交通事故伤害的可能性也就大许多。

（2）风险类别划分。核保人员在审核了投保方所有有关的资料并进行体检以后，要根据被保险人的身体状况进行分类。在人寿保险中，由专门人员或指定的医疗机构对被保险人进行体检，实际测定被保险人的身体健康状况。体检后由医生提供的体检报告就是一种核保查勘结果。被保险人是否需要体检，一般是由其年龄和投保金额决定的，投保年龄越大、投保金额越高，体检的必要性就越大。根据体检结果，保险人决定是否承保以及按照什么条件或采用不同费率承保。

①标准风险。属于标准风险类别的人有正常的预期寿命，对他们可以使用标准费率承保。大多数被保险人面临的风险属于这类风险。

②优质风险。属于这一风险类别的人，不仅身体健康，且有良好的家族健康史，无吸烟、酗酒等不良嗜好。对该类被保险人，在基本条件与标准相同的情况下，保险人在承保时可适当给予费率的优惠，即按照低于标准的费率予以承保。

③弱体风险。属于弱体风险类别的人在健康和其他方面存在缺陷，致使他们的预期寿命低于正常的人。对他们应按照高于标准的费率予以承保。

④不可保风险。属于该类风险的人有极高的死亡概率，以致承保人无法按照正常的大数法则分散风险，只能拒保。

5.3.3.2 财产保险

(1) 核保要素。保险人在财产保险核保过程中，需要对有些因素进行重点风险分析和评估，并实地查勘。其中，主要的核保要素有：

①保险标的物所处的环境。保险标的物所处的环境不同，直接影响其出险概率的高低以及损失的程度。例如，对所投保的房屋，要检验其所处的环境是工业区、商业区还是居民区，附近有无诸如易燃、易爆的危险源，救火水源如何以及与消防队的距离远近，房屋是否属于高层建筑，周围是否通畅，消防车能否靠近等。

②保险财产的占用性质。查明保险财产的占用性质，可以了解其可能存在的风险；同时要查明建筑物的主体结构及所使用的材料，以确定其危险等级。

③投保标的物的主要风险隐患和关键防护部位及防护措施状况。这是对投保财产自身风险的检验。一是要认真检查投保财产可能发生风险损失的风险因素。例如，投保的财产是否属于易燃、易爆品或易受损物品；对温度和湿度的灵敏度如何；机器设备是否超负荷运转；使用的电压是否稳定；建筑物结构状况等。二是对投保财产的关键部位重点检查。例如，建筑物的承重墙体是否牢固；船舶、车辆的发动机的保养是否良好。三是严格检查投保财产的风险防范情况。例如，有无防火设施、报警系统、排水排风设施；机器有无超载保护、降温保护措施；运输货物的包装是否符合标准；运载方式是否合乎标准等。

④是否有处于危险状态中的财产。正处在危险状态中的财产意味着该项财产必然或即将发生风险损失，这样的财产保险人不予承保。这是因为保险承保的风险应具有损失发生的不确定性。必然发生的损失，属于不可保风险。如果保险人予以承保，就会造成不合理的损失分布，这对于其他被保险人是不公平的。

⑤检查各种安全管理制度的制定和实施情况。健全的安全管理制度是预防、降低风险发生的保证，可减少承保标的损失，提高承保质量。因此，核保人员应核查投保方的各项安全管理制度，核查其是否有专人负责该制度的执行和管理。如果发现问题，核保人员可建议投保人及时解决，并复核其整改效果。倘若保险人多次建议投保方实施安全计划方案，但投保方仍不执行，保险人可调高费率，增加特别条款，甚至拒保。

⑥查验被保险人以往的事故记录。这一核保要素主要包括被保险人发生事故的次数、时间、原因、损失及赔偿情况。一般从被保险人过去3~5年的事故记录中可以看出被保险人对保险财产的管理情况，通过分析以往损失原因找出风险所在，督促被保险人改善管理，采取有效措施，避免损失。

⑦调查被保险人的道德情况。特别是对经营状况较差的企业，保险人应弄清是否存在道德风险。一般可以通过政府有关部门或金融单位了解客户的资信情况，必要时可以建立客户资信档案，以备承保时使用。

(2) 划分风险单位。风险单位是指一次风险事故可能造成保险标的损失的范围。一般地说，风险单位有四项构成条件：一是面临损失的价值；二是引发损失的风险事故；三是财务损失的影响程度；四是遭受损失的法律权益主体。在保险经营中，合理划分风险单位，不仅是必要的，而且对于保险公司评估风险、做出承保决策具有重要的意义。在保险实践中，风险单位的划分一般有三种形式：

①按地段划分风险单位。由于保险标的之间在地理位置上相毗连，具有不可分割性，当风险事故发生时，承受损失的机会是相同的，那么这一整片地段就被算成一个风险单位。

②按标的划分风险单位。与其他标的无相毗连关系，风险集中于一体的保险标的为一个风险单位，如一架飞机。

③按投保单位划分风险单位。为了简化手续，对于一个投保单位，不需区分险别，只要投保单位将其全部财产足额投保，该单位就为一个风险单位。

5.3.3.3 团体保险业务

团体保险主要是指团体人身保险。团体人身保险业务的核保要素与个人人身保险有明显不同，主要包括团体的资格、团体的规模、团体成员的投保资格、团体的业务性质、参保率、团体成员的流动率、保险金额等。

（1）团体的资格。投保团体人身保险的团体必须是具有法人资格的单位或是有特定活动、业务范围的社团组织，而不能是以投保为目的而临时组建的团体，否则逆选择的可能性就会很大。适合参加保险的团体主要包括机关团体、企事业单位、工（公）会团体、协会团体和信用团体等。值得注意的是，除机关团体和企事业单位外，其他团体通常没有退休年龄的限制，因此投保时必须严格限制承保年龄。

（2）团体的规模。团体的规模主要是限制团体投保的最低人数，目的是降低投保团体的逆选择，摊低经营费用。这是因为投保的团体规模越大，其风险分散越广，理赔成本越低，并可避免个人享受团体险的费率。而且团体的规模和参保率的高低还将影响到是否采用某些特殊的承保条件，如是否需要提供可保性证明等。

（3）团体成员的投保资格。团体成员的投保资格直接影响到团体保险的理赔经验和费率，一般要求团体保险中的成员必须是正常在职工作的员工并且身体健康，还要考查团体成员的年龄、性别和薪资等的构成。

（4）团体的业务性质。不同行业、性质的团体，其职业风险因素并不相同，因而应适用不同的差别费率。

（5）参保率。团体具有较高比例的投保人数才能减少逆选择。因此一般规定，若保险费是由投保单位全额负担，则要求所有符合投保条件的员工都必须参加；若保险费须由员工负担一部分，则规定一个最低参保比率，如要求投保人数至少占团体员工总数的75%以上。

（6）团体成员的流动率。如果一个团体的成员流动率过高，行政费用就会增加；流动率太低，则因平均年龄增大和平均健康状况恶化，团体的风险程度会加大。因此，保险人对流动率要有一个合理的评估。

（7）保险金额。团体保险不论被保险人的年龄大小，都规定统一的保险金额，或依据雇员的年薪、职位等预先确定相应的保险金额，团体成员没有选择保障水平的自由，则会加大逆选择的风险。

5.4 保险承保与核保管理

5.4.1 明确承保管理目标

承保管理的根本目的是在保证保险财务稳定的前提下使保险公司获得最大的盈利。保险盈利来源于保险费，在一般情况下，保险费越多，盈利也会越多。在费率一定的情况下，保险费的多少取决于承保总额的大小，承保总额越大，保险费就越多，盈利也就越多。由此可见，保险人的盈利与承保金额呈正相关关系。但是，如果承保总额超过了保险人承保能力的限度，又会导致财务的不稳定。承保金额与盈利具有既统一又矛盾的关系。因此，要想实现最大盈利就要寻找承保金额与盈利的最佳结合点。

若想找到最佳结合点，保险人首先要合理选择投保标的。在财产保险中根据保险标的风险的不同性质和程度来收取保险费。在人身保险中对被保险人进行适当的分类，分类的标准主要是年龄、性别、职业、生活习惯、收入水平等，针对不同的被保险人确定相应的费率。其次，保险人所制定的费率，并不是以保险标的今后发生损失的资料为基础，而是以过去的损失统计资料与费用记录为基础，即以过去的损失资料作为计算今后成本的依据，而且需要依据大数定律的原理来加以平衡，同时要求在计算保险费率时，将特大事故发生的因素也考虑进去。由于风险因素是在不断变化的，保险费率也必须不断得到修正以反映这些变化。虽然费率是由精算师确定的，但核保人员的工作也是定价过程中一个非常重要的组成部分。事实上，对一些罕见的保险标的而言，其费率往往是由核保人员根据以往的经验来决定的。最后，要科学、合理地确定每个危险单位的自留额，以保证保险经营的稳定性。

5.4.2 建立完备的核保制度

5.4.2.1 制定核保方针的原则

（1）对被保险人公平的原则。要确保对被保险人的公正，风险评估与风险分级必须尽量客观，每个被保险人所支付的保险费率应该正确反映风险等级的大小。企业管理层在制定核保原则时，既要使核保人员能快速出单，又要使接受的业务保持较低的死亡率和疾病发生率，同时还要使核保费用成本越低越好。

（2）对保险人公平的原则。保险公司在营销运作过程中，不能为了争取业务而放弃对承保风险质量的必要要求；否则，缺少合理的风险评估会导致保险人巨大的经营风险，最终也使被保险人的利益无法得到保障。

（3）拒保理由必须充分的原则。对投保申请一旦需要拒保，核保人员必须使拒保的理由具有足够的说服力，首先要说服保险展业人员，才能说服投保的客户，否则一方面会影响业务的正常开展，另一方面会使投保方产生误解，甚至给保险人的市场声誉造成负面影响。

总之，承保方针既要反映保险经营的战略目标，又要随着时间的推移和经验的丰富不断加以修正。

5.4.2.2 规范核保标准，编制核保手册

承保部门制定核保标准，除了应与各业务部门共同协商外，还要充分考虑以往的经验，主要是业务营运记录、理赔经验、产品发展的历史趋势等，将这些标准整理汇总后编制成核保手册。核保手册是保险公司从具有不同风险和损失经验的投保对象中，经统计和数量风险评估，从技术上制定的对风险分类及匹配费率的标准，包括核保操作的具体内容、项目、标准、方法。核保手册一方面向核保人员传达保险公司的承保方针，另一方面也是核保人员的行为规范和行动指南，是其进行核保决策的依据和基础。核保人员依据核保手册中列出的对每一险种应当考虑的因素以及与这些因素相关的投保人的各种特征、保险人对这些投保人的态度等，来决定怎样处理各类投保申请，以及是否给予承保。

5.4.3 优化承保组织系统

保险公司一般有专门的承保部门或机构，承保部门作为一个非常重要的保险职能部门，除了制定承保方针和编制承保手册、进行核保选择并做出承保决策之外，往往还要分析损失和保险费的经验数据，研究保险责任范围和保单格式，提供修订保险费率、开发新险种的意见和建议，负责承保人员的教育和培训等。保险公司要结合自身的实际情况，不断优化和完善承保组织系统和管理模式，以促进承保管理水平的进一步提高。

为了更有效地控制承保风险，保险公司在承保管理中，必须强化核保与承保权限管理，实施分级授权的管理制度，对不同级别的承保部门与专业核保人员明确授予不同的核保与承保权限。不管是对新契约的风险选择与评估，还是对已承保契约的变更申请进行审核与签批，都要严格遵循核保与承保权限的要求。保险公司往往在核保手册中具体规定核保和承保的权限范围。每一位专业核保人员因其自身对业务的熟悉程度和经验不同而被分成若干等级，每一等级对应有不同风险保额的核保权限。核保人员在各自的权限范围内对投保单和投保标的通过细致、周密、审慎的考核，最终决定是否予以承保和以何种条件承保。如果一笔投保的业务超出了某级核保人的权限，则须转交上一级核保人，直至最终确定该业务是否承保。同时还要坚持对专业核保人员定期进行业务培训，以不断提高其业务水平和风险识别、分析与评估能力。积极运用先进的科学技术手段，提高承保业务处理和管理的电子化和自动化水平，实现承保信息管理的规范化和核保核赔的网络化，这样既有利于对人员核保质量的验证，又可相对防止出现人情核保问题。

5.4.4 规范核保选择和核保控制管理

核保本身就是保险人对投保标的进行风险选择的过程，选择的目的在于确定合理的承保条件，增强投保人或被保险人对保险标的的责任感，控制保险承保风险，提高保险经营的稳定性。核保选择表现在两个方面：一是尽量选择具有同质风险的投保标

的承保，从而使风险在量上得以测定，以期分散风险；二是淘汰那些超出可保风险条件的投保标的。

保险人进行核保控制时还要考虑自身的因素。一要考虑保险人的承保能力、市场份额等。不同保险公司由于在保险市场中的竞争地位不同，对同类业务的核保方针会有较大的差异。在市场中居于领导者地位的保险人因其承保能力和市场占有率高、业务量大，多倾向于进行比较冒险的尝试，而处于追随者地位的保险人在核保过程中往往采取较为保守的原则。二要注意展业部门与核保部门之间的平衡协调。展业部门的任务是力求保费收入的增加，因此为了扩大业务规模往往会放宽接受业务的风险尺度，并对某些业务要求变通处理；而核保部门的任务是提高保险合同的品质。各自目标不同，冲突是在所难免的。三要考虑再保险条件的优劣。再保险公司的分保条件决定了自留额的多少和危险分担的比例，进而影响到承保决策。四要受到核保人员自身素质和经验的制约。如果核保人员经验不足、素质较低，核保决策自然较为保守；如果核保人员经验丰富、素质良好，核保决策就会相对灵活。

此外，保险作为经济行业的一个部门，核保管理还会受到社会其他方面的制约。政府主管部门可能会对保险人的承保决策施加影响，例如强制规定保险人必须承保的业务范围，强制其使用统一的保费标准，限制保险人解除保险单和不予续保等方面的权利等。还有，整体经济运行的状况、某些重要经济指标的变化也会影响保险人的核保决策，如银行基础利率的高低，会直接影响寿险公司对可承保业务范围的选择。

5.4.5 规范保险单证管理

从理论上定义，保险单证是指保险公司的业务和财务单证，是双方订立和执行保险合同的基础，是保险业务不可或缺的重要组成部分。它包括业务单证，如保险单、保险证、批单、格式承保合同等；还包括财务单证，如保费发票、收款和赔款收据等。

从现实上定义，单证作为保险公司的立业之本和经营产品的根本表现形式，其本身不仅表现的是客户购买公司保险产品的标志，更深一层体现的则是在经营过程中的公司内在价值和社会认知度与美誉度。保险单证是保险公司经营管理的重要手段和凭据，是保险合同双方履行义务和享受权利的基本依据。

保险单证的管理不仅包括正式的保险单和保险凭证，还包括各类据以核保、承保以至理赔的客户投保单及其他原始投保资料和其他有效保险单据的管理。单证管理的疏漏往往会给日后的保险合同纠纷埋下伏笔，甚至给保险公司造成不可避免的巨额损失。为了防患于未然，有效规避风险，提高保险公司经营管理质量，必须规范和严格保险单证管理，明确制定保险单证从领取、使用到保管、核销的具体流程和详细办法，建立周密有效的单证使用、管理和监控制度。借助于现代科学技术，我国一些保险机构建立了保险单证电子缩微管理库和全方位的电子查询网络，这也标志着保险单证管理工作进一步走向现代化、高效化。

5.4.6 加强分保管理

保险业是经营风险的特殊行业，风险的不确定性决定了保险公司在经营过程中面临着极高的风险。保险公司要加强对承保风险的控制，实现稳健经营，不仅要严格和规范承保管理，还必须加强分保管理，合理运用再保险，对超出自身承保能力的业务必须通过分保进一步控制和转移风险。我们将在第十章保险公司的再保险管理中具体介绍。

6 保险理赔管理

保险理赔是指在保险标的作为保险对象的财产及其有关利益或者人的寿命和身体发生风险事故后，保险人对被保险人或受益人提出的索赔要求进行处理的行为。从法律角度看，保险人无论是否支付赔款，保险理赔是履行保险合同的过程，是法律行为。也就是说，被保险人或受益人提出索赔要求，保险人就应按照法律或合同约定进行处理。从经营角度看，保险理赔充分体现了保险的经济补偿职能作用，是保险经营的重要环节。

6.1 保险理赔的意义和任务

6.1.1 保险理赔的意义

保险理赔并不等于支付赔款，但是保险理赔对于保险人来说具有重要的意义。关于保险理赔的意义，主要有以下两个方面：

6.1.1.1 分散风险

理赔使保险经营活动得以完成，使保险的基本职能——分散风险、实行经济补偿得以实现。被保险人通过与保险人签订保险合同来转移自己所面临的危险，获得了一旦发生危险事故、造成经济损失即可获得经济补偿的权利。保险理赔是保险补偿功能的具体体现，是保险人依约履行保险责任和被保险人或受益人享受保险权益的实现形式。理赔工作做得好，被保险人的损失才可得到应有的补偿，保险的职能作用才可能有效发挥，社会再生产的顺畅运行和人民生活的正常安定才可能得到保障。

6.1.1.2 提高保险经营管理水平

保险经营实务过程实际上是一个连续不断、周而复始的过程。从循环运动的角度来考查保险经营活动时，保险理赔是上一个保险经营活动的终点，又是下一个保险经营活动的起点。良好的理赔工作，对于刺激和推动下一轮保险经营活动的开展具有极其重要的意义。同时，保险理赔也是对承保业务和风险管理质量的检验，通过保险理赔可以发现保险条款、保险费率的制定和防灾防损工作中存在的漏洞和问题，为提高承保业务质量、改进保险条件、完善风险管理提供依据；保险理赔还可以提高保险公司的信誉，扩大保险在社会上的影响，促进保险业务的开展。

6.1.2 保险理赔的任务

6.1.2.1 确定造成保险标的损失的真正原因

确定造成保险标的损失的真正原因是判定损失是否属于保险责任的前提条件，保险公司必须通过实地调查，全面掌握出险情况后加以客观地分析。如果保险公司对出险情况了解不深入，掌握的材料不全面，就会给赔案的处理带来困难。

6.1.2.2 确定标的的损失是否属于保险责任

保险公司要根据出险原因并对照保险条款判断保险标的损失是否属于保险责任，判断时要实事求是，切忌草率行事和主观臆断。

6.1.2.3 确定保险标的的损失程度和损失金额

保险公司在现场勘查的基础上，根据被保险人的投保范围，经过必要的施救和整理工作后，确定保险标的的损失程度和损失金额。在财产保险中，确定保险标的的损失以实际损失为限，间接损失和非物质性损失除外。

6.1.2.4 确定被保险人应得的赔偿金额

保险公司在完成以上三项任务后，按照保险合同的规定，根据保险金额、实际损失和损失程度确定赔偿金额。对通融赔付的案例，要根据实际情况研究决定。

6.2 保险理赔的原则

6.2.1 保险理赔的基本原则

对被保险人来说，参加保险的目的是在保险事故发生时能够及时获得保险补偿，解除自己的后顾之忧。对保险人来说，理赔功能的切实发挥足以体现保险制度存在的价值。因此作为保险经营过程中的关键环节，保险理赔须坚持以下三项原则：

6.2.1.1 重合同、守信用

保险人和被保险人之间的权利和义务关系是通过保险合同建立起来的，处理赔案是保险人履行合同中所约定的赔偿或给付义务的过程。保险合同对保险责任、赔偿处理及被保险人的义务等做了原则性的规定，保险人应遵守条款，恪守信用。

6.2.1.2 主动、迅速、准确、合理

所谓“主动、迅速”，是指保险公司在处理赔案时积极主动，及时深入现场进行查勘，对属于保险责任范围内的灾害损失，要迅速估算损失金额，及时赔付。所谓“准确、合理”，是指保险人应正确找出致损原因，合理估计损失，科学地确定是否赔付以及赔付额度。任何拖延赔案处理的行为都会影响保险公司在被保险方心目中的声誉，从而影响、抑制其今后的投保行为，甚至造成不良的社会影响和后果。因此，保险人

在理赔时，应主动了解受灾受损情况，及时赶赴现场查勘，分清责任，准确定损，迅速而合情合理地赔偿损失。

为了保护被保险人的利益，《中华人民共和国保险法》第二十三条规定：“保险人收到被保险人或者受益人的赔偿或者给付保险金的请求后，应当及时做出核定；情形复杂的，应当在三十日内做出核定，但合同另有约定的除外。保险人应当将核定结果通知被保险人或者受益人；对属于保险责任的，在与被保险人或者受益人达成赔偿或者给付保险金的协议后十日内，履行赔偿或者给付保险金义务。保险合同对赔偿或者给付保险金的期限有约定的，保险人应当按照约定履行赔偿或者给付保险金义务。”第二十四条规定：“保险人依照本法第二十三条的规定做出核定后，对不属于保险责任的，应当自做出核定之日起三日内向被保险人或者受益人发出拒绝赔偿或者拒绝给付保险金通知书，并说明理由。”第二十五条规定：“保险人自收到赔偿或者给付保险金的请求和有关证明、资料之日起六十日内，对其赔偿或者给付保险金的数额不能确定的，应当根据已有证明和资料可以确定的数额先予支付；保险人最终确定赔偿或者给付保险金的数额后，应当支付相应的差额。”上述《中华人民共和国保险法》的规定，也体现了贯彻“主动、迅速、准确、合理”的原则。

6.2.1.3 实事求是

被保险人或受益人提出的索赔案千差万别，案发原因也错综复杂。对于某些损失发生的原因交织在一起的赔案，有时根据合同条款很难做出是否属于保险责任的明确判断，加之合同双方对条款的认识和解释上的差异，会出现赔与不赔、赔多与赔少的纠纷。在这种情况下，保险人应既要严格按照合同条款办事，又不违背条款规定，还应合情合理、实事求是地对不同案情的具体情况进行具体分析，灵活处理赔案。

这三大原则是辩证统一的，既不能单纯追求速度而使工作简单粗糙，又不能因讲求准确、合理而拖延理赔工作，产生“投保容易、理赔难”的现象，影响保户利益。所以处理赔案一方面要求主动、迅速，另一方面又要做到准确、合理。

6.2.2 保险理赔的特殊原则

6.2.2.1 损失补偿原则

这是财产保险和医疗费用保险特有的原则，是指保险事故发生后，保险人在其责任范围内，对被保险人遭受的实际损失进行赔偿的原则。

赔偿必须在保险人的责任范围内进行，即保险人只在保险合同规定的期限内，以约定的保险金额为限，对合同中约定的危险事故所致损失进行赔偿。保险期限、保险金额和保险责任是构成保险人赔偿的不可或缺的要件。

赔偿额应当等于实际损失额。按照民事行为的准则，赔偿应当和损失等量，被保险人不能从保险上获得额外利益。因此，保险人赔偿的金额，只能是保险标的实际损失的金额。换言之，保险人的赔偿应当恰好使保险标的恢复到保险事故发生前的状态。

损失赔偿是保险人的义务。据此，被保险人提出索赔请求后，保险人应当按主动、迅速、准确、合理的原则，尽快核定损失，与索赔人达成协议并履行赔偿义务；保险人未及时履行赔偿义务时，除支付保险金外，应当赔偿被保险人因此受到的损失。

6.2.2.2 保险利益原则

《中华人民共和国保险法》第十二条规定："人身保险的投保人在保险合同订立时，对被保险人应当具有保险利益。财产保险的被保险人在保险事故发生时，对保险标的应当具有保险利益。人身保险是以人的寿命和身体为保险标的的保险。财产保险是以财产及其有关利益为保险标的的保险。被保险人是指其财产或者人身受保险合同保障，享有保险金请求权的人。投保人可以为被保险人。保险利益是指投保人或者被保险人对保险标的具有的法律上承认的利益。"

人身保险利益的存在时间，在合同订立时必须存在，至于在保险事故发生时是否存在保险利益，则无关紧要。财产保险的保险利益在保险合同订立时可以不存在，但事故发生时，则必须存在，只有保险事故发生时有保险利益存在，投保人或被保险人才有实际损失发生，保险人才可确定补偿的程度；如果保险利益在订立合同时存在但事故发生时就不存在了，则投保人和被保险人对于保险标的已无利害关系，就没有补偿可言，保险合同就失效了。

6.2.2.3 近因原则

在处理赔案时，赔偿与给付保险金的条件是造成保险标的损失的近因必须属于保险责任，若造成保险标的损失的近因属于保险责任范围内的事故，则保险人承担赔付责任；反之，若造成保险标的损失的近因属于责任免除，则保险人不负赔付责任。只有当保险事故的发生与损失的形成有直接因果关系时，才构成保险人赔付的条件。

《中华人民共和国保险法》《中华人民共和国海商法》只是在相关条文中体现了近因原则的精神而无明文规定，我国司法实务界也注意到这一问题，最高人民法院《关于审理保险纠纷案件若干问题的解释（征求意见稿）》第十九条规定："人民法院对保险人提出的其赔偿责任限于以承保风险为近因造成的损失的主张应当支持。近因是指造成承保损失起决定性、有效性的原因。"

6.2.2.4 代位原则

代位原则是财产保险合同特有的重要原则，乃损失补偿原则的派生原则。广义的保险代位分为物上代位和权利代位，是指保险人对被保险人因保险事故发生造成的损失进行赔偿后，依法或按保险合同约定取得对财产损失负有责任的第三者进行追偿的权利或取得对受损标的的所有权。其中，权利代位又称代位求偿权或代位追偿权，是指保险事故由第三者责任方所致，被保险人因保险标的受损而从保险人处获得赔偿后，其向第三者责任方享有的赔偿请求权依法转让给保险人，由保险人在赔偿金额范围内代位行使被保险人对第三者请求赔偿的权利。

6.2.2.5 重复保险的分摊原则

重复保险分摊原则也是由补偿原则派生出来的，它不适用于人身保险，而与财产保险业务中发生的重复保险密切相关。重复保险分摊原则是指投保人向多个保险人重复保险时，投保人的索赔只能在保险人之间分摊，赔偿金额不得超过损失金额。

在重复保险的情况下，当发生保险事故时，保险标的所受损失，由各保险人分摊。如果保险金额总和超过保险价值，各保险人承担的赔偿金额总和不得超过保险价值。这是补偿原则在重复保险中的运用，以防止被保险人因重复保险而获得额外利益。

6.2.2.6　通融赔付原则

通融赔付是指保险公司根据保险合同约定本不应完全承担赔付责任，但仍赔付全部或部分保险金的行为，且通融赔付有一定的原则，并不是随便进行赔付。通融赔付对于保险业发展的正面作用是居于主要地位的，尤其是在许多突发事件和重大灾害中，更是充分体现了保险“社会稳定器”和“经济助推器”的作用，为保险业赢得了很多赞誉和发展机遇。对于承担社会责任、维护社会稳定的案件和销售误导、违规承诺导致的理赔纠纷应积极给予通融赔付；对于大客户、重点客户的通融赔付应极为谨慎，仅对某些不符合保险合同，但赔付也有合情合理之处的特殊案件予以通融；对于保险欺诈行为则应坚决抵制，坚决拒赔。无原则地让步，不仅不能取得客户的认同，反而可能损害保险行业诚信、标准、规范的行业形象。

6.3　保险理赔的基本程序

6.3.1　寿险理赔的流程

从保险事故的发生到保险人做出赔款决定以及被保险人或受益人领到保险金的整个过程，需要经过一系列工作环节和处理流程。在通常情况下，一个索赔案件的处理要经过接案，立案，初审，调查，核定，复核、审批，结案、归档七个环节。每个环节都有不同的处理要求和规定，以保证理赔有序和高效地进行。

6.3.1.1　接案

接案是指发生保险事故后，保险人接受客户的报案和索赔申请的过程。这一过程包括报案和索赔申请两个环节。

（1）报案。报案是指保险事故发生后，投保人或被保险人、受益人通知保险人发生保险事故的行为。《中华人民共和国保险法》第二十一条规定：“投保人、被保险人或者受益人知道保险事故发生后，应当及时通知保险人。故意或者因重大过失未及时通知，致使保险事故的性质、原因、损失程度等难以确定的，保险人对无法确定的部分，不承担赔偿或者给付保险金的责任，但保险人通过其他途径已经及时知道或者应当及时知道保险事故发生的除外。”

①报案的方式。报案人可以采用多种方式将保险事故通知保险人，可以亲自到保险公司当面口头通知，也可以用电话、电报、传真、信函等方式通知保险公司，当然也可以填写保险公司事先印制的事故通知书。其目的是将保险事故信息及时传递到保险公司，以便保险公司采取相应措施及时处理。

②报案的内容。报案人应在保险条款规定的时间内，及时将有关的重要信息通知

保险公司的接案人。报案时需要提供的信息包括：投保人的姓名、被保险人或受益人的姓名及身份证件号码、被保险人的保单号、险种名称、出险时间、地点、简要经过和结果、就诊医院、病案号、联系地址及电话等。

③接案的要求。接案人员对报案人提供的信息应做好报案登记，准确记录报案时间，引导和询问报案人，尽可能掌握必要的信息。接案人员应根据所掌握的案情，依据相关的理赔规定，判断案件性质以及是否需要采取适当的应急措施，并在“报案登记表”中注明。对于应立即展开调查的案件，如预计赔付金额较大、社会影响较大的案件，接案人员应尽快通知理赔主管及调查人员展开调查；对于应保留现场的案件，还应通知报案人采取相应的保护措施。

（2）索赔申请。索赔是指保险事故发生后，被保险人或受益人依据保险合同向保险人请求赔偿损失或给付保险金的行为。客户报案只是履行将保险事故及时通知保险公司的一项义务，但并不等同于保险索赔。报案是投保人、被保险或受益人的义务，索赔是保险事故发生后被保险人或受益人的权利。

①对索赔申请人资格的要求。索赔申请人是对保险金具有请求权的人，如被保险人、受益人。例如，人身保险身故保险金给付应由保险合同约定的身故受益人提出申请。没有指定受益人时，则由被保险人的法定继承人作为申请人提出申请；如果受益人或继承人系无民事行为能力者，则由其法定监护人提出申请。人身保险中被保险人在生存状态下的保险金给付申请，如伤残保险金给付、医疗保险（津贴）给付、重疾保险金案件，受益人均为被保险人本人，应由被保险人本人提出申请。如被保险人系无民事行为能力者，则由其法定监护人提出申请。

②索赔时效。保险事故发生后，被保险人或受益人，必须在规定的时间内向保险人请求赔偿或给付保险金，这一期间称为索赔时效期间。在索赔时效期间内，被保险人或受益人享有向保险人索赔的权利。超过索赔时效期间以后，被保险人或受益人向保险人索赔的权利丧失，保险人对索赔不再受理。《中华人民共和国保险法》第二十六条对索赔时效做了规定：“人寿保险的被保险人或者受益人向保险人请求给付保险金的诉讼时效期间为五年，自其知道或者应当知道保险事故发生之日起计算。”

③索赔的举证责任。索赔的举证责任指索赔权利人向保险人索赔时应履行的提供证据的义务，证明保险事故已经发生，保险人应当承担赔偿或给付保险金的责任。《中华人民共和国保险法》第二十二条规定：“保险事故发生后，依照保险合同请求保险人赔偿或者给付保险金时，投保人、被保险人或者受益人应当向保险人提供其所能提供的与确认保险事故的性质、原因、损失程度等有关的证明和资料。保险人依照保险合同的约定，认为有关的证明和资料不完整的，应当及时一次性通知投保人、被保险人或者受益人补充提供。”

6.3.1.2 立案

立案是指保险公司核赔部门受理客户索赔申请，进行登记和编号，使案件进入正式的处理阶段的过程。

（1）索赔资料的提交。申请人按一定的格式要求填写“索赔申请书”，并提交相应的证明和资料给保险公司；如果申请人不能亲自到保险公司办理，而是委托他人代为办理，受托人还应提交申请人签署的“理赔授权委托书”。

（2）索赔资料受理。保险公司的受理人员在审核材料后，在一式两联的“理赔资料受理凭证”上注明已接收的证明和资料，注明受理时间并签名，一联留存公司，一联交申请人存执，以作为日后受理索赔申请的凭据；受理人如发现证明材料不齐，应向申请人说明原因，并通知其尽快补齐证明材料。

（3）立案条件。要进行立案处理的索赔申请，必须符合如下条件：①保险合同责任范围内的保险事故已经发生；②保险事故在保险合同有效期内发生；③在保险法规定时效内提出索赔申请；④提供的索赔资料齐备。

（4）立案处理。管理人员对经审核符合立案条件的索赔申请，进行立案登记，并生成赔案编号，记录立案时间、经办人等情况，然后将所有资料按一定顺序存放在案卷内，移交到下一步工作环节。

6.3.1.3 初审

初审是指核赔人员对索赔申请案件的性质、合同的有效性初步审查的过程。初审的要点如下：

（1）审核出险时保险合同是否有效。初审人员根据保险合同、最近一次交费凭证或交费记录等材料，判断申请索赔的保险合同在出险时是否有效，特别注意出险日期前后，保险合同是否有复效或其他变动的处理。

（2）审核出险事故的性质。初审人员还应该审核出险事故是否在保险责任条款约定的事故范围之内，或者出险事故是否属于保险合同责任免除条款或是否符合约定的免责规定。

（3）审核申请人所提供的证明材料是否完整、有效。首先，根据客户的索赔申请和事故材料，判断出险事故索赔申请的类型，例如，医疗给付、残疾给付等；其次，检查证明材料是否为相应事故类型所需的各种证明材料；最后，检查证明材料的效力是否合法、真实、有效，材料是否完整，是否为相应的机关或部门如公安、医院等所出具。

（4）审核出险事故是否需要理赔调查。初审人员根据索赔提供的证明材料以及案件的性质、案情的状况等信息判断该案件是否需要进一步理赔调查，并依据判断结果分别做出相应处理。对需要调查的案件，初审人员提出调查重点、调查要求，交由调查人员进行调查，待调查人员提交调查报告后，再提出初审意见；对不需要调查的案件，提出初审意见后，将案件移交理算人员做理赔计算的处理。

6.3.1.4 调查

核赔调查在核赔处理中占有重要的位置，对核赔处理结果有决定性的影响。调查就是对客观事实进行核实和查证的过程，核赔调查时需要注意以下几个方面：调查必须本着实事求是的原则；调查应力求迅速、准确、及时、全面；调查人员在查勘过程中禁止就理赔事项做出任何形式的承诺；调查应遵循回避原则；调查完毕应及时撰写调查报告，真实、客观地反映调查情况。

6.3.1.5 核定

这里的核定是指对索赔案件做出给付、拒付、豁免处理和对给付保险金额进行计算的过程。理赔人员对案卷进行理算前，应审核案卷所附资料是否足以做出正确的给付、拒付处理。如资料不完整，理赔人员应及时通知补齐相关资料；对资料尚有疑义的案件，需通知调查人员进一步调查核实。理赔人员根据保险合同以及类别的划分进行理赔计算，缮制“理赔计算书”和“理赔案件处理呈批表”。具体地说，核定的内容包括：

（1）给付理赔计算。对于正常给付的索赔案件的处理，应根据保险合同的内容、险种、给付责任、保额和出险情况等计算出给付的保险金额。例如，身故保险金根据合同中的身故责任进行计算；伤残保险金则根据伤残程度及鉴定结果，按规定比例计算；医疗保险金则根据客户支付的医疗费用进行计算。

（2）拒付。对应拒付的案件，理赔人员做拒付确认，并记录拒付处理意见及原因。对于由此终止的保险合同，应在处理意见中注明，并按条款约定计算应退还保费或现金价值以及补扣款项及金额；对于继续有效的保险合同，应在处理意见中注明，将合同置为继续有效状态。

（3）豁免保费计算。对于应豁免保费的案件，理赔人员应做豁免的确认，同时将合同置于豁免保险费状态。

（4）理赔计算的注意事项。理赔计算的结果直接涉及客户的经济利益，因此必须保证给付保险金额计算的准确无误；同时理赔计算中涉及补扣款的项目，需一并计算。在理赔计算时应扣款的项目包括：在宽限期内出险，应扣除欠交保险费；客户有借款及应收利息，应扣除借款及利息；有预付赔款应将预付赔款金额扣除；其他应扣除的项目。应补款项目包括预交保险费，未领取满期保险金，未领取红利、利差等其他应补款项目。

6.3.1.6 复核、审批

复核是核赔业务处理中一个具有把关作用的关键环节。通过复核，能够发现业务处理过程中的疏忽和错误并及时予以纠正；同时，复核对核赔人员也具有监督和约束的作用，防止核赔人员个人因素对核赔结果的影响，保证核赔处理的客观性和公正性，从而也是核赔部门内部风险防范的一个重要环节。复核的内容及要点包括：①出险人的确认；②保险期间的确认；③出险事故原因及性质的确认；④保险责任的确认；⑤证明材料完整性与有效性的确认；⑥理赔计算准确性与完整性的确认。

审批是根据案件的性质、给付金额、核赔权限以及审批制度对已复核的案件逐级呈报，由有相应审批权限的主管进行审批的环节。对于一些重大、特殊、疑难案件，需成立赔案审查委员会集体对案件进行审理。根据审批的结果，对案件进行相应的处理：批复需重新理赔计算的案件，应退回由理赔计算人员重新理算；批复需进一步调查的案件，应通知调查人员继续调查；批复同意的案件，则移交下一个结案处理环节。

6.3.1.7 结案、归档

首先，结案人员根据理赔案件呈批的结果，缮制“给（拒）付通知书”或“豁免保险通知书”，并寄送申请人。拒付案件应注明拒付原因及保险合同效力终止的原因。如有退费款项，应同时在通知书中予以反映，并注明金额及领款人，提示前来领款。给付案件应注明给付金额、受益人姓名，提示受益人凭相关证件前来办理领款手续。领款人凭“给（拒）付通知书”和相关证件办理领款手续，保险公司应对领款人的身份进行确认，以保证保险金正确支付给合同规定的受益人。领款人可以通过现金、现金支票、银行转账或其他允许的方式领取应得款项，并由保险公司的财务部门按规定支付相应金额的款项。其次，结案人员根据保险合同效力是否终止，修改保险合同的状态，并做结案标识。最后，结案人员将已结案的理赔案件的所有材料按规定的顺序排放，并按业务档案管理的要求进行归档管理，以便将来查阅和使用。

6.3.2 非寿险理赔的流程

非寿险理赔的程序主要包括接受损失通知、审核保险责任、进行损失调查、赔偿保险金、损余处理及代位求偿等步骤。

6.3.2.1 接受损失通知

损失通知是指保险事故发生后，被保险人或受益人应将事故发生的时间、地点、原因及其他有关情况，以最快的方式通知保险人，并提出索赔请求的环节。发出损失通知同样是非寿险被保险人必须履行的义务。

（1）损失通知的时间要求。根据险种不同，发出损失通知书有时会有时间要求，例如，被保险人在保险财产遭受保险责任范围内的盗窃损失后，应当在24小时内通知保险人，否则保险人有权不予赔偿。此外，有的险种没有明确的时限规定，只要求被保险人在其可能做到的情况下，尽快将事故损失通知保险人，如果被保险人在法律规定或合同约定的索赔时效内未通知保险人，可视为其放弃索赔权利。《中华人民共和国保险法》第二十六条规定：“人寿保险以外的其他保险的被保险人或者受益人，向保险人请求赔偿或者给付保险金的诉讼时效期间为二年，自其知道或者应当知道保险事故发生之日起计算。”

（2）损失通知的方式。被保险人发出损失通知的方式可以是口头的，也可用函电等其他形式，但随后应及时补发正式书面通知，并提供各种必需的索赔单证，如保险单、账册、发票、出险证明书、损失鉴定书、损失清单、检验报告等。如果损失涉及第三者责任时，被保险人还须出具权益转让书给保险人，由保险人代为行使向第三者责任方追偿的权益。

（3）保险人受理。接受损失通知书意味着保险人受理案件，保险人应立即将保险单与索赔内容详细核对，并及时向主管部门报告，安排现场查勘等事项，然后将受理案件登记编号，正式立案。

6.3.2.2 审核保险责任

保险人收到损失通知书后，应立即审核该索赔案件是否属于保险人的责任，审核的内容可包括以下几个方面：

（1）保险单是否仍有效力。例如，我国财产保险保险人按保险合同的约定对所承保的财产及其有关利益因自然灾害或意外事故造成的损失承担赔偿责任的保险。基本险条款规定，被保险人应当履行如实告知义务，否则，保险人有权拒绝赔偿，或从解约通知书送达一定天数后终止保险合同。

（2）损失是否由所承保的风险所引起。被保险人提出的损失索赔，不一定都是保险风险所引起的。因此，保险人在收到损失通知书后，应查明损失是否由保险风险所引起。

（3）损失的财产是否为保险财产。保险合同所承保的财产并非被保险人的一切财产，即使是综合险种，也会有某些财产列为不予承保之列。例如，我国财产保险综合险条款规定，土地、矿藏、水产资源、货币、有价证券等就不属于保险标的范围；金银、珠宝、堤堰、铁路等要通过特别约定，并在保险单上载明，否则也不属于保险标的范围。可见，保险人对于被保险人的索赔财产，必须依据保险单仔细审核。

（4）损失是否发生在保单所载明的地点。保险人承保的损失通常有地点的限制。例如，我国的家庭财产保险条款规定，只对在保单载明地点以内保险财产所遭受的损失，保险人才予以负责赔偿。

（5）损失是否发生在保险单的有效期内。保险单上均载明了保险有效的起讫时间，损失必须在保险有效期内发生，保险人才能予以赔偿。例如，我国海洋运输货物保险的保险期限通常是以“仓至仓条款”来限制的，即保险人承担责任的起讫期，是从保险单载明的起运地发货人的仓库运输时开始，直到保险单载明的目的地收货人仓库为止，并以货物卸离海轮后满60天为最后期限。又如责任保险中常规定期内发生式或期内索赔式的承保方式。前者是指只要保险事故发生在保险期内，而不论索赔何时提出，保险人均负责赔偿；后者是指不管保险事故发生在何时，只要被保险人在保险期内提出索赔，保险人即负责赔偿。

（6）请求赔偿的人是否有权提出索赔。要求赔偿的人一般都应是保险单载明的被保险人。因此，保险人在赔偿时，要查明被保险人的身份，以确定其有无领取保险金的资格。例如，在财产保险合同下，要查明被保险人在损失发生时，是否对于保险标的具有保险利益；对保险标的无保险利益的人，其索赔无效。

（7）索赔是否有欺诈。保险索赔的欺诈行为往往较难察觉，保险人在理赔时应注意的问题有：索赔单证真实与否；投保人是否有重复保险的行为；受益人是否故意谋害被保险人；投保日期是否先于保险事故发生的日期等。

6.3.2.3 进行损失调查

保险人审核保险责任后，应派人到出险现场实际勘查事故情况，以便分析损失原因，确定损失程度。

（1）分析损失原因。在保险事故中，形成损失的原因通常是错综复杂的。例如，船舶发生损失的原因有船舶本身不具备适航能力、船舶机件的自然磨损、自然灾害或意外事故的影响等。只有对损失的原因进行具体分析，才能确定其是否属于保险人承保的责任范围。可见，分析损失原因的目的在于保障被保险人的利益，明确保险人的赔偿范围。

（2）确定损失程度。保险人要根据被保险人提出的损失清单逐项加以查证，合理确定损失程度。例如，对于货物短少的情况，要根据原始单据、到货数量，确定短少的数额；对于不能确定货物损失数量的，或受损货物仍有部分完好或经加工后仍有价值的，要估算出一个合理的贬值率来确定损失程度。

（3）认定求偿权利。保险合同中规定的被保险人的义务是保险人承担赔偿责任的前提条件。如果被保险人违背了这些事项，保险人可以此为由不予赔偿。例如，当保险标的的危险增加时，被保险人是否履行了通知义务；保险事故发生后，被保险人是否采取了必要的合理的抢救措施，以防止损失扩大等。这些问题直接影响到被保险人索赔的权利。

6.3.2.4 赔偿保险金

保险人对被保险人请求赔偿保险金的要求应按照保险合同的约定办理，如保险合同没有约定时，就应按照有关法律的规定办理。若损失属于保险责任范围内，经调查属实并估算赔偿金额后，保险人应立即履行赔偿给付的责任。保险人可根据保险单类别、损失程度、标的价值、保险利益、保险金额、补偿原则等理算赔偿金额。财产保险合同赔偿的方式通常是货币补偿。不过，在财产保险中，保险人也可与被保险人约定其他方式，如恢复原状、修理、重置或以相同实物进行更换等方式。

6.3.2.5 损余处理

一般来说，在财产保险中，受损的财产会有一定的残值。如果保险人按全部损失赔偿，其残值应归保险人所有，或是从赔偿金额中扣除残值部分；如果按部分损失赔偿，保险人可将损余财产折价给被保险人以充抵赔偿金额。

6.3.2.6 代位求偿

如果保险事故是由第三者的过失或非法行为引起的，第三者对被保险人的损失须负赔偿责任。保险人可按保险合同的约定或法律的规定，先行赔付被保险人，然后被保险人应当将追偿权转让给保险人，并协助保险人向第三者责任方追偿。

6.4 保险理赔管理

保险理赔管理是指对履行赔付义务过程的各项程序进行管理，其目的是贯彻落实理赔原则，确保合同双方当事人的经济利益，维护保险公司的社会形象。

6.4.1 保险赔偿责任

检查保险赔偿责任的确定是否正确，首先，应审核现场查勘是否及时、准确、全面，查勘记录资料是否齐全、可靠，因为赔偿责任的划分，其重要依据就是案情查勘的结果。其次，要根据保险合同所载承保责任及有关项目，针对案情逐项复核，以准确确定保险人应承担的赔偿责任和赔偿范围。最后，认真检查与案情有关的各种单证，如检验报告、保险单证、事故证明、适航材料、品质证明、修理单据、受损标的相关票据等，如果发现问题应及时查清，做到单证真实、清楚、有效，严防骗赔行为，还要注意各保险公司之间的信息互联。

6.4.2 损失计算和赔付管理

在确定了赔偿责任和赔偿范围之后，对保险标的实际损失进行核实、理算和计赔。赔款计算和赔付管理包括按照不同的承保条件，确定对各类受损标的和各种费用损失采用的赔偿方式，同时，对核赔权限、通融赔付和拒赔案件等实行严格管理。

核赔权限管理，就是按照集权与分权相统一的管理原则，根据不同业务险种和赔付金额，以及各级保险企业业务管理的职责和范围，从赔偿金额和保险责任两个方面赋予各级保险企业一定的赔付权限，这是保险企业内部分层次实行理赔、监督管理的重要手段。各级保险企业的核赔权限，主要是根据承保风险和不同级别、层次的管理职能，理赔人员的政治思想与业务素质和保险企业的经营管理水平确定的。

通融赔付案件管理，是指对案情复杂、损失责任与保险条款的规定不尽吻合、保险合同规定的被保险人的义务不周全、保险人责任不明确，以及投保人办理续保不及时而影响了保险合同的时效等赔案，本着实事求是的精神，把原则性和灵活性结合起来，全面考虑，权衡处理。其目的是增强被保险人的保险意识，扩大保险的社会影响，促进保险业务发展。但对下列情况绝不能通融：一是明显违背国家法律、政策行为的后果；二是被保险人的故意行为；三是赔付后对保险人声誉产生消极影响的案件；四是由于被保险人疏忽造成保险人承担可以免除责任的大额赔款。

拒赔案件管理，是指保险人对案情进行详细调查研究，掌握拒赔的事实、依据和必要的证明，经核定出险事故所造成的直接损失和费用的确不属于承保责任范围后，做出拒赔决定的过程。拒赔案件直接关系到被保险人的经济利益，且因被保险人对保险缺乏认识等原因，极易产生误解和纠纷，给保险人带来不利影响。因此，拒赔前必须广泛调查取证，审慎研究，并严格履行审批手续。同时，要耐心向被保险人、受益人做必要的解释，尽量避免或减轻拒赔造成的消极影响。

6.4.3 追偿案件管理

6.4.3.1 追偿案件的概念

追偿案件是指损失涉及第三者责任方或错赔的案件。保险标的损失属于第三者责任时，根据法律规定和合同约定，保险人取得被保险人授权并先行赔付后，在被保险人协助下向第三责任者追偿经济损失，以确保保险企业的经济利益，促进有关部门改善和加强风险管理。如果责任比较明确，第三者也同意负责赔偿，可让被保险人先向第三者索赔，不足金额再由保险人赔付。一般来说，人身保险较少存在追偿问题，因为其保险标的——人的生命和身体是不能用金钱来衡量其价值的，且民法中一般都规定不得转让伤害所造成的民事赔偿责任。

6.4.3.2 追偿案件管理的要求

追偿案件管理的要求的如下：

（1）应取得被保险人将已得赔付的权益转让给保险人的转让书。

（2）建立责任制度。应指派专人负责案件全过程管理，同时严格审批手续，重大案件要报上级公司备案、审批。

（3）科学选择追偿途径。常用的途径有：直接向责任方追偿；委托代理人，并实行“无结果、无报酬”原则向责任方追偿；通过法律程序或行政手段追偿。

（4）广泛取证，掌握足够依据。追偿取证应包括各种人证、物证和旁证材料，同时要查找相关的法律、政策依据，使追偿工作取得实效。

（5）掌握追偿时效。追偿应尽可能迅速进行，以免取证困难和失去法律效力。若因故在某时效内未获得赔偿，应提前办理展延时效的手续。

（6）灵活掌握追偿策略，适时结案。由于法制方面的缺陷或有关审判实践缺少类似的判例可循，加之法院诉讼程序复杂，从开庭审判到最终判决，少则半年，多则两三年，甚至更长，当事人还需投入大量人力、物力，所以保险人要审时度势，在不违背法律原则的前提下尽快结案，早日收回赔款。

6.4.4 赔案管理

6.4.4.1 赔案管理的概念

赔案管理是指通过损失计算，填制赔款计算书，发出赔款通知，支付赔款予以结案。赔案管理反映了保险企业的社会效益及其经营管理水平。因此，加强赔案管理，保证赔案质量，对内于提高业务人员素质和专业技能，对外于保障被保险人的利益、维护保险企业声誉都是十分重要的。

6.4.4.2 赔案管理环节

赔案管理的环节如下：

（1）赔案程序管理。在赔款计算、给付赔款、损余处理、代位求偿等各环节中，做到准确、合理、手续完备、单证齐全，符合公司各有关规章的要求。

（2）赔付统计分析，即根据不同险种，分别就赔付额、赔付率等各项指标进行统计分析，考核业务经营成果，并分析赔案损失原因，探索损失发生的规律，协助展业、承保、防灾等部门提高业务质量。

（3）档案管理。赔付结案后，应将所有单证和材料按险种、分年限装订保存，以备参考和查证。重要案件的档案应长期保存。

6.4.5 客户服务管理

6.4.5.1 保险客户服务

保险客户是指那些现实和潜在的保险产品的消费者，例如，潜在客户、保单持有人、被保险人和受益人等。

保险客户服务是指保险人在与现有客户及潜在客户接触的阶段，通过畅通有效的服务渠道，为客户提供产品信息、品质保证、合同义务履行、客户保全、纠纷处理等项目的服务以及基于客户的特殊需求和对客户的特别关注而提供的附加服务内容。

6.4.5.2 保险客户服务的内容

客户服务是保险公司业务经营最重要的内容之一。保险公司提供优质客户服务的能力对建立和保持积极、持久和紧密有力的保险客户关系是十分重要的。保险客户服务以实现客户满意最大化，维系并培养忠诚保险客户，实现客户价值与保险公司价值的共同增长为目标。

保险客户服务包括保险产品的售前、售中和售后三个环节的服务，在每一个环节上又都包含着具体详细的内容。售前服务是指保险人在销售保险产品之前为消费者提供各种有关保险行业、保险产品的信息、资讯、咨询、免费讲座、风险规划与管理等服务。售中服务是指在保险产品买卖过程中保险人为客户提供的各种服务。如寿险客户服务，包括协助投保人填写投保单、保险条款的准确解释、免费体检、保单包装与送达、为客户办理自动交费手续等。售后服务是指在客户签单后保险人为客户提供的一系列服务。在寿险客户服务中，售后服务的方式主要有提供免费查询热线、定期拜访、契约保全、保险赔付等。

6.4.5.3 客户服务质量管理

理赔是保险人承担合同约定责任的最主要内容。将理赔纳入客户服务体系，其管理主要有以下方面：

（1）赔付金额及争议处理方式、过程的管理。

（2）理赔时效的评价及管理。

（3）理赔的便捷性的评价及改进。

（4）产品评价反馈及需求信息管理。

7 保险投资管理

自2012年上半年开始，监管机构频出新政，对保险公司、券商、基金和期货公司的投资业务纷纷放松管制。银行、保险、信托、证券、基金等各类机构全面进入资产管理行业，资产管理变成泛资产管理，“大资管时代”正式来临。

党的十八届三中全会进一步强化了市场在资源配置中的决定性作用，奠定了利率市场化和金融业对内对外开放的基调。多层次资本市场体系的完善，尤其是债券市场的规范与发展为保险资产投资提供了更为广阔的天地。在我国，保险公司是最早进行市场化改革的金融企业，这些政策的推出，为保险公司未来发展带来了新的机遇。作为保险公司盈利的重要支柱，投资管理业务也必将迎来更大的发展空间。

7.1 保险投资的资金来源与性质

保险投资是保险资金运用的一种形式，是指保险公司在组织经济补偿和给付过程中，将积聚的闲散资金合理运用，使资金增值的活动。在这里，保险的投资主体是保险公司，客体是保险资金。保险公司投资的目的是通过保险资金的有偿运营，创造最大的投资价值。

7.1.1 保险投资资金的来源

保险企业可运用的保险资金是由资本金、各项准备金和其他可积聚的资金组成。运用暂时闲置的大量准备金是保险资金运动的重要一环。投资能增加收入、增强赔付能力，使保险资金进入良性循环。

7.1.1.1 资本金

资本金是保险公司在开业时必须具备的注册资本。我国设立保险公司的注册资本的最低限额为2亿元。保险公司注册资本必须为实缴货币资本。保险公司的资本金除按法律规定缴存保证金（我国目前按照注册资本总额的20%提取）外，均可用于投资，以获得较高的收益率。

7.1.1.2 各种责任准备金

责任准备金是保险公司为保障被保险人的利益，从收取的保费中提留的资金。它包括：未到期责任准备金、未决赔款准备金、总准备金和寿险责任准备金。

（1）未到期责任准备金。未到期责任准备金是指在会计年度决算时，对未满期保险单提存的准备金。《中华人民共和国保险法》规定未到期责任准备金除人寿保险业务外，应当从当年自留保险费中提取。提取和结转的数额，应当相当于当年自留保费的50%，人寿保险业务的未到期责任准备金应当按照有效的人寿保险单的全部净值提取。

（2）未决赔款准备金。未决赔款准备金是指保险公司在会计年度决算以前发生保险责任而未赔偿或未给付保险金，在当年收入的保险费中提取的资金。其目的在于保证保险公司承担将来的赔偿责任或给付责任，切实保护被保险人及其受益人的权益。未决赔款准备金不是保险公司的营业收入而是保险公司的负债。

（3）总准备金。总准备金是用来满足风险损失超过损失期望以上部分的责任准备金，它是保险人从决算后的利润中按一定比例提取并逐年积累，用以应付巨大赔款时弥补亏损的资金。它是保险公司支付赔款的最根本保证。保险公司的资本越大，承受亏损的能力就越强，其偿付能力也越强。

（4）寿险责任准备金。人寿保险责任准备金也称人身保险责任准备金，是指保险公司为履行今后保险给付的资金准备，保险人从应收的净保险费中逐年提存的一种准备金。人寿保险责任准备金适用于长期性人寿保险业务，它来源于当年收入纯保险费及利息与当年给付保险金的差数。

7.1.1.3 其他投资资金

在保险经营过程中，还存在其他可用于投资的资金来源，主要包括结算中形成的短期负债、应付税款、未分配利润、公积金、企业债券等。这些资金可根据其期限的不同做相应的投资。

7.1.1.4 保险保障基金

保险保障基金是由保险公司缴纳形成，按照集中管理、统筹使用的原则，在保险公司被撤销、被宣告破产以及在保险业面临重大危机，可能严重危及社会公共利益和金融稳定的情形下，用于向保单持有人或者保单受让公司等提供救济的法定基金。

7.1.2 保险投资资金的性质

从保险投资资金的来源，可以看出保险投资资金具有以下几个性质：

7.1.2.1 负债性

由于保险公司业务经营中保费收入与保险金赔付之间存在时间差和数量差，保险公司有大量的资金处于闲置状态。这些资金除了资本金和总准备金外，其他属于保险公司的负债，通常列于资产负债表的负债方，如未到期责任准备金、未决赔款准备金等，这些资金未来有可能返还给被保险人。随着保险公司规模的不断扩大，这些资金也不断积累，成为保险投资的主要资金来源。保险公司对这部分资金进行投资运用，使其不断增值，以保障未来赔付责任的履行。

7.1.2.2 社会性

保险是通过收取保费的方式集中社会上的分散资金建立保险基金，当保险责任范围内的自然灾害和意外事故造成损失时，给予被保险人经济补偿的一种经济保障制度。风险通过这种经济保障制度在全社会范围内分散。因此，保险责任准备金主要来源于社会上不同保户缴纳的保险费，以此成为全社会共同的应变后备资金，属于全社会共同利益的一部分。一方面，责任准备金会随着社会生产的发展和人们对保险认识的提高而不断增加；另一方面，对这部分资金的运用也要体现社会性原则，做到取之于民，用之于民。

7.1.2.3　长期稳定性

投资资金中的资本金、公积金属于所有者权益，除非企业破产清算，一般是不会要求支付偿还的，因此具有长期稳定的特点。而寿险公司 15 年以上的长期保单所形成的责任准备金，也是十分稳定的。这意味着相对其他金融机构保险公司的投资期限可以更长，资金量也更为稳定。

7.1.2.4　增值性

保险投资资金是一种商业经营性的资金。这种商业性决定了其自身的增值性。首先，这是因为有些险种或险种本身就具有投资性质如投资联结型保险，客户投保的目的就是获得投资收益，所以保险资金必须增值，满足这种要求。其次，人寿保险、养老保险是在当年投保，几年、几十年后本利并还的。这里的利，就是保险资金增值的部分。最后，在市场经济条件下，通货膨胀是普遍的现象，保险资金一部分是要在若干年后偿付给投保人的准备金，保险资金只有通过自我增值才能保本生息，才能按期如数实现其赔付责任。

7.1.3　保险投资的意义

投资是保险行业的核心业务，没有投资就没有保险业。保险业的主要存在目标是风险转移，保费是风险转移的价格，但由于市场竞争，整个价格往往不够支付转移的成本。所以，没有保险投资，整个保险行业经营是不能维持下去的。

中国经济处于转型期，宏观经济政策的调整对保险业发展影响较大。2011 年 7 月至 2015 年 12 月，人民币连续 8 次降息，一年期存款利率已由 3.5%降至目前的 1.75%，我国寿险公司利差倒挂现象严重。单靠银行利率已无法维持保险资金的保值增值，必须积极寻求新的投资领域。保险投资对保险业的长期、健康、稳定发展，以及保险公司的经营管理和社会经济运行均有重大意义。保险资金存在运用的可能性和运用空间，对其进行合理利用有着很强的必要性和紧迫性。

首先，保险资金投资可以促进资本市场的健康发展。保险资金投资增加了资本市场的资金来源。保险资金是发达资本市场的重要资金来源。相比于财险公司而言，寿险公司因为其经营业务的长期性和稳定性的特点，更是为资本市场提供了长期稳定的资金来源。

其次，保险资金投资能够促进我国保险业的长期发展。保险资金投资增强了保险公司的偿付能力，偿付能力充足是对保险公司的最基本要求。随着我国保险公司的增加，特别是外资保险公司的进入，保险行业的竞争日益激烈，保费降低，经营成本大幅度上升，使承保利润明显下降。

最后，保险投资收益为公司降低保费提供了可能性。保费的降低有助于增加保险的深度，激发市场的潜在需求，增加保费收入，改善保险业的经营环境，增强保险公司竞争力，使保险行业进入一个良性发展的状态。

7.2 保险投资的形式

7.2.1 保险投资的形式的含义及保险资金投资的具体项目

保险投资的形式是指保险公司将保险资金投放在哪些具体项目上。合理的投资形式，一方面可以保持保险企业财务稳定性和赔付的可靠性、及时性，另一方面可以避免资金的过分集中从而影响产业结构的合理性。

事实上，目前保险资金运用渠道已相当宽泛。2014 年发布的保险“新国十条”明确指出，“促进保险市场与货币市场、资本市场协调发展”，扩大了险资在货币市场和资本市场的发展空间。从具体规定来看，投资渠道可以说无所不包，不仅允许专业保险资产管理机构设立夹层基金、并购基金、不动产基金等私募基金，还将稳步推进保险公司设立基金管理公司、探索保险机构投资、发起资产证券化产品、积极培育另类投资市场等。到 2016 年年末，保险资金运用余额 13.39 万亿元，其中，通过基础设施投资计划、未上市股权、信托等方式服务实体经济和国家战略超过 4 万亿元，债券4.3 万亿元，证券投资基金和股票 1.78 万亿元，为资本市场的稳定发展提供了有力支持。

中国保险监督管理委员会于 2016 年 3 月 8 日发布的《关于修改〈保险资金运用管理暂行办法〉的决定（征求意见稿）》对《保险资金运用管理暂行办法》第六条做了修改。“保险资金运用限于下列形式：（一）银行存款；（二）买卖债券、股票、证券投资基金份额等有价证券；（三）投资不动产；（四）国务院规定的其他资金运用形式。保险资金从事境外投资的，应当符合中国保监会、中国人民银行和国家外汇管理局的有关规定。”

7.2.1.1 银行存款

存款分为银行存款和信托存款。保险公司将资金存入银行并获取利息收入。这种资金运用形式将银行作为保险资金投资的中介，其特点是安全性最高，但收益最低，不可能带来保险资金运用真正意义上的投资利润和扩大保险基金的积累。银行存款一般不是保险资金运用的主要形式，各保险公司的银行存款只是留作必要的、临时性的机动资金，不会保留太多的数量。信托存款的收益率需视存款资金运用的效果而定，但一般高于银行存款利率，风险也相对较大。

《保险资金运用管理暂行办法（征求意见稿）》中第七条规定：“保险资金办理银行存款的，应当选择符合下列条件的商业银行作为存款银行：（一）资本充足率、净资产和拨备覆盖率等符合监管要求；（二）治理结构规范、内控体系健全、经营业绩良好；（三）最近三年未发现重大违法违规行为；（四）最近一年长期信用等级达到中国保监会规定的标准。”

7.2.1.2　有价证券

有价证券是指具有一定价格和代表某种所有权或债权的凭证，它是代表资产所有权或债权的法律证书，代表一种经济权利。有价证券的持有者承担相应的权利和义务。有价证券同时也是金融工具、投资工具，是一种投资凭证。公众可以通过对有价证券的买卖、转让、抵押、继承来参与投资，可获得的收益较高。有价证券投资具有流动性、安全性和盈利性，是比较理想的投资方式。但不同形式的证券投资及不同保险公司对投资方式的要求不同。有价证券主要有三种：

（1）债券。债券是政府、金融机构、工商企业等机构直接向社会借债筹措资金时，向投资者发行，承诺按一定利率支付利息并按约定条件偿还本金的债权债务凭证。债券的本质是债的证明书，具有法律效力。债券购买者与发行者之间是一种债权债务关系，债券发行人即债务人，投资者（或债券持有人）即债权人。按照发行主体可将保险资金可投资债券分为政府债券、金融债券、企业（公司）债券及有关部门批准发行的其他债券四大类。从国际经验上看，债券市场一直是保险机构投资的最主要领域。美国寿险资金主要投资方向为债券、股票、抵押贷款、房地产和保单贷款等，其中债券类投资比例最高，2014 年投资占比达到 48.5%。一般来说，投资债券风险较小，尤其是政府债券。投资公司债券时，要特别注重该公司的资信和收益的可靠性。

《保险资金运用管理暂行办法（征求意见稿）》中第八条规定：“保险资金投资的债券，应当达到中国保监会认可的信用评级机构评定的，且符合规定要求的信用级别，主要包括政府债券、金融债券、企业（公司）债券、非金融企业债务融资工具以及符合规定的其他债券。”

（2）股票。股票是股份公司为筹集资金而发行给股东作为持股凭证并借以取得股息和红利的一种有价证券。每股股票都代表股东对企业拥有一个基本单位的所有权。这种所有权是一种综合权利，如参加股东大会、投票表决、参与公司的重大决策、收取股息或分享红利等。同一类别的每一份股票所代表的公司所有权是相等的。每个股东所拥有的公司所有权份额的大小，取决于其持有的股票数量占公司总股本的比重。股票是股份公司资本的构成部分，可以转让、买卖或作价抵押，是资本市场的主要长期信用工具，但不能要求公司返还其出资。股东与公司之间的关系不是债权债务关系。股东是公司的所有者，以其出资份额为限对公司负有限责任，承担风险，分享收益。

债券只是一般的投资对象，其交易转让的周转率比股票低。股票不仅是投资对象。更是金融市场上的主要投资对象。投资股票是有风险的，其交易转让的周转率高，市场价格变动幅度大，可能暴涨暴跌，安全性低，风险大，但可能获得很高的预期收入。美国寿险资金的股权投资比例在 1917—2014 年也不断增长，从 1.4% 增至 32.3%；2000—2014 年，股权投资比例多保持在 31%～32%；2008 年金融危机期间一度下降至 24.4%，但伴随美国经济逐渐企稳，2014 年寿险资金股权投资比例已恢复至 32.3%，金额达到 2 万亿美元，约为 2008 年股权投资金额的 1.8 倍。

保险公司投资股票存在严格的比例限制。中国保险监督管理委员会于 2004 年 10 月

24日发布的《保险机构投资者股票投资管理暂行办法》第十三条规定："保险机构投资者持有一家上市公司的股票不得达到该上市公司人民币普通股票的30%。保险机构投资者投资股票的具体比例，由中国保监会另行规定。保险资产管理公司不得运用自有资金进行股票投资。"

（3）证券投资基金。证券投资基金是一种由基金管理公司通过发行基金单位，集中投资者的资金，由基金托管人（即具有资格的银行）托管，由基金管理人管理和运用资金，从事股票、债券等金融工具投资，然后共担投资风险、分享收益的投资方式。

与股票、债券不同，证券投资基金是一种间接的证券投资方式，基金的投资者不再直接参与有价证券的买卖活动，而是由基金管理人具体负责投资方向的确定、投资对象的选择。基金份额的持有人是基金的受益人，与基金管理人和托管人之间体现的是信托关系。基金的基本原则是组合投资，分散风险，把资金按不同的比例分别投于不同期限、不同种类的有价证券，把风险降至最低程度，所以一般情况下，股票的风险大于基金。

中国保险监督管理委员会于2005年12月18日发布的经重新修订的《保险公司投资证券投资基金管理暂行办法》第八条规定："保险公司投资基金的比例应符合如下要求：（一）投资证券投资基金的账面余额，不超过该保险公司上季末总资产的15%；（二）投资单一证券投资基金的账面余额，不超过该保险公司上季末总资产的3%；（三）投资单一封闭式基金的份额，不超过该基金发行份额的10%。"第九条规定："保险公司不得以任何理由超过规定的比例投资基金。"可见，保监会对于保险公司投资基金的限制也是比较严格的。

7.2.1.3 不动产投资

保险资金可以投资基础设施类不动产、非基础设施类不动产及不动产相关金融产品。保险资金投资的不动产，是指土地、建筑物及其他附着于土地上的定着物。我国保险资金投资的不动产仅限于商业不动产，办公不动产，与保险业务相关的养老、医疗、汽车服务等不动产及自用性不动产；同时不得投资或销售商业住宅，不能直接从事房地产开发建设（含一级土地开发），不得投资设立房地产开发公司或投资未上市房地产企业股权（项目公司除外）。这也是从保险资金投资的安全性出发，实现保险资金的稳健投资。

此项投资的变现性较差，故只能限制在一定的比例之内。按照2014年发布的《中国保监会关于加强和改进保险资金运用比例监管的通知》，保险资金投资不动产类资产的账面余额占保险公司上季末总资产的监管比例不高于30%。截至2016年8月末，保险行业总资产已经达到了14万亿元，这也就意味着最多可有约4.2万亿的保险资金投资到不动产类资产中。

国内保险公司逐步加大对于不动产的投资力度。具体而言，不动产投资分为直接投资和间接投资两种方式：

（1）直接投资。直接投资不动产，是保险公司投资不动产采取的主要方式。

①投资办公物业，即通过购买成熟物业或者购置土地进行建设。购置成熟物业通

常将自用和投资相结合，从而降低投资风险。例如2011年，北京中央商务区多块商业土地进行超标出让，其中多家保险公司均通过联合体的方式取得地块，进行总部建设，用于自用及租赁。

②投资养老地产。国内寿险公司开展养老地产投资，基本上都以购置土地建造养老社区的方式进行。例如泰康人寿在北京、四川等地投资建设养老社区，中国人寿在苏州投资建设养老社区。

③投资海外办公物业。受美国次贷危机及欧洲债务危机影响，2008年以来境外不动产价格出现了一定程度的下跌，不动产的投资机会开始显现。国内资本开始关注并投资于海外不动产投资市场。例如，2013年中国平安购入英国伦敦金融城劳合社大楼。

（2）间接投资。间接投资是指投资于不动产金融产品。目前，国内保险公司仍以直接投资为主，随着市场上不动产金融产品数量的增多，保险公司也正在逐步加大对其的投资力度。

①投资不动产债权计划。自2013年起，以保险资产管理公司作为发起人设立的不动产债权计划逐渐增多。保险公司更注重风险，对收益率的要求要低于市场上其他投资主体，而从融资者角度讲，针对保险公司的不动产债权计划能够降低融资成本。因此，不动产债权计划较容易受到保险公司及融资方的青睐，呈现较快增加的态势。根据中国保险资产管理业协会统计的数据，仅2016年1月至9月，21家保险资产管理机构共注册各类资产管理产品104个，合计注册规模2 145.51亿元。其中，仅不动产债权投资计划就达到了56个，注册规模达790.78亿元。

②投资不动产集合资金信托计划。按照保监会投资金融产品的相关规定，保险资金也可以投资于集合资金信托计划。目前信托公司发行的集合信托计划，有相当数量是以不动产作为基础资产的，保险公司可以通过投资于类似不动产集合资金信托计划，间接投资不动产，获取固定收益。据2014年10月发布的《中国保监会关于保险公司投资信托产品风险有关情况的通报》的统计显示，截至2014年二季度末，78家保险公司（集团）共投资信托计划累计投资余额2 805亿元，占当季度末保险行业总资产的2.99%，较2013年年末几乎翻了一番，其中仅房地产投资就达到929亿元，占比33.1%。

③投资券商资产管理计划。2014年，中信证券承做的中信启航资产管理计划被监管机关批准发行，这款被公认为是一种类REITs（房地产信托投资基金）的产品，据传主要由保险资金认购。虽然现在此类案例仍然较少，但也不失为保险资金投资不动产的一条途径。

④投资上市地产公司股票。2013年以来，A股上市房地产公司金地集团和金融街受到保险公司多次举牌。保险公司投资上市地产公司股票，既可以看中上市地产公司股票估值较低具备投资价值，也可通过影响公司经营决策进而投资养老或商业地产。

⑤投资REITs（房地产信托投资基金）产品。目前国内发行REITs的条件尚不具备。但国内优质物业仍可通过外部证券市场（如香港证券市场）进行发行和交易，保险公司也可以通过投资于境外REITs，进行不动产金融产品投资。

7.2.1.4 其他常见资金运用形式

(1) 抵押贷款。抵押贷款是指期限较长又较稳定的业务，特别适合寿险资金的长期运用。世界各国保险企业对住宅楼实行长期抵押贷款，大都采用分期偿还、本金递减的方式，收益较好。贷款的收益率比存款高，风险相对较高，流动性相对较低。

寿险保单具有现金价值。保险合同规定，保单持有人可以本人以保单抵押的方式向保险企业申请贷款，但需负担利息，这种贷款属于保险投资性质。保单贷款金额限于保单当时的价值，贷款人不偿还贷款，保单会失效，保险企业无须给付保险金。实际上，在这种贷款中，保险人不担任何风险，因此在寿险发达国家，此项业务十分普遍。

(2) 向为保险配套服务的企业投资，比如为保险汽车提供修理服务的汽车修理厂，为保险事故赔偿服务的公证行或查勘公司等。这些企业与保险事业相关，把保险资金投向这些企业，有利于保险事业的发展。

(3) PPP 项目。PPP 是 Public-Private Partnership 的英文首字母缩写，即政府和社会资本合作，是公共基础设施中的一种项目运作模式。在该模式下，鼓励私营企业、民营资本与政府进行合作，参与公共基础设施的建设。

保险资金与 PPP 项目具有天然的匹配性。一方面，PPP 项目建设运营周期长，对资金的需求量大，与保险资金投资期限长、资金量大且稳定的特征天然匹配。一个 PPP 项目往往需要经过 15~30 年长期合同方能完成，银行中长期资金可释放的空间有限，而其他金融机构亦面临期限错配的问题，在投资期上保险资金明显具有其他金融机构无法比拟的优势。另一方面，PPP 项目属于以政府信用背书的带有公益性质的政企合作项目，既不允许暴利又要求相对适中稳健的资本回报率，这又与保险资金风险偏好低但要求长期稳定投资回报率的特征相吻合。

2016 年 7 月 3 日，保监会发布了《保险资金间接投资基础设施项目管理办法》。从 PPP 投资角度看，《保险资金间接投资基础设施项目管理办法》不仅明确了保险资金通过投资计划形式参与 PPP 项目的要求，而且在可投资项目标的、项目增信等方面进一步放宽了投资 PPP 的条件。PPP 模式的发展和监管政策的鼓励，无疑为保险资金更有效地服务“一带一路”建设，更深入、更广泛地融入实体经济打开了一扇新的窗口。此外，通过 PPP 投资，保险公司还可以创造出其他的附加利益，例如可销售建筑工程保险，优化政企关系，在大病保险、农业保险等领域与政府建立合作关系等。

7.2.2 保险投资形式的管理

7.2.2.1 国家

保险资金运用必须稳健，遵循安全性原则，符合偿付能力监管要求，根据保险资金性质实行资产负债管理和全面风险管理，实现集约化、专业化、规范化和市场化。国家主要从以下几个方面对保险资金运用进行管理：

(1) 通过保险法及其实施细则对保险资金运用加以规范。各国保险法对保险公司的资金运用均有明确的规定，主要内容包括：①资金运用的范围；②资金运用的模式；

③不允许的投资方式；④资金运用的种类及其比例限制；⑤资金运用流程；⑥风险管控；⑦监管措施。

（2）通过财务会计法规对保险资金运用加以规范。国家规定资金运用的专用会计科目，明确资金运用的种类和核算原则，确定资金运用的损益核算方法等。国家监管机构可以通过保险公司定期呈送的财务报表来了解和监督其资金运用情况。

（3）加强日常管理。国家监管机构可以不定期地对保险公司的资金运用进行检查，还可以借助信誉评估机构和新闻媒体加强对保险公司资金运用的监督，对于违规、违法者严格按照保险法规进行处罚，直至吊销其营业执照。

7.2.2.2 保险公司

保险公司对保险资金运用的管理，就是在遵循一定原则的基础上，对资金的运用进行正确的决策，即选择合理的投资方向、确定合适的投资结构、实施有效的投资监督、进行严格的效果考核等。

（1）存款管理。存款是任何保险公司必需的资金运用方式，但其收益较低无法实现真正意义上的投资。存款管理的关键在于根据保险公司的业务情况确定存款的合理数额、种类和存取的时间。应做到：①存款的数额在资金运用总额中所占的份额要适中，不可偏高或偏低，以满足实际需要为限；②存款的种类既要有活期的，又要有定期的，两者比例要适当，一般以定期存款为主；③定期存款到期时间要尽量分批错开以保障其变现能力。此外，要及时做好存款的对账和利息转结工作。

（2）有价证券投资管理。证券投资是保险投资的主要内容，是投资管理的重点。一般来说，投资于企业债券和股票要比投资于政府债券的管理难度大，因为企业债券和股票投资风险大，而政府债券风险较小，利率固定，信誉度高。

①债券。为加强债券投资管理、丰富投资品种、优化资产结构、有效分散风险、提高资产质量，保监会根据保险资金投资和债券市场需要，制定了《保险资金投资债券暂行办法》，对保险机构债券投资提出了以下要求：一是要坚持资产负债匹配管理的原则，按照公司的资产战略配置计划、投资策略和保监会制定的监管标准，自主配置债券资产，取得长期稳定的投资收益。二是要加强信用风险研究，建立债券信用风险评估系统，及时对债券信用状况进行持续跟踪分析评估，并以此为依据，科学决策，审慎投资，切实防范信用风险。三是要完善债券投资的风险控制制度，制定科学严谨的业务操作流程，确保债券投资的安全高效。四是要高度重视债券投资管理，认真执行有关规定，保监会将对各保险机构的执行情况进行检查。保险机构应按中国保监会有关规定，委托第三方独立托管债券资产。保险公司可以投资的债券品种很多，有政府债券、金融债券（含中央银行票据、政策性银行金融债券和次级债券、商业银行金融债券和次级债券、商业银行次级定期债券、保险公司次级定期债券、国际开发机构人民币债券）、企业债券等，对于各种债券的投资比例应符合《保险资金投资债券暂行办法》中的规定。

②股票。为了加强对保险机构投资者股票投资业务的管理、规范投资行为、防范投资风险、保障被保险人利益，保监会发布了《关于规范保险机构股票投资业务的通

知》，对保险资金投资股票做出以下规范：一是改进股票资产配置管理。保险公司应当根据保险资金特性和偿付能力状况，统一配置境内境外股票资产，合理确定股票投资规模和比例。二是强化股票池制度管理。保险公司和保险资产管理公司应当建立禁选池、备选池和核心池等不同层级的股票池，加强股票池的日常维护和管理，增强研究支持能力，跟踪分析市场状况，密切关注上市公司变化。三是建立公平交易制度。保险公司和保险资产管理公司应当规范股票投资公平交易行为，确保各类账户或者投资组合享有研究信息、投资建议和交易执行等公平机会。加强职业道德教育，建立股票投资相关人员及直系亲属的股票账户申报制度，防范操作和道德风险。四是加强市场风险动态监测。保险公司和保险资产管理公司应当加强基础建设，运用在险价值（VaR）等量化分析手段，按季进行股市风险压力测试，分析风险暴露程度，评估潜在风险因素及对整体风险承受能力，股票市场发生大幅波动等非正常情况，必须加大测试频率和测试范围，及时采取化解措施，向监管机构提交《股票投资风险控制报告》。五是依规运作控制总体风险。保险公司应当根据新会计准则及有关规定计算总资产基数，严格控制短期融资，规范投资运作行为，防止过度利用杠杆融入资金投资股票。六是落实岗位风险责任。保险公司和保险资产管理公司应当进一步落实岗位责任制度，做好有关分析备查工作，加强股票投资制度执行情况的内部稽核，建立异常交易行为日常监控机制，加强交易的独立性、公平性和分配过程的管理控制。

③证券投资基金。为适应新的监管需要，防范风险，保监会重新修订发布了《保险公司投资证券投资基金管理暂行办法》，要求保险公司投资基金应当遵循安全、增值的原则，谨慎投资，自主经营，自担风险。证券投资基金的管理内容相当复杂，保险公司必须具有灵活的应变能力，才能实现良好的投资收益。关于保险机构投资于证券投资基金和商业银行股权的管理均可参见保监会发布的相应管理暂行规定。

（3）不动产。为规范保险资金投资不动产行为，防范投资风险，保障资产安全，维护保险人和被保险人合法权益，中国保监会制定了《保险资金投资不动产暂行办法》，要求保险机构恪尽职守，勤勉尽责，履行诚实、信用、谨慎、守法的义务。首先，保险公司应秉持不动产“长期投资、稳定回报”的投资理念，严格控制投资比例。其次，选择合理投资方式及方向。保险公司的不动产投资也可以和主营业务相结合，通过不同不动产投资类型的配置，降低投资风险，在赚取投资收益的同时，也能促进主营业务的发展。最后，加强创新不动产投资方式和品种。未来待条件成熟或监管政策进一步放宽后，也可将自身物业资产证券化或者投资于不动产 PE 基金。

（4）贷款。贷款也是一种资金投放，无论何种形式的贷款都存在借款人不能按时还本付息的风险。为了加强对贷款的管理，保险公司应注意：一是建立贷款的“三查”制度，即贷前调查、贷时审查和贷后检查，并严格按照保险借款合同条例办事。二是坚持抵押与担保的原则。在发放贷款时，借款人必须提供资产抵押或由银行等单位提供的担保。无论是信用担保、物权担保还是保证担保，一定要切实可靠，这样即使借款人破产或因其他原因不能还贷时，保险公司可以依法从担保人处或抵押品的拍卖中获得损失补偿。三是建立贷款责任制。要提高贷款经济效益，减少贷款风险，一定要确立贷款的审批权限，明确责任人，建立科学的贷款考核制度，规定贷款奖惩办法，从而明确贷款管理中责、权、利的关系。

(5) PPP 项目。PPP 项目水平参差不齐，在可行的项目中选择时应优先选择经营性项目，例如电力、水务、管廊、高速公路，以及综合开发模式运作的轨道交通等项目往往具有较为稳定的现金流回报，安全性比较高，应该优先考虑。对于政府付费的“非经营性项目”和政府补贴的“准经营性项目”则应优先选择地方政府财政实力强、信誉好的项目。此外，还应该注意 PPP 项目参与主体是否合格，项目的适用领域、运作方式、合作期限、实施程序是否合规，以及法规变更、政府信用、市场收益等一系列细节问题，从中选优。另外应根据 PPP 模式的风险特征针对性地建立风险控制制度，例如，有必要将传统的单一主体信用评价模式和单一项目增信体系，转变为采用项目信用和主体信用相结合的混合信用评价模式，要根据经营性、非经营性和准经营性项目来区分不同的增信方式。再如，为了更好地从源头控制风险，保险公司应争取及早介入 PPP 项目的磋商和谈判，参与 PPP 项目的重大决策，充分了解项目经营和财务可行性，以便能够充分利用合同条款的设计和具体规定将项目涉及的政府信用风险、法律政策及其变化风险、运营风险、价格风险、金融风险和退出风险等进行有效的分担和规避，同时建立精细化的投后管理系统，对现金流进行紧密监控。

7.3 保险投资的原则

保险投资的原则是保险投资的依据，分别为安全性、收益性、流动性和公共性原则。

7.3.1 安全性原则

保险企业可运用的资金，除资本金外，主要是各种保险准备金，它们是资产负债表上的负债项目，是保险信用的承担者。因此，保险投资应以安全为首要条件。安全性，意味着资金能如期收回，利润或利息能如数收回。为保证资金运用的安全，必须选择安全性较高的项目。为减少风险，要分散投资。

7.3.2 收益性原则

保险投资是为了提高自身的经济效益，使投资收入成为保险企业收入的重要来源，增强赔付能力，降低费率和扩大业务。但在投资中，收益与风险是同增的，收益率高，风险也大，这就要求保险投资把风险限制在一定程度内，实现收益最大化。

7.3.3 流动性原则

保险资金用于赔偿给付，受偶然规律支配。因此，要求保险投资在不损失价值的前提下，能把资产立即变为现金，支付赔款或给付保险金。保险投资要设计多种方式，寻求多种渠道，按适当比例投资，从量的方面加以限制。要按不同险种特点，选择方向。如人寿保险一般是长期合同，保险金额给付也较固定，流动性要求可低一些。国外人寿保险资金投资的相当部分是长期的不动产抵押贷款。财产险和责任险一般是短期的，理赔迅速，赔付率变动大，应特别强调流动性原则。国外财产和责任保险资金投资的相当部分是商业票据、短期债券等。

7.3.4 公共性原则

保险投资资金主要是责任准备金，来源于众多保户，具有广泛的社会性，这就要求保险投资还要注意公共性原则。公共性原则要求保险投资在注意经济利益的同时，还要注意社会效益，增加公众福利，扩大保险的社会影响和提高保险业的声誉。

总体说来，保险投资的原则是相互联系、相互制约的，如安全性与收益性是从保险企业本身的角度出发，而公共性是从社会的或公共利益的角度考虑的。它们在一定的场合会有矛盾，但其根本目的是一致的，都是为了提供更多更好的保险服务。因此，它们经过协调是可以达到整体最优化、全局最优化的。同时，保险投资的安全性、收益性、流动性之间也存在矛盾。从总体上看，安全性和流动性是成正比的，流动性强的资产通常安全性也较好，风险较小。流动性、安全性与收益性成反比，通常情况下，流动性强、安全性高的资产，收益性较低；反之，则收益性较高。

保险投资应在保证安全性和流动性的前提下，追求最大限度的利润。流动性是安全性的必要手段，安全性则是收益性的基础，获取尽可能高的收益则是安全性和流动性的最终目标。这就是三者的一致性，可通过协调三者之间的矛盾达到最优组合。在我国，保险公司的资金运用必须始终坚持稳健审慎的原则，并保证资产的保值增值。

7.4 保险投资的风险管理

7.4.1 风险管理的基本原则

7.4.1.1 独立制衡原则

保险资金运用各相关机构、部门和岗位的设置应权责分明、相对独立、相互制衡，确保资金运用的合法合规、内部规章制度的有效执行及执行情况的监督检查。

7.4.1.2 全面控制原则

保险资金运用风险控制的过程应涵盖资金运用的各项业务、各个部门、各级人员以及与保险资金运用相关的各个环节。集中管理资金运用，专业化运作，建立标准化风险控制流程和科学民主的决策机制，确保保险公司管理资产的安全、完整，确保业务记录、财务记录和其他信息的安全、可靠和完整。

7.4.1.3 适时适用原则

保险资金运用风险控制体系应同所处的环境相适应，以合理的成本实现内控目标，并根据保险公司、保险资产管理公司内外部环境的变化，适时进行相应的更新、补充、调整和完善，推行科学有效的资产负债管理，在保证安全性和流动性的前提下，追求长期稳定的投资收益。

7.4.1.4 责任追究原则

保险资金运用风险控制的每一个环节都要有明确的责任人，并按规定对违反制度的直接责任人以及对负有领导责任的高级管理人员进行问责，确保支持各级保险资金运用管理人员具备足够的风险控制意识和职业道德操守。

7.4.2 保险公司对保险投资风险的管控

2012年以来，保监会连续出台资金运用监管政策，大幅地放宽了保险资金投资范围，保险公司对基础设施债权计划、股权及不动产计划以及信托等非标类金融产品的投资规模明显扩大。上述非标类金融资产缺乏统一的风险衡量标准及减值准备计提措施，对该类资产的风险监测带来了一定的影响。

我们还应该看到在保险资金运用中存在各种各样的风险，这些风险不仅包括一般性资金运用的风险，还包括基于保险资金自身特殊属性而产生的区别于其他资金运用的风险。因此，国内保险公司在不断扩大资金运用范围、提高投资收益率的同时，如何有效地降低投资风险，提高风险管理的效率，采取何种内部和外部风险控制方法就尤为重要。增强保险公司的风险管理能力，完善保险公司资金运用风险管理体系，提高资金收益率并有效地防范风险，是我国保险公司面临的紧迫任务。

7.4.2.1 保险投资中存在的风险类型

（1）资产负债不匹配风险。保险负债的特性要求资金运用在期限、成本、规模上与其较好地匹配，以满足偿付要求。一般而言，寿险资金应投资于与其长期性、安全性特点相匹配的资产，而财险资金则应投资于与其短期性、流动性相匹配的资产。由于市场中缺乏可投资的具有稳定回报率的中长期投资项目，在利率下行的过程中，久期缺口将进一步扩大，最终使我国保险业特别是寿险业面临很高的资产负债匹配风险。

（2）流动性风险。保险公司持有资产的流动性较差，在面临赔付时不得不以低价变卖一部分资产，如未到期债券，或到市场上临时筹集高成本的资金以应付给付之需，那将会给保险公司的稳定经营带来严重影响。这就是流动性风险。

（3）利率风险。利率风险是指因市场利率的波动给保险公司的资产和负债价值造成影响的可能性风险。利率风险是寿险公司资产管理中存在的主要风险。利率的高低直接影响到保险资金运用的收益率。

（4）信用风险。信用风险也称违约风险，是指因交易对手不能或不愿履行合约而给保险公司造成损失的可能性。由于保险公司持有的大量资金是通过银行存款方式投资于货币市场，因此，存款银行的资信状况会对保险公司的资金运作产生很大影响。此外，随着保险公司可投资企业债券品种的增多，在企业债券投资、回购业务以及结算过程中同样会存在信用风险。

（5）委托—代理风险。在保险资产管理公司的资金运用模式下，保险公司将部分或全部资金委托给保险资产管理公司运作，由于双方信息不对称，也会产生受托人不以委托人的利益最大化为行事目标的风险。如果由保险公司内部的投资管理部门负责保险资金的投资运作，在目前保险公司投资机制不完善、信息不对称的情况下，同样存在暗箱操作的可能。

（6）操作风险。操作风险是保险公司在资金运用过程中由于信息系统或内控机制失灵而造成意外损失的风险。近年来，操作风险越来越受到关注，许多金融机构开始将这种传统上归后台管理的工作放到与信用风险管理和市场风险管理同等重要的地位。

（7）法律风险。现在保险资金进行国际的配置，鼓励保险资金走出去。有许多保险公司进行海外投资，在另类投资方面法律风险非常严重，非常复杂，需要大量当地法律的知识和法律咨询，不然的话很容易遭受损失，特别是一些不动产的投资跟市场的关联性特别大。

（8）政治和政策风险。国内的政策变动相对容易分析和应对，而国外市场的政策风险涉及范围广泛、不确定性大，预判和应对相对困难，很多时候只能被动接受。这些风险主要来自有关政策或政府行为的预期外变化而导致的投资收益率的不确定性甚至损失，如战争、骚乱等政治环境的动荡，投资所在国权力阶层的更迭，恐怖主义袭击及大规模的罢工等。这些不确定性较大的危险事件可能导致金融政策的变化、对外资鼓励条件消失、优惠措施调整等，都可能给保险公司境外投资带来较大的不确定性。

（9）汇率风险。境外投资还需考虑汇率风险，境外投资收益率需要减去（或加上）该外币贬值（或升值）幅度后，才能算是真正的投资收益。

以上九种风险是保险公司在资金运用过程中所面临的主要风险，除此之外，保险公司还会面临通货膨胀风险、境外投资能力不足风险、再投资风险等。

7.4.2.2 保险公司对投资风险的管控

（1）资产负债匹配的管理。寿险公司的资产负债管理有两种模式：一种是资产导向型的资产负债管理模式，另一种是负债导向型的资产负债管理模式。

从理论上来说，负债导向型的管理模式要优于资产导向型的管理模式。在前一种模式下，寿险公司的经济效益目标与保险客户的利益是不矛盾的。发达资本市场大多采用负债导向型的管理模式。

但是，在我国目前的投资环境下，寿险公司的资产负债管理既不应单纯地采取资产导向型模式，又不应纯粹采用负债导向型模式。首先，我国证券市场发展的历史还不够长，证券市场品种结构不合理，且投资种类不多，期限结构不合理，金融衍生产品市场规模有限。其次，我国的寿险公司也不宜采取资产导向型的资产负债管理模式。这种模式要求在可投资资产已经限定的情况下，负债现金流与资产现金流相适应，在我国寿险业极其不成熟的投资环境下，实行这种资产管理模式显然会造成市场规模的萎缩，进而会影响寿险业的可持续发展。

根据我国寿险业现阶段的情况，寿险公司的资产负债管理模式应当是资产导向型与负债导向型相结合的方式。寿险公司一方面要加强投资管理，以尽可能匹配相关的负债要求，另一方面要在产品开发过程中，除了考虑市场的要求外，兼顾公司的投资能力，尽可能减少资产负债不匹配的可能性，即负债管理应当以资产为基础，而不应当纯粹以市场为导向，盲目扩大寿险业务。这样做的目的是在保证经营安全性的前提下获得盈利，实现我国寿险业可持续发展的目标。当然，随着我国证券市场的逐步成熟和金融产品的日趋完善，在寿险公司具备较强的投资管理能力的情况下，我国寿险业的资产负债管理模式可以更多地采用负债导向型的管理模式。

(2) 流动性风险的控制。保险公司资产池中有相当一部分资产是固定收益类资产，而固定收益类资产会面临较大的流动性风险。流动性风险可以分为两种类型：一是资产的流动性风险，即因资产头寸过大或交易机制不完善，投资者无法及时进行正常交易而造成损失的可能性；二是因资金周转问题所导致的不能及时偿还到期债务而造成损失的可能性。

针对流动性风险，保险业必须建立有效的流动性风险管理体制，建立现金流匹配管理制度，做现金流匹配分析和现金流压力测试工作。控制流动性风险的最基本手段是资产负债匹配管理，在对资产负债流动性进行度量的基础上，根据负债流动性要求，制订相应的资产配置方案，尽可能使资产的现金流入与负债的现金流出匹配。此外，规避资产流动性风险的另外一个手段是流动性额度管理，即限制流动性较差的资产的比例，将具有不同流动性水平的资产额度控制在一定的范围之内。

(3) 利率风险控制。利率风险的管理分为基于资产方的管理、基于负债方的管理，以及资产负债的匹配管理。

基于资产方的管理主要是通过资产的重新配置以及金融衍生工具来对冲利率风险。另外，具有触发器的期权、平均利率互换期权等都可以防范因利率的不利变化而导致的退保风险。基于负债方的管理方式主要有审慎的准备金管理、保险证券化以及再保险等。保险证券化已成为美国等西方发达国家保险业规避利率波动风险的主要工具之一。由于寿险公司受利率风险的影响较大，因此，保险证券化主要应用于寿险业。

资产负债管理技术较早应用于利率风险管理问题当中。具体来说，有效的资产负债管理就是以资产负债相互匹配为目标来确定具体的投资策略和保险产品的设计策略，以“资产负债匹配监管委员会”为平台，充分研究行业内寿险公司和产险公司资产和负债的各种特点，坚持审慎监管原则，将市场行为监管的重心放在培育公平竞争和平稳运行的市场化环境，防范和化解保险企业的整体风险上。同时，建立资产配置能力与投资渠道、投资方式及分类监管等政策的联动机制，强化资产负债管理硬约束，相对弱化比例监管，强调资产负债的长期安排与动态协调，处理好流动性、安全性和收益性的关系。

(4) 信用风险控制。在保险公司的投资组合中，部分固定收益产品如企业债券、银行存款和国债回购业务还面临较大的信用风险。概括来讲，保险公司信用风险管理的主要内容就是管理上述交易对手的信用风险，提供信用评级建议，建立信用评级系统，出具信用分析报告等。在信用风险度量的基础上，根据信用评级结果制订符合公司风险回报要求的信用风险限额分配计划，实施风险控制。因此，保险公司信用风险管理的核心内容就是信用风险的度量。

在我国，企业债已经在投资范围和投资比例两方面逐步对保险公司放开，保险公司投资于企业债的资金规模将进一步扩大。在企业债券的投资过程中，保险公司除了要考虑收益因素外，还应当对发债企业的信用状况进行分析，目的是通过对发债企业的财务状况、管理水平以及发展潜力等的分析来判断企业违约的可能性，为企业债券的投资决策提供依据。目前，我国有几家信用评级机构定期对企业债券进行信用评级，中介机构的这些评级结果无疑可以作为保险公司的决策参考。但同时也应看到，与美国等发达国家的情形不同，我国的中介信用评级机制还很不成熟，也很难保证信用评级机构能够站在客观公正的立场上对企业债进行信用评级。因此，保险公司在信用风险控制的过程中，还可以根据实际情况和自身需要，对发债企业自行做出信用评级，并建立自己的评级系统，同时参考内部评级和外部评级，并且秉承谨慎性原则。

（5）建立以保险资产管理公司为主的资金运用管理模式，并且建立完善的法人治理结构。从国际上看，保险公司的资金运用模式主要有三种，即投资部模式、第三方投资管理公司模式、保险资产管理公司模式。统计资料显示，在当今“世界500强”中获得排名的保险跨国公司中，有80%以上的公司采取保险资产管理公司的模式对保险资金进行运作。

保险资产管理公司作为受托管理保险资金的股份制公司存在代理链条，有关各方的利益存在明显的不一致性，因信息不对称而导致的逆向选择和道德风险问题非常突出。因而，保险资产管理公司应建立完善的法人治理结构，以从机制上解决委托—代理风险问题。有效的保险资产管理公司治理结构包括以下几个方面：

①制度安排与制衡机制。保险资产管理公司有关当事人关系的制度安排包括法律上的规定以及在法律基础上订立的合约等正式契约安排，这是规范当事人尤其是保险资产管理公司行为的原则性文件。

②市场的竞争压力。一方面，保险资产委托管理市场的竞争使保险资产管理公司不得不尽力提高自己的资产管理水平，以便在竞争中占据有利地位。另一方面，由于目前我国的保险资产管理公司还处在初级发展阶段，保险资产委托管理市场的充分竞争格局还远未形成，但随着今后国内保险资产委托管理市场的进一步发展，保险资产管理公司将面临越来越大的竞争压力。

③建立一套合理有效的组织激励机制与平衡的法人治理结构。对此，可以借鉴国外的公司治理经验。国外保险资产管理公司中多半实行有限合伙人下的明星基金经理制，借助于资本市场上较为完善的信用体系（如违规者的市场与行业禁入制、近乎残酷的业绩评估制）与足额的期权等金融激励措施，尽可能减少委托人与代理人之间因信息不对称及目标函数不同所带来的不利影响。相比之下，国内保险公司在传统保险投资业务管理方面一直深受保险业务经营的影响，无论在风险决策程序、决策机制、投资运营反应速度等方面都无法真正适应国际化的投资特点。而国内保险公司投资运营人才经过多年的市场锻炼，业务素质与技能并不比市场上现存的专业基金公司等其他机构投资者差。如果能借助于独立的保险资产管理公司的设立，设计一个最优的激励机制，包括实行与国际同行接轨的业绩明星制度、公司投资团队有限合伙等措施，以使代理人选择委托人所希望的行动，将进一步释放保险投资运营潜能，促进保险资金运用效益，最大限度地减少信息不对称程度，从而降低委托—代理风险。

（6）制定严密的资金运用内控制度。资金运用的决策、管理、监督和操作的程序复杂，环节多，涉及面广，人员众多。无论哪个环节或人员出了问题都有酿成巨大风险的可能。所以，有必要沿着控制风险这条主线，制定严密的内部控制制度。一方面，这些制度必须涵盖所有的投资领域、投资品种、投资工具及运作的每个环节和岗位；另一方面，要使每个人能清楚自己的职责权限和工作流程，做到令行禁止，确保所有的投资活动都得到有效的监督、符合既定的程序，保证公司董事会制定的投资策略和目标能够顺利实现，从而降低保险公司资金运用的操作风险。

（7）海外投资风险控制。

首先，保险资金应避开高风险的国家和地区。保监会于2012年出台了《保险资金境外投资管理暂行办法实施细则》，将保险资金海外投资限定于25个发达国家或地区市场和20个新兴国家或地区市场范围内，如果投资不动产则只能在上述25个发达市场内。上述45个国家或地区市场范围在过去的几年内缺乏动态调整，保险资金应注意每年各国家的国别风险变化情况。从实践来看，目前中国保险资金投向所涉及的国家或地区市场主要集中在欧美发达国家，然而，即使在这些发达市场，诸多风险因素也不容忽视。2008年日本大和生命保险株式会社的破产案例就是其由于过度投资美国市场，尤其是次级房地产债券以及美国的其他债券市场，最终未能幸免于源自美国的金融危机而被金融风暴所吞噬，这应当为中国保险资金引为前车之鉴。

其次，保险公司须辨识海外投资所选项目风险。从海外投资的项目选择上，受监管法规的限制，对于直接投资的海外未上市企业股权，中国保险资金只能投资于金融、养老、医疗、能源、资源、汽车服务和现代农业等企业股权；对于直接投资的不动产，则限于保监会允许的25个发达国家或地区市场的主要城市的核心地段，且必须是具有稳定收益的成熟商业不动产和办公不动产。对于上述海外未上市企业股权或不动产，保险资金应聘用专业的律师团队和财务团队对拟投资项目做详细的尽职调查，包括目的公司的基本信息、财产部分、负债部分、运营情况、劳动用工部分、税务方面、环境方面、重大诉讼和行政调查部分等，并在详尽的尽职调查报告的基础上梳理出项目风险点，综合考虑决策。

最后，保险公司应辨识海外投资合规风险。保险行业在很多国家都属于监管要求比较严格的金融行业领域，合规要求比较高。在我国，保险资金欲从事境外投资，需向保监会提出申请并获得开展海外投资业务的资格；投资境外股权和不动产投资，还需要就具体交易履行核准或者报告义务。从境外投资涉及保险资金运用比例方面，根据2014年发布的《中国保监会关于加强和改进保险资金运用比例监管的通知》，保监会要求保险公司的境外投资余额合计不高于该公司上季末总资产的15%，并且投资权益类资产或不动产类资产的，境内投资和境外投资还要合并计算，投资权益类资产合计不超过该公司上季末总资产的30%，不动产也合计不超过30%。投资单一法人主体和一类资产的，也分别设有资金运用比例限制。保监会还提高了关于境外投资风险控制的要求，根据2015年发布的《中国保监会关于调整保险资金境外投资有关政策的通知》，保险集团（控股）公司和保险公司开展境外投资的，至少应当配备2名境外投资风险责任人。另外，还有一些禁止性投资行为，例如不得投资实物商品、贵重金属或者代表贵重金属的凭证和商品类衍生工具，不得利用证券经营机构融资购买证券及参与未持有基础资产的卖空交易，不得以其他任何形式借入资金（除为交易清算目的拆入资金外）等，保险公司需要警惕这些“红线”。中国保险资金并购境外金融保险机构的，还要注意遵守东道国合规方面的风险，例如应关注东道国的外资准入政策、“偿二代”标准对于目标公司财务状况的影响、东道国关于保险方面的重大法规变化等，做到有备无患。

总体说来，保险行业要正确把握保险资金运用内在规律，始终坚持保险资金运用的基本原则，从根本上实现行业持续健康发展。一要坚持稳健审慎。这是保险资金运用的文化、传统和基因。投资标的应当以固定收益类产品为主、股权等非固定收益类产品为辅；股权投资应当以财务投资为主、战略投资为辅；即使进行战略投资，也应当以参股为主。二要坚持服务主业。“保险业姓保”，保险资金运用也姓保，要正确处理保险的保障功能和投资功能的关系，保障是根本功能，投资是辅助功能，投资是为了更好的保障，不能舍本逐末、本末倒置。三要坚持长期投资、价值投资、多元化投资。要做长期资金的提供者，不做短期资金的炒作者；要做市场价值的发现者，不做市场价格的操控者；要做善意的投资者，不做敌意的收购者；要做多元化、多层次资产配置的风险管理者，不做集中投资、单一投资、激进投资的风险制造者。四要坚持资产负债匹配管理。资产负债匹配管理是保险公司稳健经营的重要基础，是风险管理的核心内容。保险公司要从认识上、机制上、技术上把资产负债管理放在更加突出的位置。五要坚持依法合规。整个保险行业要严格遵守保险资金运用监管规则，决不触碰监管“红线”。要持续加强机构自身制度、规则建设，确保制度有效运行、职责落实到人、责任追究到位。

8 保险公司财务管理

财务管理是在一定的整体目标下，关于资产的购置（投资）、资本的融通（筹资）、经营中现金流量（营运资金），以及利润分配的管理。保险公司作为自主经营、独立核算、自负盈亏的市场竞争主体，财务管理是保险公司经营管理过程中的重要环节。保险公司财务状况和经营成果的分析，可以反映保险公司经营过程的全貌，为保险公司的经营决策提供重要的财务信息。保险公司的财务管理包括保险公司的资产管理、负债管理、成本费用和利润分配（损益）管理。

8.1 保险公司财务管理的意义与目标

8.1.1 保险公司财务管理的意义

保险财务管理的重要意义在于处理好企业运营过程的经济利益关系，在于通过合理的财务制度安排、财务战略设计和财务策略运作，有效培育和配置财务资源，以求利益最大化和协调化。因此，加强基层保险财务管理工作，是有计划而合理地组织资金运动、提高资金使用效率和效果的战略举措，是科学归集并梳理综合经营成本、严细发展管控的重要手段，是助推企业提升创利水准、保持健康经营的有效路径。具体说来，保险公司财务管理体现在以下两个方面：

8.1.1.1 正确处理企业运营过程的经济关系

①保险公司与国家财政的关系。在市场经济中，保险公司与国家财政的关系集中表现在资金占用与上交税款以及利润分配等方面，即企业依法定期、按时、按量向财政交纳税金，同时，享受国家政策性优惠和接受财政部门的检查、监督和指导。

②保险公司与其他企事业单位的关系。这种关系主要表现为保险经营活动中与其他企事业单位的结算关系以及由保险合同所规定的被保险人缴纳保险费和保险人支付赔款等资金结算关系。

③保险公司内部各单位之间的关系。它表现为保险总公司与所属各核算单位之间的资金结算关系。

④保险公司与职工之间的关系。该关系具体表现在企业向职工支付工资、奖金、职工福利费以及社会保险待遇而发生的分配与结算关系等方面。

8.1.1.2 反映经营状况，促使保险公司加强财务管理

①有利于管好、用活保险资金。保险公司通常集中有大量的资金，企业财务管理

的首要任务就是通过建立保险资金营运和管理制度，尽可能提高资金的使用效益，满足保险公司经营活动中的资金需要。

②有利于综合反映保险公司的经营状况。通过对保险公司各项业绩的财务考核，可以发现企业经营管理中的优势和存在的不足之处，这对于保险公司及时总结经验教训，正确选择各自的发展方向具有重要意义。

③有利于监督和控制保险公司的财务活动，促使企业财务活动合法化、规范化，维护国家、保险公司及其他债权人的利益。

④有利于健全经济核算体制。经济核算与财务管理之间的关系极为密切，经济核算所确定的经济关系，即财务关系，都必须借助于货币的形式来反映和度量。

因此，保险公司加强财务管理，有利于健全独立核算、自负盈亏的体制，使责、权、利三者统一起来。

8.1.2 保险公司财务管理的目标

公司的经营目标不仅是公司财务管理努力的方向，而且是衡量和评价各项财务决策是否行之有效的标准。保险公司财务管理目标可分为以下三个层次：

8.1.2.1 基本目标——保证偿付能力

偿付能力就是保险公司在准备金之上附加的对客户利益的保证。如果偿付能力不足，保险公司会受到各种处罚，严重的甚至被接管。按照保监会发布的《保险公司偿付能力额度及监管指标管理规定》，保险公司偿付能力严重不足，并可能或已经危及被保险人和社会公众利益的，保监会可以对该保险公司实行接管。由此可见，满足最低的偿付能力监管目标要求，是关系保险公司能否正常生存、发展、盈利，最终实现公司目标的前提和基础。保险公司财务管理的最基本目标和要求就是保证偿付能力。

8.1.2.2 盈利目标——股东财富最大化

盈利能力是保证保险公司有较强财务实力的主要因素。财务实力较强的保险公司才有提取足够准备金的能力。盈利能力还影响资本增长、公司吸引外部资本的能力、对外扩张的能力、偿付能力，最终决定公司能否抵御不利环境的影响并生存下来。股东创办企业的目的是增长财富。他们是企业的所有者，是企业资本的提供者，其投资的价值在于它能给所有者带来未来报酬，包括获得股利和出售股权获得现金。因此，企业的发展应该追求股东财富最大化。实践中，很多公司将利润最大化作为财务管理盈利目标。股东财富最大化与利润最大化目标相比，有着积极的方面，主要在于：一是利用股票市价来计量，具有可计量性，利于期末对管理者的业绩考核；二是考虑了资金的时间价值和风险因素；三是在一定程度上能够克服企业在追求利润上的短期行为，因为股票价格在某种程度上反映了企业未来现金流量的现值。

8.1.2.3 根本目标——保险公司价值最大化

股东财富最大化侧重从公司所有者或投资者的角度来分析，而偿付能力更多是从监管要求和保单持有人的利益来考虑，那么综合所有有关方面的要求，保险公司财务管理的根本目标是保险公司价值最大化。

对于保险业监管机构而言，我国保险市场正处于蓬勃发展的阶段，监管者出于维护消费者权益、保证保险市场持续有效运行的目的，需要对保险公司的价值进行管控与监督。保险公司的价值恰好可作为监管机构进行分类监管的参考信息，有助于保监会更深入地了解行业中除了保费收入、净利润等基本经营指标之外的公司状况，尤其是能有效反映保险公司的综合竞争力和综合影响力的市场价值信息。

对于消费者或投保人而言，公司价值可为他们在保险市场选择承保人提供参考，高市场价值的保险公司为投保人提供的保险服务能力可能更强。但市场价值只是选择承保人的参考标准之一，一些经营有特色、服务有保障的中小保险公司，虽然市场价值未必很大，但也值得保险消费者信赖。

对于保险公司而言，使用公司价值有助于各家保险公司对其自身综合实力进行自我评估与定位，各公司不仅可以在与其经营模式类似的公司之间进行价值比较，还可以在经营模式差异较大的保险公司之间进行比较。而且在价值评估过程中，保险公司可以获得很多中间信息，有助于其检查自身各项细分业务营运状况，认清企业价值来源。另外，随着保险行业的快速发展，保险公司数量日渐增加，行业并购监管放松，保险公司定价不仅可为股权交易提供价格参考标准，也可为保险公司并购、重组、股份回购、引战、上市等重大交易活动初步估值提供参考。

中国的保险行业是典型的规模经济行业，因此，在控制综合成本率适中水平下，全力做大保费规模是保险公司价值化经营的主要方向。市场价值是保险公司综合实力的集中体现，保险公司的经营目标应该是价值最大化。

8.2 保险公司资产负债管理

随着市场主体增多，投资渠道不断拓宽，各类风险正在逐步显现。2016 年，“偿二代”实施，新的监管指标更加体现风险导向，部分公司将面临偿付能力降低的风险。在低利率市场环境下，债务信用风险、资产负债错配、资本市场波动、利率下行等风险因素将给保险投资收益带来更大的不确定性。满期给付和退保高位运行，将对一些公司的流动性造成不利影响。随着保险对实体经济渗透度的提高，来自宏观经济运行、其他金融市场的风险因素，可能通过多种形式和渠道对保险行业产生交叉传染和风险，因此保险公司必须加强资产负债管理，全面控制风险，达到企业经营目标。

8.2.1 保险公司的资产管理

8.2.1.1 保险公司资产的界定

保险资产是指过去的交易、事项形成并由保险企业拥有或者控制的资源，该资源预期会给保险企业带来经济效益。保险企业从外界（主要是被保险人与股东）取得各种经济资源（如保费与股本）之后形成保险资产，保险资产及其收益是被保险人获得偿付、股东获取股利的基础与来源。

保险公司资产按其使用性质、周转情况和表现形式划分，可分为固定资产、流动资产、无形资产和递延资产等。为使以少量的资产占用获得较多的经济效益，保险公司对上述资产都必须加强管理。

固定资产通常是指企业为提供劳务、生产商品、出租或者经营管理而持有的、使用年限超过一年的，其具有的价值（单位价值）达到一定标准的非货币性资产，包括房屋、建筑物等相关设施，生产机器、机械、运输工具以及其他与生产经营活动有关的设备、工具等。不属于经营主要设备的物品，单位价值在 2 000 元以上，并且使用期限超过 2 年的，也可作为固定资产。不具备上述规定条件的物品，视作低值易耗品。

流动资产是指可以在一年内或者超过一年的一个营业周期内变现或运用的资产，具体包括现金、银行存款、应收保费、应收利息、应收分保账款（减坏账准备）、预付赔款、其他应收款、物料用品、低值易耗品、拆出资金、保户借款、短期贷款和投资、存出分保准备金、存出保证金、待处理流动资产净损失、一年内到期的债券投资以及其他流动资产。

无形资产包括专利权、著作权、租赁权、土地使用权、商誉和非专利技术等项目。

保险公司的递延资产是指公司发生的不能全部计入当年损益而应当在以后年度内分期摊销的各项费用，主要包括开办费、固定资产修理支出、租入固定资产的改良支出以及摊销期限在一年以上的其他待摊费用。

8.2.1.2 保险资产的评估

企业资产一般按历史成本原则计量，一旦入账，一般不再调整账面价值。而保险资产主要为货币性资产，受一般物价水平变动的直接影响较大。物价变动频繁，多表现为物价上涨。在此条件下，保存实物升值，保存货币贬值，保险企业实物升值小于货币贬值，最终形成资产损失。因此，按照国际惯例，保险会计制度应规定凡物价变动超过 10%，应在会计年度终了按现行购买力重新编制基本财务报表，贬值部分计入当年损益。另外，保险企业资金运作的发展使保险资产呈现多元化趋势。如利用衍生金融工具套期保值，而衍生金融工具大多数是待执行的合约，具有或有性和金额上的不确定性，其标的价格随市场行情的变化而变化。因此，在历史成本属性之外，应允许多种计量属性并存，特别是应注意“公允价值”“成本与市价就低法”等计量属性的运用。

8.2.1.3 保险公司资产的管理

（1）固定资产管理。保险公司的固定资产一般包括：家具设备类（如椅子、办公桌等），电子产品类（如电脑、投影仪），交通工具类（如汽车等），房屋类（如办公室等）。保险公司固定资产管理需注意以下几个方面：

①固定资产计价原则。一是自建固定资产，按实际支出计价。二是购入的固定资产，以买入价加上支付的运费、途中保险费、包装费、安装费和交纳的税金等计价。用借款或发行债券购建固定资产时，在购建期间发生的利息支出和外币折合差额，计入固定资产价值。三是以融资租赁方式租入的固定资产，按租赁合同或协议确定的价

款加上运费、包装费、途中保险费、安装费等计价。四是投资者投入的固定资产，按评估确认或契约协定的价值计价。五是在原有固定资产基础上改建、扩建的，按原固定资产价值加上改建、扩建实际支出，扣除改建、扩建过程中产生的变价收入后的金额计价。六是他人捐赠的固定资产，按所附票据或资产验收清单所列金额加上由保险公司支付的运费、保险费和安装费用计价。无票据的根据同类固定资产的市场价格计价。七是盘盈的固定资产，按照同类固定资产的重置全价计价。此外，购建固定资产交纳的固定资产投资方向调节税和耕地占用税，计入固定资产价值。在建工程包括施工前期准备、正在施工中和虽已完工但尚未交付使用的建筑工程和安装工程，按实际成本计价。

②加强固定资产日常管理。保险公司财务部门要定期或不定期地对固定资产进行盘点、清查，年度终了前必须进行一次全面的盘点清查，对盘盈、盘亏、报废、损毁的固定资产，应查明原因，及时做出财务上的处理。在企业以固定资产对外投资，或发生产权转移、兼并、清算事宜时，应及时重估资产价值。在建工程发生报废或毁损时，扣除残料价值和过失人或保险公司等的赔款后的净损失，计入施工的工程成本。单项工程报废以及由于非常原因造成的报废或毁损的净损失，在筹建期间发生的，计入开办费；在投入使用以后发生的，计入营业外支出。

③科学计提折旧费用。一是已交付使用但尚未办理竣工决算的工程，自交付使用之日起按照工程预算、造价或者工程成本等资料，估价转入固定资产后，按规定计提折旧。竣工决算办理完毕后，按照决算数调整原估价和已计提的折旧。二是固定资产按国家规定采用分类折旧办法计提折旧，并计入成本，而不得冲减资本金。三是折旧期限，从固定资产投入使用月份的次月起，按月计提。停止使用的固定资产，从停用月份的次月起，停止计提折旧。四是保险公司的房屋和建筑物、在用的各类设备、季节性停用和修理停用的设备、以融资租赁方式租入和以经营租赁方式租出的固定资产应计提折旧；已估价单独入账的土地、房屋和建筑物以外的未使用、不需用的固定资产，建设工程交付使用前的固定资产，以经营租赁方式租入的固定资产，已提足折旧继续使用的固定资产，提前报废和淘汰的固定资产，破产或关停公司的固定资产，国家规定的其他不计提折旧的固定资产不计提折旧。五是应按季度或月计提折旧。六是折旧率按资产原值、预计净残值率和分类折旧年限（或规定的总工作台时）计算确定。其中，净残值率按固定资产原值的3%~5%确定。某些净残值比例低于3%或高于5%的，由企业自定，报主管财政机关备案。七是保险公司根据具体情况选择平均年限法、工作量法、双倍余额递减法或年数总和法进行折旧计算，并在开始执行年度前报主管财政机关备案。但是折旧方法选定后不能随意变更，须在变更年度前向主管财政机关申请批准后方可变动。

④优化内部系统，强化管控。充分利用计算机系统对保险公司固定资产建立实施计算机动态管理，将计算机运用到固定资产管理的各个环节中，借助计算管理使得管理科学化。建立保险公司领导全面负责制、分管领导主要负责制、资产使用部门直接负责制，加强管控；建立内部审计监督机制，确保内部审核部门的独立性和权威性，客观地、公正地评价公司内控制度的有效性；建立定期、随机检查机制，检查固定资

产购建以及后续使用中的合法性和合理性。

（2）流动资产管理。保险公司流动资产管理要根据保险经营条件和业务量及库存现金等情况，对资产需求情况进行预测，进而制定每一种流动资产的需用量。常用方法有余额分析法和回归分析法等统计方法，用来预测保险公司的资金需求，制定每一种流动资金的需用量和整体流动资金计划，合理安排暂时闲置的资金，以提高公司经济效益。另外，保险公司要建立健全现金的内部控制制度，合理划分各项资金的记账科目，并加强对现金资产的监控管理，做到库存现金的账面余额与库存金额相符。对保险公司发生的出纳长短款、结算业务的差错额，按规定计入公司营业外收支。

（3）无形资产管理。无形资产财务处理原则是按取得时的实际成本计价。投资者作为资本或合作条件投入的无形资产，按评估确认或合同约定的价值计价；他人赠与的按所附单据或市场价格计价；自己开发并取得法律承认的按实际付出成本计价。除企业合并外，商誉不能作价入账。非专利技术和商誉的计价应当经法定评估机构评估确认。

无形资产的成本，自使用之日起至有效期终止平均分摊。其有效期按如下原则：

①法律或合同或公司申请书中分别规定有法定的有效期限和受益年限的，按法定有效期与合同或公司申请书规定的受益年限中最短的为准。

②法律没有规定有效使用年限，合同或公司申请书中规定有受益年限的，可按该受益年限确定。

③法律、合同、公司申请书中均未规定受益年限时，按预计的受益期限确定。难以预计时，按不超过 10 年的期限摊销。

保险公司转让无形资产的净收入，除国家另有规定者之外，计入公司的其他营业收入。

（4）递延资产管理。公司发生的递延费用，借记本科目，贷记有关科目。摊销时，借记“营业费用”科目，贷记本科目。开办费是指企业在筹建期间发生的费用，包括筹建期间的工资、办公费、差旅费、培训费、印刷费、律师费、注册登记费以及不计入固定资产和无形资产购建成本的汇兑净损失等支出。应由投资者负担的费用支出，为取得固定资产、无形资产所发生的支出，筹建期间应计入工程成本的汇兑损益、利息支出等不得计入公司的开办费。开办费自公司营业之日起分期摊入成本，摊销期不超过 5 年。以经营租赁方式租入的固定资产改良支出，在有效租赁期限内分期摊销。此外，递延资产应按照费用的种类设置明细账。公司的其他资产包括冻结存款、冻结物资、诉讼中的财产、理赔中收回的待处理财产和保险业务中取得的抵债物品等。

8.2.2 保险公司的负债管理

8.2.2.1 保险公司负债的界定

负债是指由过去交易事项形成的现时义务，履行该义务预期会导致经济利益流出企业。保险公司负债不仅包括保险公司开展保险业务所形成的负债，即保险负债，也包括一般工商企业常见的如预收款项、应付款项、各类借款、保户储金等负债。保险公司的负债按性质可分为保险业务负债、受托资产负债和其他负债。

通常保险业务具有一定的赔款、给付或续保等义务，对这些义务引起的、必须付出的代价或经营的风险的评估结果就是责任准备金。各项准备金就是保险业务负债，是保险公司为履行其未来理赔或给付义务而从所收取的保费中提存的一项负债。从不同的角度划分责任准备金，有不同分类结果：按责任准备金特征划分，可分为未到责任准备金、未决赔款责任准备金和其他责任准备金；按责任准备所对应的产品类别划分，可分为长期非分红寿险及年金责任准备金、健康险和意外责任准备金、长期分红保险责任准备金、一般业务责任准备金；按业务特性划分，可分为长期保险业务责任准备金和短期保险责任准备金；按责任准备金计量的时间划分，可分为保单年度责任准备金和会计年度责任准备金。

受托资产负债是保险公司开展新型保险产品（如投资连接产品、万能寿险等对应于投资部分的负债）所形成的一项负债。通常情况下，这类保单形成的负债可由两部分构成：一部分是保险业务形成的负债，这与传统的保单形成的负债没有什么区别；另一部分就是投资部分所形成的负债，对于这部分负债，保险公司没有法律上的责任，应与保险业务形成的负债区分开来进行计量。

其他负债包括预收款项、应付款项、各类借款、保险保障基金。

8.2.2.2 保险公司负债评估

负债一般按实际发生数记账，也有预计负债。从保险公司的负债来看，预计的各种责任准备金构成负债的主要部分，各种责任准备金的内涵是未来的责任。在保险精算时，应考虑各种评估因素，如投资回报率、死亡率、费用率、退保率等，采用毛保费方法、平均净保费方法以及风险量测算方法等估计责任准备金。与一般企业预计负债的计量比较，其计算方法更为复杂。

保险负债应以公允价值计量，且以交换中的公允价值，即保险公司为了结算保险负债而愿意支付给承担负债的第三方的金额计量。但是，由于保险合同不存在活跃、流动性强和透明的二级市场，因此难以得到交换的公允价值。尽管再保险市场的价格以及一些保险合同的转让价格可以为公允价值的计量提供基础，但这些价格往往包含许多其他因素，如商誉等无形资产，因此，其并不能作为公允价值的很好的替代。可以选择现值作为公允价值的计量。

8.2.2.3 保险公司负债的管理

（1）责任准备金的提存。《中华人民共和国保险法》第九十八条规定："保险公司应当根据保障被保险人利益、保证偿付能力的原则，提取各项责任准备金。保险公司提取和结转责任准备金的具体办法，由国务院保险监督管理机构制定。"在保险业务经营中，由于寿险与非寿险在经营核算上存在差异，其准备金的提留方式也不尽一致。

财产保险责任准备金根据其用途可分为未到期责任准备金、未决赔款准备金和总准备金。

①未到期责任准备金又称未满期保险费准备金，或未到期风险准备金，是指当年承保业务的保险单中，在下一会计年度有效保单的保险费。之所以会产生未到期责任准备

金，其原因在于，保险合同规定的保险责任期限与企业会计年度在时间上不可能完全吻合，因为企业会计年度总是自公历 1 月 1 日起至同年 12 月 31 日止，而保险责任期限却可以发生在任何一个时间点上。因此，在会计年度结算时，必然有期限未届满或虽已收取但应属下一个年度收取的保险费，这一部分保险费即称为未到期责任准备金。

②未决赔款准备金是指保险公司在会计年度决算以前发生保险责任而未赔偿或未给付保险金，在当年收入的保险费中提取的资金。未决赔款准备金的计算方法主要有两种：一是计算未来赔款支付系数，即赔款极终值；二是在极终值的基础上，根据已报告损失，测算未决赔款准备金。未决赔款准备金一般是在当年度提取，次年转回作收入处理。

③总准备金是指保险公司为发生周期较长、后果难以预料的巨灾或巨额危险而提留的资金准备。总准备金应在公司每年决算后的利润中提取，经较长时期的积累形成一定的规模。

广义的财产保险包括责任保险和信用保险，因此，责任保险、信用保险也需要提存以上三种保险责任准备金。

人寿保险责任准备金可分为理论责任准备金与实际责任准备金。

①理论责任准备金是指根据纯保险费计算积累的用于给付保险金的资金，其计算并不考虑保险业务经营的实际条件，即附加费用及其在时间上的不平均。

②实际责任准备金是指人寿保险业务中实际提存的责任准备金，它是考虑了各年间附加费用的不同开支情况，并以理论责任准备金为基础加以修订而计算的，也称为修正责任准备金。

寿险责任准备金的计算有两种不同的方法：一是过去法，是凭过去已收的保险费计算，用过去已收取的保险费的积存值减去过去已给付的保险金及其利息的积存值的差额来计算责任准备金。二是将来法，是凭未来收取的保险费计算，用将来应付的保险金的现值减去将来可收入的保险费的现值的差额来计提责任准备金。根据收支相等原则，保险合同期满时，保险公司所收取的纯保险费本利和。应等于支出的保险金本利和，换言之，将它们换算成责任准备金时的现值也应相等。

（2）对责任准备金提存的规范。财政部 2009 年制定的《保险合同相关会计处理规定》对保险合同准备金的计量提出以下要求：一是保险人在确定保险合同准备金时，应当将单项保险合同或者具有同质保险风险的保险合同组合作为一个计量单元，且计量单元的确定标准应当在各个会计期间保持一致，不得随意变更。二是保险合同准备金应当以保险人履行保险合同相关义务所需支出的合理估计金额为基础进行计量。三是保险人在确定保险合同准备金时，应当考虑边际因素和货币时间价值，在保险期间内，采用系统、合理的方法，将边际计入当期损益。四是原保险合同现金流量和与其相关的再保险合同现金流量应当分别估计，并应当将从再保险分入人摊回的保险合同准备金确认为资产。五是保险人在确定保险合同准备金时，不得计提以平滑收益为目的的巨灾准备金、平衡准备金、平滑准备金等。

关于负债管理，还需强调的有：一是必须做好日常会计核算工作，将财务管理的内容融入会计核算中；二是定期检查、分析公司的负债情况；三是妥善处理各项应付款、预收款等。

8.2.3 保险公司资产负债管理的技术

通过谨慎地协调资产和负债管理，一家金融机构的经营可更具稳健性与赢利性，这种协调就被称为资产与负债管理（Asset and Liability Management，简称 ALM）。精算协会对 ALM 的定义为：ALM 是管理企业的一种实践，用来协调企业对资产和负债做出的决策。它可以被定义为在给定的风险承受能力和约束下为实现财务目标而针对与资产和负债有关的决策进行的制定、实施、监督和修正的过程。ALM 是适用于任何利用投资平衡负债的机构的财务管理的一种重要手段。[①]

ALM 是选择资产组合以抵消一组特定负债的利率风险的过程，常见形式有五种。

8.2.3.1 动态财务分析法（Dynamic Financial Analysis，简称 DFA）

DFA 可以这样定义：它是检查一家保险公司在一定时间内的整体财务状况的过程，它考虑到不同部分之间的相互关系以及影响结果的所有因素的随机特征。[②] 这种方法使保险公司能够估计公司在各种模拟情况下的结果，以及在不同战略部署下的前景。

DFA 模型包括五个主要的组成部分：初始条件、设定情景模拟、财务计算、优化、结果。

（1）初始条件。初始条件总结了标的公司以往的表现（保费水平、赔付率等），以及大的经济环境（通货膨胀、国内生产总值的增长等）。由于这些情况在目前的市场条件和未来前景之间构筑了一种联系，初始条件必须与近期经验保持一致，从而得出合理的模型结果。

（2）设定情景模拟。这是 DFA 模型的核心，它构造了一套合理的情景模拟，包括一般经济条件、公司的资产和负债。设定情景模拟可从这些方面入手：①专门针对有特殊兴趣的事先确定的一套结果；②确定每一种变量的统计分布并随机地产生各种情景模拟；③设定与已经建立的实证和理论关系一致的情景模拟。

（3）财务计算。模拟结果通常总结为概率分布。财务计算将各种情景模拟转换为财务结果。计算的详细程度取决于所讨论的问题。一般来说，会以不同的会计基础来衡量财务结果：GAAP 一般公认会计准则、法规、税收和经济环境。

（4）优化。许多 DFA 模型使用优化法，它利用单一的统计数字或一系列统计数字在不同的策略选择间进行评估和选择。单一的统计数字可能是一个效用指标、资本收益指标，如 RAROC（资本的风险调整收益），也可能是实现某一特定目标的概率或遇到严重危机的可能性（如破产概率）。这种双变量方法经常涉及做出一个效率前沿的图。效率前沿是指在给定风险水平下达到最大化财务受益的策略的组合。

（5）结果。该模型总结了从这种模拟中可以得到的其他一些结果，包括主要指标的分布和对结果影响最大的选择变量。

---

① 精算协会. 职业精算师专业指南［EB/OL］.（2017-02-18）. www. soa. org/library/aa-1-98. pdf.

② D'ARCY S P，GORVETT R W，HERBERS J A，et al. Building a DFA analysis model that flies［J］. Contingencies Magazine，1997（11~12）.

8.2.3.2 现金流匹配法（Cash Flow Matching，简称CFM）

从大体上来看，保险公司应该能够通过将现金流量等同的资产和负债相匹配，来降低该公司或部分资产所面临的利率风险。这被称为“专用法”或“现金流量匹配”。例如，保险公司可以购买一个国库债券的组合，使其到期日与公司债务的到期日完全一致。尽管现金流量匹配可以消除利率风险，但由于以下原因，保险公司仍然认为它不可能或不可行：一是现金流的不确定性。现金流量匹配的一个主要障碍是负债期限本身的不确定性。二是匹配会降低弹性。即使在现金流量匹配可行的情况下，它也会给公司带来太多的限制。要使资产和负债的现金流量精确对应，保险公司所接受的债券收益就可能会低于有轻微不匹配情况下的收益。三是来自市场的看法。有些保险公司并不喜欢现金流量匹配，因为它们对未来利率有很强的看法。例如，预期利率下降的保险公司就会相应地持有债券组合。四是不劳无获。尽管保险公司付出了努力，资产和负债仍然会有些不匹配。保险公司必须谨慎地处理这种风险，确保获得承担这种风险的合理的回报。但是如果仅是通过购买与负债完全匹配的资产将投资部门持有的证券风险转移给市场，那保险公司就会被那些更低成本、更有效地发挥这种作用的机构超过。

8.2.3.3 免疫法（Immunization）

替代现金流量匹配的一种更富有弹性的方法是将资产和负债的利率敏感程度相匹配，这称为“免疫法”。其主要目的是防止或免除利率变化带来的损失。这可以通过构造资产组合来实现，这样利率变化对负债价值的影响会抵消利率变化对资产价值的相应影响。

免疫策略的首要原则是将资产和负债的持续期相匹配。现金流量的持续期可以被看作是现金流量实现的平均时间。资产和负债的持续期是其价值对于利率变化的敏感度的一个很好的近似。保险公司计算出资产和负债的持续期后，必须确保两者相等。由于持续期随利率波动而变化，持续期匹配法仅能应付基本的利率风险。为处理这个问题，保险公司也可以控制资产和负债的凸性。凸性衡量的是持续期随利率变化的速度。通过资产和负债的持续期和凸性的匹配，保险公司可以更精确地规避利率风险。但这种方法有其根本的局限性。许多负债的现金流量十分不确定，这使得保险公司很难计算它们的持续期。这对于一些普遍持有的资产也一样，比如抵押有价证券和股权。持续期分析也不适用于长、短期债券收益差异变化的情况，但这种变化又很常见。

8.2.3.4 风险价值法（Value at Risk，简称VaR）

风险价值的基本思想是运用概率来表达风险，采用最大可能损失来对风险做出解释。从狭义的角度来理解，风险价值是一个度量风险的单位，它对资产组合在一定的持有期内和给定的置信水平下可能发生的最大损失做出估计，可用公式表达为：

$$\Pr(\Delta P < \mathrm{VaR}) = 1 - \alpha$$

即投资组合在一定持有期内的损失额 ΔP 在给定置信水平 α 下的损失上限为VaR。在风险价值方法下，我们通常假设市场是有效的，且市场波动随机，不具备自相关性。在保险业中，风险价值法可以应用于风险资本要求的计算，通过设置上限控制公司风险，防止过度投机。但是这一方法主要用于衡量市场风险，可能会忽视信用风险、操作风险等其他种类的风险。通常将风险价值结合情景分析和其他动态模拟技术进行资本配置、风险业绩评价等。可以说，它是实现动态资产负债管理的基础工具之一。

8.2.3.5 缺口分析法（Gap Analysis）

缺口分析方法是一种静态的资产负债管理技术，包括到期缺口分析与持续期缺口分析。缺口 GAP 可表示为：

GAP = RSA - RSL

其中，RSA 为利率敏感性资产，RSL 为利率敏感性负债。持续期缺口较到期缺口的改进之处在于考虑到资产与负债现金流的发生时间与不同期限利率变化所引起的差异。缺口分析法计算简单、操作方便，但将问题过于理想化，不能准确把握利率对利差收益影响的程度（弹性）。

8.2.4 保险公司资产负债管理模式

依据主导因素的不同，现阶段保险公司的资产负债管理模式主要有三种：第一种是被动的负债驱动资产模式，即简单基于负债业务来配置投资标的。该种模式的主要问题在于负债与资产缺乏互动，资产被动适应负债，往往出现资产难以匹配负债的情形。第二种是资产驱动负债模式，即先通过投资端寻找资产项目，再要求负债端不断提供时间性较强的现金流供应。该种模式的主要问题在于不同资产收益通道下公司面临的流动性风险和信用风险可能超出公司承受能力。第三种是主动型资产负债匹配管理模式，即通过资产端、负债端的良性互动和主动管理，实现较好匹配。这种模式充分考虑了业务发展需求和金融市场趋势，利于保险资产负债管理实现动态平衡，但由于涉及定价、投资、财务、风控等众多环节的协调，该模式对寿险公司整体经营管理能力有较高要求。

在行业发展的初期，我国主流大型保险公司均采取“负债驱动资产”的模式，将经营重心放在业务开拓上，资产管理全委托，负债端通过收益率要求和流动性约束驱动资产端。这种模式与当时宏观经济处于上升周期以及行业处于初级发展阶段相适应，有利于保险业务的快速扩张，负债端“倒逼”资产端的矛盾尚未凸显。随着国内保险业“放开前端，管住后端”的市场化改革进程不断深入，中国保险业真正意义上的资产负债管理开始起步。近年来，经济步入新常态，受利率中枢下移、金融市场波动加大等外部环境变化的影响，“负债驱动资产”模式的弊端逐步暴露，行业资产配置难度加大，利差损风险加大，粗放式资产负债匹配方式转向主动、动态的资产负债管理模式势在必行。

（1）主动型资产负债管理机制是保障客户资产长期安全及保值增值的必然要求。人身保险中大部分险种带有储蓄和远期兑付性质，如寿险核心业务之一的商业养老保险，要保障客户长达 20 年甚至 30 年直至退休之后的养老生活品质。随着我国人口老龄化时代的来临和居民财富的不断积累，保险作为长期财富管理工具的需求日益增加。保险资金的这种长期负债特性要求保险公司必须做好久期管理和资产负债匹配，这既是寿险企业运营的核心价值，也是寿险企业与银行、基金等金融机构相比，在资金长期安全及保值增值上的独特优势。

（2）主动型资产负债管理机制是保险公司能穿越经济周期的必要保证。对寿险公司而言，较长期的负债期限对应的是较长期的资金运用周期，其中必然穿越多个经济周期。经济的周期性波动带来了市场各类资产的周期性变动，这种波动会给寿险公司的资产价值带来较大冲击，影响其偿付能力。因此，将投资周期拉长，在10年或者更长的时间内来看，就需要主动地顺周期管理资产类别和配置比重，以更好地穿越经济周期。

对保险公司资产配置来说，利率风险是最基本的风险。而利率是顺周期波动的，这就需要在不同的利率趋势下采取不同的久期策略，通过对所处利率周期的判断来选择最合适的负债品种和投资品种，以更好地利用并穿越利率周期。如果采取买入并持有的简单配置策略，一方面，目前国内市场缺乏较长期限的资产，合意资产更是难以寻找，能够获取的资产往往难以匹配负债；另一方面，简单长期持有将使资产价值遭遇较大波动，同时也不能有效把握市场波动带来的收益机会。

（3）保险新政推动主动型资产负债管理模式成为寿险公司最重要的价值管理工具。2013年以来，在“放开前端，管住后端”的监管思路下，投资新政、费率新政的次第出炉推动保险公司逐步解放了资产端和负债端，改变了以往保险公司更多围绕销售端做大规模赚取利润的粗放式管理模式，大大激发了保险公司经营活力，提高了资产收益率，为保险公司改善资产负债不匹配的状况提供了相当大的空间。但是，当前利率持续下行加剧了寿险公司资产端投资收益的压力，而负债端费率全面市场化在早期阶段可能导致负债成本不降反升，利差收窄甚至倒挂的可能都是存在的。同时，未来一个时期国内经济转型和全球经济的不确定性，可能加剧投资风险尤其是高收益投资风险，这就要求寿险公司必须改变过去粗放式资产负债管理的局面。“偿二代”正式实施也对保险公司的风险治理水平提出了更高的要求，其对风险进行了更细致的分类，采用了市场导向的资产负债评估，不同保险公司个体间的轮廓差异将更加明显，主动的资产负债匹配管理模式将助力公司价值提升。

随着保险公司规模的增大、跨国经营和跨行业经营比例的提升，以及全球经济不确定性的加剧，根据公司的成本承受能力，明确资产负债管理过程中需要关注的风险因素约束和要达成的管理目标，有意识地进行主动资产负债匹配管理，是寿险公司需要不断探索的课题。主动、系统的资产负债匹配管理框架和机制将保障寿险公司更好地应对业务发展和市场环境变化的挑战，提升行业形象，并形成价值创造的良性循环。

8.3 保险公司的成本费用和损益管理

8.3.1 保险公司的成本费用管理

8.3.1.1 保险成本的界定

保险公司的成本费用是保险公司在业务经营过程中发生的与业务经营有关的支出，

包括保险公司的业务成本和营业费用两部分。

保险公司业务成本是指保险公司的主营业务成本，它是保险公司在日常经营中发生的与保险业务有关的支出。虽然提取保险保障基金、各项准备金提转差、税金及附加是财产保险公司、人寿保险公司和再保险公司共有的业务成本项目，但是不同保险公司在业务经营性质上的差异，使得其保险业务成本的具体内容也有差异。具体表现为：财产保险业务成本包括提取保险保障基金、未决赔款准备金提转差、未到期责任准备金提转差、长期责任准备金提转差、税金及附加、赔款支出、手续费支出等；人寿保险公司的业务成本包括死亡给付、残废给付、医疗给付、年金给付、满期生存给付、退保金、赔款支出、手续费支出、佣金支出等；再保险业务成本包括分出保费、分保费用支出、分保赔款支出等。

保险营业费用是保险公司在业务经营和管理过程中发生的各项费用，但不包括手续费支出、佣金支出。营业费用具体包括业务宣传费、业务招待费、防预费、电子设备运转费、安全防卫费、坏账损失、公司财产保险费（指向其他保险公司投保财产险支付的保险费）、邮电费、劳动保护费、外事费、印刷费、职工工资及福利、差旅费、水电费、租赁费、修理费、工会经费、税金、会议费、诉讼费、公证费、席位费、咨询费、社会统筹保险费、劳动保险费、审计费、技术转让费、研究开发费、董事会费、车船使用费、住房公积金、上交管理费、银行结算费、同业公会会费、学会会费、贷款呆账准备、投资风险准备等 41 个细项目。

由于成本费用的大小直接影响保险公司的盈利水平，因此，保险公司实行成本费用管理时，应在保证保险业务经营和管理的正常费用开支的基础上，加强对费用成本的管理，努力降低经营费用水平，增加保险公司的盈利。

8.3.1.2 保险公司成本费用管理的基本要求

（1）成本费用核算要遵循配比原则。企业经营过程中取得的收入和发生的支出（成本）是紧密相关的。收入表示公司耗费一定量的支出所取得的成果，成本则表示公司为取得营业收入而耗费的代价，两者必须合理匹配，才能保证损益计算的真实性和合理性，避免各期损益的大幅度波动。保险公司在进行成本费用核算时，一切预支的成本费用都应到相关的收入获得时进行摊销，一切与本期收入相关的未来发生的支出，则应在本期预先计提。

（2）成本费用核算要遵循一致性原则。财务会计人员在不同会计期间应采用相同的方法和流程来处理相同的成本费用核算内容。并且，核算方法一经选定就不能随意地变更，以保证各期成本费用之间的可比性，防止保险公司通过随意改变成本核算方法人为调节各年度之间的损益。

（3）成本费用核算必须真实、准确。财务费用必须真实、准确地反映保险公司在一个会计期间内发生的与业务经营有关的各项耗费，这是保险公司财务核算的最基本的要求。只有真实、准确地核算保险公司的成本费用，才能正确地评价保险公司的经营成果，保护投资者、债权人和保户的利益，才能为公司主管部门和决策机构提供真实、可靠的财务会计信息，真实地反映公司在经营中存在的问题。公司也只有在真实、准确地核算成本费用的基础上，才能准确地计算损益，体现各方面的利益。

8.3.1.3 保险公司成本费用管理的重点

保险公司在成本费用管理上应注意以下几点：

（1）要严格执行财务制度规定的成本费用开支范围。保险公司财务人员在进行财务核算时，要正确区分各类支出的性质和用途，凡属于成本费用开支范围的支出均应计入公司成本费用；凡不属于成本费用开支范围的支出，均不得计入成本费用。

（2）要严格区分本期成本和下期成本。成本费用和营业外支出的界限要按权责发生制的原则确定成本费用的开支。不同成本计算期的成本内容必须严格区分：凡是当期已经发生或应当负担的费用，不论该款项是否支付，都应该计入本期成本；属于同一成本核算期的支出，不得分期计入不同的成本核算期。

（3）要严格区分收益性支出和资本性支出的界限。所谓收益性支出，是指该项支出的发生是为了取得当期收益，即仅仅与当期收益的取得有关。所谓资本性支出，是指不仅与当期收入的取得有关，而且与其他会计期间的收入相关，或者主要是为以后会计期间的收入取得所发生的支出。成本费用属于收益性支出，财务上将收益性支出列于利润表，计入当期损益，以正确计算保险公司当期的经营成果；将资本性支出列于资产负债表，作为资产反映，以真实地反映公司的财务状况。

（4）不同的制度限制、指导和监督。保险公司的可变成本指成本中与保费呈正相关关系的那部分成本，如手续费支出、赔款支出、业务宣传费、防灾费、业务招待费、提转责任准备金差额及税金等费用。实际操作中对这一部分费用主要是通过制定标准成本来进行管理，可根据具体情况采用定额的方法来进行管理。固定成本指成本总额中不与保费收入相关的成本项目和支出。固定成本可分为酌量固定成本和约束性固定成本。酌量固定成本指通过决策行为可改变其数额的固定成本，如会计费、咨询费、险种研发费等费用。这种成本可按保险公司不同阶段的财力负担程度来确定，伸缩性较大，可采用固定预算作为成本控制的依据。约束性固定成本指对保险公司成本费用管理的不能改变的费用支出和费用，如企业经营过程中的修理费、职工工资及福利、车辆使用等费用。对这些成本费用的管理，可建立预算并严格按照预算掌握，实行严格的预算管理。

保险公司经营的终极目标是提高企业的经济效益，实现利润最大化。而成本费用管理是保险公司经营管理的重要组成部分，是评价保险公司盈利情况的重要指标。成本费用管理也是企业内部控制及管理的重要内容，全面渗透到保险公司经营的全过程。因此，保险公司管理和控制成本费用的能力，对于提高公司经营管理水平及提升盈利有着重大的意义。

8.3.2 保险公司损益管理

保险公司的损益是公司会计年度内全部收入补偿全部耗费和支出后的差额，如果有剩余即为盈利，不足则为亏损。可见，损益管理实质上是对保险公司的利润及其分配进行管理。

8.3.2.1 保险利润的组成

简单说来，保险利润是由保险营业利润和保险投资利润两个部分构成的。

（1）保险营业利润。保险营业利润也称承保利润，是指保险企业从当年的保险费收入中，扣除当年的赔款、税金、费用支出和提留各项准备金后，剩下的纯收入。

保险企业不同于一般的工商企业。一般的工商企业在经营过程中，用商品的销售收入扣除生产成本、税金和有关的费用支出，剩下来的就是利润。而保险企业是担负损失赔偿责任的特殊企业，不能简单地用当年的保险费收入，扣除当年的赔款、税金和费用支出，剩下的就认为是营业利润，还必须扣除未到期责任准备金、未决赔款准备金和总准备金。

在上述各项扣除和提存后，所得是一个负数。也就是说，保险企业的当年保险费收入小于保险赔款、税金和各项费用支出之和，这种情况被称为承保亏损。保险企业一旦出现承保亏损，一般要用投资收益来弥补。在实行政策性保险的情况下，要用财政补贴来弥补。

（2）保险投资利润。保险投资利润是指保险企业把资本投入社会再生产过程中所获得的纯收入。它一般包括两种形式：一是把暂时闲置的货币资本存入银行，通过信贷渠道投资，以利息形式获得的间接利润；二是把暂时闲置的货币资本直接投向社会再生产过程，比如购买股票、债券、从事房地产买卖以及抵押放款等，获得直接利润。

保险利润可以用以下公式来表示：

利润总额=营业利润+营业外收入-营业外支出

营业外收入是指与公司业务经营无直接关系的各项收入，包括固定资产盘盈、出售固定资产净收益、教育费附加返还款、出纳长款收入、因债权人的特殊原因确实无法支付的应付款项等。营业外支出是指与公司业务经营无直接关系的各项支出，包括固定资产盘亏和毁损报废的净损失、出纳短款、非常损失、罚款支出、公益救济性捐赠、赔偿金、违约金等。

营业利润具体的公式如下：

营业利润=营业收入-成本和费用-税金及附加+投资收益+利息收入-利息支出+汇兑损益-保户利差支出+其他营业收入-其他营业支出

营业收入包括保费收入、分保费收入、追偿款收入。

公司在业务经营过程中发生的与业务经营有关的支出，包括赔款支出、给付支出和退保金、分保业务支出、代理手续费支出及佣金支出、防预费、业务宣传费、业务招待费、固定资产折旧费、业务管理费、保险保障基金、准备金提转差以及其他有关支出，按规定计入成本和费用。

投资收益包括公司对外投资取得的收入、购买国债及金融债券等产生的利息收入。投资收益对保险公司来说日益重要，因为在商品经济条件下，随着保险业的发展，在许多国家，保险企业的投资利润往往超过营业利润，已成为保险企业以盈补亏、增强本身经营能力的重要手段。

利息收入包括公司资金存入银行及同业拆借等取得的收入。

利息支出是指公司以负债形式筹集的各类资金，按国家规定的适用利率提取和支付的应付利息。

汇兑损益是指公司在经营过程中开展外币业务时，不同外币折算发生的价差以及由于汇率变动而发生的折合为记账本位币的差额，包括汇兑收益和汇兑损失。

保户利差支出是指经营寿险业务的公司按保险条款规定派发给保户的利差支出。

其他营业收入是指公司经营的除保险业务外的其他业务取得的收入，包括租赁收入、咨询收入、代查勘收入、手续费收入、理赔中收回固定资产变现收入、无形资产转让净收入及其他收入。

其他营业支出是指公司经营的除保险业务以外的其他业务发生的支出，包括咨询服务、转让无形资产等发生的支出。

8.3.2.2 保险利润的分配及管理

（1）保险公司利润分配的内容和顺序。根据《中华人民共和国保险法》和《中华人民共和国公司法》的有关规定，保险公司取得的利润应按国家有关规定做出相应调整后进行分配，可供分配的利润包括本年实现的净利润加上年初未分配利润。保险公司的税后利润，除国家另有规定外，应按以下顺序分配：

①抵补被没收的财务损失，支付各项税收的滞纳金和罚款，利差支出，以及保险监管部门对公司因少交或迟交保证金的加息。

②提取法定公积金。公司分配当年税后利润时，应当提取利润的百分之十列入公司法定公积金。公司法定公积金累计额为公司注册资本的百分之五十以上的，可以不再提取。

③弥补公司以前年度的亏损。公司的法定公积金不足以弥补以前年度亏损的，在依照前款规定提取法定公积金之前，应当先用当年利润弥补亏损。

④提取任意公积金。公司从税后利润中提取法定公积金后，经股东会或者股东大会决议，还可以从税后利润中提取任意公积金。

⑤提取总准备金。保险公司按本年实现净利润的一定比例提取总准备金，用于巨灾风险的补偿，不得用于分红、转增资本。

⑥分配给投资者。公司弥补亏损和提取公积金后所余税后利润，有限责任公司股东可以按照实缴的出资比例分取红利；公司新增资本时，股东有权优先按照实缴的出资比例认缴出资。但是，全体股东约定不按照出资比例分取红利或者不按照出资比例优先认缴出资的除外。股份有限公司按照股东持有的股份比例分配，但股份有限公司章程规定不按持股比例分配的除外。

（2）保险公司股利政策的类型。支付给股东的盈余与留在企业的保留盈余，存在此消彼长的关系。所以，股利分配既决定了给股东分配多少红利，也决定了有多少净利留在企业。常见的股利形式主要有现金股利、股票股利、财产股利、负债股利等。

①剩余股利政策。股利无关论（MM 理论）认为股利分配对公司的市场价值（或股票价格）没有影响。因为公司的价值是由其盈利能力和经营风险决定的，这与公司所在行业和资产风险有关，因此公司的价值与投资政策有关，而与企业怎样分配股利

和保留收益无关。此理论进一步发展，就是与最佳资本结构结合而形成的剩余股利政策理论基础。剩余股利政策就是公司在保持其最佳资本结构的前提下，税后利润首先满足公司的资金需要，然后再考虑现金股利发放的股利政策。在这种政策下，公司每年的股利分配额是变化不定的，有时差距会很大。

②固定或持续增长的股利政策。这种股利政策是指公司每年发放的股利总是固定在某一水平上并在较长的时期内不变，只有当公司认为未来盈余显著地、不可逆转地增长时，才提高年度的股利发放额。稳定的股利给股票市场和公司股东传递着公司正常的信息。但该股利政策的缺点在于股利的支付与盈余相脱节，当盈余较低时仍要支付固定的股利，这可能导致公司资金短缺、财务状况恶化。

③固定支付率的股利政策。固定股利支付率政策是公司确定一个股利占盈余的比率，长期按此比率支付股利的政策。在这种政策下，各年股利随公司经营的好坏而上下波动。经营好的年份股利高，经营不好的年份股利低。采用这种股利政策可以使股利与公司盈余紧密地配合，以体现多盈多分、少盈少分、无盈不分的原则。但是，各年度的股利变动很大，容易造成公司不稳定的感觉，对于稳定股票价格不利。

④低正常股利加额外股利政策。在这种政策下，公司一般将正常发放的股利固定在一个较低的水平上，然后视经营情况再临时确定一笔额外的增长股利。但额外股利并不固定化，不意味着公司永久地提高了规定的股利率。这种政策为收益波动较大的公司提供了股利发放的灵活性。在盈余较小时，可维持设定的较低但正常的股利，股东不会有股利跌落感；在盈余较多时，支付额外股利也不会对公司财务构成压力。

8.4 保险公司的财务报表及其分析

为了向保险公司现在和潜在的投资者、债权人、投保人、被保险人、保险公司经营管理者、保险监管机构以及保险信用评级机构提供各种有关保险公司业务经营、投资和偿付能力方面的信息，帮助他们合理地做出决策，保险公司必须按规定呈报财务报表。保险公司的主要财务报表有资产负债表、损益表、现金流量表和利润分配表。

8.4.1 保险公司的财务报表

8.4.1.1 资产负债表

资产负债表是企业在一定日期（通常为各会计期末）的财务状况（即资产、负债和业主权益的状况）的主要会计报表。资产负债表以特定日期的静态企业情况为基准，浓缩成一张报表。资产负债表除了用于企业内部除错、寻找经营方向、防止弊端外，也可让所有使用者于最短时间了解企业经营状况（如表 8.1 所示）。

在资产负债表中，企业通常按资产、负债、所有者权益分类分项反映。也就是说，资产按流动性大小进行列示，具体分为流动资产、长期投资、固定资产、无形资产及其他资产；负债也按流动性大小进行列示，具体分为流动负债、长期负债等；所有者权益则按实收资本、资本公积、盈余公积、未分配利润等项目分项列示。保险业的主要资产不是表现在存货及固定资产上，而是货币资金、债券、投资基金、抵押放款及不动产上；在负债方面占主要比重的是各种责任准备金。

表 8.1　保险公司的资产负债表

编制单位：　　　　　　　　　　　年　月　日　　　　　　　　　　　单位：元

资　　产	行次	期末余额	期初余额	负债和所有者权益（或股东权益）	行次	期末余额	期初余额
资产：				负债：			
货币资金				短期借款			
拆出资金				拆入资金			
交易性金融资产				交易性金融负债			
衍生金融资产				衍生金融负债			
买入返售金融资产				卖出回购金融资产款			
应收利息				预收保费			
应收保费				应付手续费及佣金			
应收代位追偿款				应付分保账款			
应收分保账款				应付职工薪酬			
应收分保未到期责任准备金				应交税费			
应收分保未决赔款准备金				应付赔付款			
应收分保寿险责任准备金				应付保单红利			
应收分保长期健康险责任准备金				保户储金及投资款			
保户质押贷款				未到期责任准备金			
定期存款				未决赔款准备金			
可供出售金融资产				寿险责任准备金			
持有至到期投资				长期健康险责任准备金			
长期股权投资				长期借款			
存出资本保证金				应付债款			
投资性房地产				独立账户负债			
固定资产				递延所得税负债			
无形资产				其他负债			
独立账户资产				负债合计			
递延所得税资产				所有者权益（或股东权益）：			
其他资产				实收资本（或股本）			

表8.1(续)

资　产	行次	期末余额	期初余额	负债和所有者权益（或股东权益）	行次	期末余额	期初余额
资产总计				资本公积			
				减：库存股			
				盈余公积			
				一般风险准备			
				未分配利润			
				外币报表折算差额			
				少数股东权益			
				所有者权益（或股东权益）合计			
				负债和所有者权益（或股东权益）总计			

8.4.1.2 损益表

损益表（或利润表）是用来反映公司在一定期间利润实现（或发生亏损）的财务报表。损益表是一张动态报表，可以为使用者提供做出合理的经济决策所需要的有关资料。损益表上所反映的会计信息，可以用来评价一个企业的经营效率和经营成果，评估投资的价值和报酬，进而衡量一个企业在经营管理上的成功程度（如表8.2所示）。

保险公司利润由营业利润和营业外收支净额两部分组成，营业利润再由承保利润和投资利润及利息收支等构成。保险公司与一般企业的区别表现在两方面：一是保险公司主营业务利润为承保利润，即保险业务收入减保险业务支出，再减准备金提转差。准备金提转差是指当期提存的准备金减去上期转回的准备金，各种责任准备金的估计影响承保利润的形成，这就是保险利润最大的特点。二是投资利润作为营业利润的组成部分，是因为保险费收入产生资金，运用资金产生孳息，孳息回馈业务，所以保险经营和资金运作是相辅相成的，投资利润在营业利润中占有比较重要的地位。

表8.2　　保险公司的损益表

编制单位：　　年　月　日　　单位：元

项　目	行次	本年金额	上年金额
一、营业收入			
已赚保费			
保险业务收入			
其中：分保费收入			
减：分出保费			

表8.2(续)

项 目	行次	本年金额	上年金额
提取未到期责任准备金			
投资收益（损失以“-”号填列）			
其中：对联营企业和合营企业的投资收益			
公允价值变动收益（损失以“-”号填列）			
汇兑收益（损失以“-”号填列）			
其他业务收入			
二、营业支出			
退保金			
赔付支出			
减：摊回赔付支出			
提取保险责任准备金			
减：摊回保险责任准备金			
保单红利支出			
分保费用			
税金及附加			
手续费及佣金支出			
业务及管理费			
减：摊回分保费用			
其他业务成本			
资产减值损失			
三、营业利润（亏损以“-”号填列）			
加：营业外收入			
减：营业外支出			
四、利润总额（亏损总额以“-”号填列）			
减：所得税费用			
五、净利润（净亏损以“-”号填列）			
六、每股收益（元）			
（一）基本每股收益			
（二）稀释每股收益			

8.4.1.3 现金流量表

现金流量表是指反映企业在一定会计期间现金和现金等价物流入和流出的报表。

它是财务报表的三种基本报表之一，所表达的是在一固定期间（通常是每季或每年）内，一家企业或机构的现金（包含银行存款）增减变动的情况。现金流量表主要用于反映资产负债表中各个项目对现金流量的影响，并根据其用途划分为经营、投资及融资三个活动分类，但因保险业务现金流量的特殊性，其经营活动的现金流量按其保险金、保险索赔、年金索赔、年金退款及其他进行分类（如表 8.3 所示）。

现金流量表可用于分析一家企业或机构在短期内有没有足够现金去应付开销。现金流量表的编制有助于预测保险公司未来的现金流量，为保险公司编制现金流量计划创造条件，为投资者、债权人和投保人做出投资、信贷和投保决策提供必要的信息。现金流量表还有助于评价保险公司的偿付能力和资金周转能力。通过分析现金流量表中所反映的现金流量信息，可以了解保险公司真实的财务状况以及潜伏的财务风险，为保险监管提供依据。

表 8.3　　保险公司的现金流量表

编制单位：　　年　月　日　　单位：元

项　目	行次	本期金额	上期金额
一、经营活动产生的现金流量：			
收到原保险合同保费取得的现金			
收到再保业务现金净额			
保户储金及投资款净增加额			
收到其他与经营活动有关的现金			
经营活动现金流入小计			
支付原保险合同赔付款项的现金			
支付手续费及佣金的现金			
支付保单红利的现金			
支付给职工以及为职工支付的现金			
支付的各项税费			
支付其他与经营活动有关的现金			
经营活动现金流出小计			
经营活动产生的现金流量净额			
二、投资活动产生的现金流量：			
收回投资收到的现金			
取得投资收益收到的现金			
收到其他与投资活动有关的现金			
投资活动现金流入小计			
投资支付的现金			

表8.3(续)

项　　目	行次	本期金额	上期金额
质押贷款净增加额			
购建固定资产、无形资产和其他长期资产支付的现金			
支付其他与投资活动有关的现金			
投资活动现金流出小计			
投资活动产生的现金流量净额			
三、筹资活动产生的现金流量：			
吸收投资收到的现金			
发行债券收到的现金			
收到其他与筹资活动有关的现金			
筹资活动现金流入小计			
偿还债务支付的现金			
分配股利、利润或偿付利息支付的现金			
支付其他与筹资活动有关的现金			
筹资活动现金流出小计			
筹资活动产生的现金流量净额			
四、汇率变动对现金的影响			
五、现金及现金等价物净增加额			
加：期初现金及现金等价物余额			
六、期末现金及现金等价物余额			

8.4.1.4　利润分配表

利润分配表是反映企业一定期间对实现净利润的分配或亏损弥补的会计报表，是利润表的附表，说明利润表上反映的净利润的分配去向。通过利润分配表，可以了解企业实现净利润的分配情况或亏损的弥补情况，了解利润分配的构成，以及年末未分配利润的数据（如表8.4所示）。

表8.4　保险公司的利润分配表

编制单位：　　　　　年　月　日　　　　　单位：元

项　　目	行次	本年实际	上年实际
一、净利润			
加：年初未分配利润			
盈余公积转入			
二、可供分配利润			

表8.4(续)

项　目	行次	本年实际	上年实际
减：提取法定盈余公积			
提取总准备金			
提取任意盈余公积			
三、可供投资者分配的利润			
减：应付利润			
四、未分配的利润			

资产负债表、利润表和现金流量表作为保险公司对外提供的会计报表，从不同角度反映了保险公司的财务状况、经营成果和现金流量。资产负债表和现金流量表是反映保险公司财务状况的报表，利润表和利润分配表是反映保险公司经营成果的报表。

8.4.2　保险公司财务报表分析

保险行业具有负债经营、经营周期长、资金规模大、投资需求高等特点。保险行业的特殊性决定了保险公司财务分析与一般企业财务分析存在差别。

8.4.2.1　保险公司财务分析的含义

财务分析是以保险公司财务报告反映的财务指标为主要依据，对保险公司的财务状况和经营成果进行评价和剖析，以反映保险公司在运营过程中的利弊得失、财务状况及发展趋势，为改进保险公司财务管理工作和优化经济决策提供重要的财务信息。

8.4.2.2　保险公司财务分析的意义

（1）财务分析是评价财务状况、衡量经营业绩的重要依据。通过对保险公司财务报表等核算资料进行分析，可以了解保险公司偿债能力、营运能力和盈利能力，便于保险公司管理当局及其他报表使用人了解保险公司财务状况和经营成果，合理评价经营者的工作业绩。

（2）财务分析是挖掘潜力、改进工作、实现经营目标的重要手段。开展财务分析，有利于保险公司合理利用现有资源和条件，充分挖掘经营潜力；同时，有利于正确评价保险经营各环节的方案、政策和措施的优劣，指出其经济合理性程度，为各层次的保险经营市场决策提供科学依据。

（3）财务分析是合理实施投资决策的重要步骤。投资者通过对保险公司财务报表的分析，可以了解保险公司的偿债能力、营运能力以及盈利能力，可以了解投资后的收益水平和风险程度，并据此进行正确的决策。

（4）财务分析是强化保险监管的重要基础。偿付能力是保险监管的核心内容。分析保险公司财务，有利于对保险业实施严格的监督管理，适时动态地考核保险公司偿付能力和财务状况，实现先进的进程式监管，促进保险业的健康发展。

8.4.2.3 保险公司财务报表分析的方法

保险公司财务报表分析方法主要有以下四种：

（1）比较分析法。比较分析法是指以报表中的数据与计划与同行业的同类指标进行比较分析研究的一种方法。通过比较可以了解公司在竞争中所处的地位，寻求提高经济效益的途径。

（2）趋势分析法。趋势分析法是指将不同时期的相同项目进行比较，从而确定其发展水平、变动趋势的一种方法。趋势分析法是通过编制比较财务报表来实现的，最常见的做法是将最近两年或更多年的财务报表上相同项目排列在一起编制，同时设置变动金额及变动百分比栏。

（3）结构分析法。结构分析法是将经济现象各构成部分与整体进行对比，通过各构成部分的比重进行分析研究的一种方法。这种分析方法的目的是寻找公司财务活动的规律，分析公司资本结构与资金配置。在财务报表分析中，结构分析通常利用编制共同比财务报表的方式进行。

（4）因素分析法。因素分析法是将综合指标分解为若干个因素，分别测定各因素变动对综合指标影响程度的一种方法。这种分析方法在报表分析中应用较少。

8.5 保险公司财务管理的评价指标

中国保监会于2015年印发了《保险公司经营评价指标体系（试行）》，通过对保险公司和分支机构的速度规模、效益质量、社会贡献三个方面进行综合评价，将其分为A、B、C、D四类公司，引导保险公司提高经营管理水平，加快转变发展方式，对推动行业持续健康发展、充分发挥保险业对国民经济社会的服务功能具有重要意义。

8.5.1 速度规模评价指标

8.5.1.1 保费增长率和保费收入增长率

评分细则：-10%≤指标值≤60%，得1分；-30%≤指标值<-10%或60%<指标值≤100%，得0.5分；否则，得0分。

产险：保费增长率=本期保费收入÷去年同期保费收入×100%-1

寿险：保费收入增长率=本期保费收入÷去年同期保费收入×100%-1

其中，保费收入=利润表保险业务收入的金额。

8.5.1.2 自留保费增长率和规模保费增长率

评分细则：-10%≤指标值≤60%，得1分；-30%≤指标值<-10%或60%<指标值≤100%，得0.5分；否则，得0分。

产险：自留保费增长率=本期自留保费÷去年同期自留保费×100%-1

寿险：规模保费增长率=本期规模保费÷去年同期规模保费×100%-1

其中，规模保费是指保险公司按照保险合同约定向投保人收取的全部保费。

8.5.1.3　总资产增长率

评分细则：-10%≤指标值≤60%，得1分；-30%≤指标值<-10%或60%<指标值≤100%，得0.5分；否则，得0分。

总资产增长率=期末总资产÷期初总资产×100%-1

其中，总资产应扣除卖出回购金融资产款。

8.5.2　效益质量评价指标

8.5.2.1　产险公司法人机构

（1）综合成本率。评分细则：指标值≤100%，得1分；100%<指标值≤105%，得0.5分；否则，得0分。

综合成本率=（赔付支出+分保赔付支出+再保后未决赔款准备金提取额-摊回分保赔款+业务及管理费+佣金及手续费+税金及附加+分保费用-摊回分保费用）÷已赚保费×100%

（2）综合赔付率。评分细则：指标值≤行业均值，得1分；行业均值<指标值≤（行业均值+5%），得0.5分；否则，得0分。

综合赔付率=（赔付支出+分保赔付支出+再保后未决赔款准备金提取额-摊回分保赔款）÷已赚保费×100%

（3）综合投资收益率。评分细则：指标值≥行业均值，得1分；（行业均值-1%）≤指标值<行业均值，得0.5分；否则，得0分。

综合投资收益率=（投资收益+公允价值变动损益+汇兑损益+当期可供出售金融资产的公允价值变动净额-投资资产减值损失-利息支出）÷资金运用平均余额×100%

其中，投资收益=利润表投资收益的金额（包括存款、债券等投资资产的利息收入）；资金运用平均余额=（期初资金运用余额+∑本期每月月末资金运用余额）÷（本期月份数+1）；资金运用余额应扣除独立账户的投资资产。

（4）净资产收益率。评分细则：指标值≥行业中位数，得1分；否则，得0分。

净资产收益率=本期净利润÷净资产×100%

其中，净资产=（期初净资产+∑本期每月月末净资产）÷（本期月份数+1）。

（5）百元保费经营活动净现金流。评分细则：指标值≥行业中位数，得1分；否则，得0分。

百元保费经营活动净现金流=本期经营活动净现金流÷（本期保费收入÷100）

其中，经营活动净现金流=利润表经营活动产生的现金流量净额。

8.5.2.2　寿险公司法人机构

（1）综合投资收益率。评分细则：指标值≥行业均值，得1分；（行业均值-1%）≤指标值<行业均值，得0.5分；否则，得0分。

综合投资收益率=（投资收益+公允价值变动损益+汇兑损益+当期可供出售金融资

产的公允价值变动净额-投资资产减值损失-利息支出）÷资金运用平均余额×100%

其中，投资收益=利润表投资收益的金额（包括存款、债券等投资资产的利息收入）；资金运用平均余额=（期初资金运用余额+∑本期每月月末资金运用余额）÷（本期月份数+1）；资金运用余额应扣除独立账户的投资资产。

（2）净资产收益率。评分细则：指标值≥行业中位数，得0.5分；否则，得0分。

净资产收益率=本期净利润÷净资产×100%

其中，净资产=（期初净资产+∑本期每月月末净资产）÷（本期月份数+1）。

（3）新业务利润率。评分细则：指标值≥行业中位数，得1分；行业中位数×0.6≤指标值<行业中位数，得0.5分；否则，得0分。

新业务利润率=本期新业务的首日利得÷新业务各期保费收入之和×100%

其中，首日利得是指新业务在首次进行准备金评估时的剩余边际。各期保费收入之和是指在不考虑退保、贴现等条件下的首期保费收入与所有续期保费收入的总和。

（4）内含价值增长率。评分细则：指标值≥行业中位数，得0.5分；否则，得0分。

内含价值增长率=本期末的内含价值÷去年期末的内含价值×100%

（5）综合退保率。评分细则：指标值≤行业均值，得0.5分；行业均值<指标值≤（行业均值+3%），得0.3分；否则，得0分。

综合退保率=（退保金+保户储金及投资款的退保金+投资连接保险独立账户的退保金）÷（期初长期险责任准备金+保户储金及投资款期初余额+独立账户负债期初余额+本期规模保费）×100%

（6）13个月保单继续率。评分细则：指标值≥行业中位数，得1分；行业均值<指标值≤（行业均值+5%），得0.5分；否则，得0分。

13个月保单继续率=评价期前溯12个月承保的期交新单在首个保单年度宽限期内实收的规模保费÷评价期前溯12个月承保的期交新单实收的规模保费×100%

其中，评价期前溯12个月是指评价期初前推12个月和评价期末前推12个月之间的时间。期交新单指投保人为个人的期交保单，不包含趸交件，犹豫期撤单件，发生理赔终止件，免缴、注销、迁出、效力中止及转换终止的保单。

（7）综合费用率。评分细则：指标值≤行业均值，得0.5分；行业均值<指标值≤（行业均值+5%），得0.3分；否则，得0分。

综合费用率=（业务及管理费+佣金及手续费+税金及附加）÷规模保费×100%

其中，佣金及手续费包含在其他业务成本中进行核算的，未通过重大风险测试的保险合同相关手续费及佣金支出。

8.5.3 社会贡献评价指标

8.5.3.1 风险保障贡献度

评分细则：指标值≥1%，得0.5分；0.5%≤指标值<1%，得0.4分；0.1%≤指标值<0.5%，得0.3分；否则，得0分。

产险：风险保障贡献度=公司经营的各险种保险金额之和÷产险行业保险金额总和×100%

寿险：风险保障贡献度=公司经营的各类人身保险产品本期累计新增保险金额之和÷寿险行业本期累计新增保险金额总和×100%

8.5.3.2 赔付贡献度

评分细则：指标值≥1%，得0.5分；0.5%≤指标值<1%，得0.4分；0.1%≤指标值<0.5%，得0.3分；否则，得0分。

产险：赔付贡献度=公司赔付金额÷产险行业赔付金额总和×100%

其中，赔付金额=赔付支出+分保赔付支出+未决赔款准备金提取额。

寿险：赔付贡献度=公司赔付金额÷寿险行业赔付金额总和×100%

其中，赔付金额=利润表中本期的赔付支出金额。

8.5.3.3 纳税增长率

评分细则：指标值≥0，得0.5分；-20%≤指标值<0，得0.3分；否则，得0分。

纳税增长率=本期纳税额÷去年同期纳税额×100%-1

其中，纳税额是指保险公司扣除当期税金返还后实际缴纳（包括预缴）的企业所得税、增值税、印花税等各项税金的总和（包括代扣代缴的个人所得税、代征的车船税等税金）。

8.5.3.4 增加值增长率

评分细则：指标值≥行业中位数，得0.5分；行业中位数×0.8（或1.2）≤指标值<行业中位数，得0.3分；否则，得0分。当行业中位数为负值时，第二条评分规则左侧取“行业中位数×1.2”。

增加值增长率=（本期增加值-去年同期增加值）÷去年同期增加值的绝对值×100%

其中，增加值=劳动者报酬+生产税净额+固定资产折旧+营业盈余；劳动者报酬=职工工资及福利费+支付给个人代理人的佣金+劳动保险费+待业保险费+住房公积金+社会统筹保险+取暖降温费；生产税净额=税金及附加+印花税+房产税+车船使用税+土地使用税；固定资产折旧=本年折旧；营业盈余=营业利润-公允价值变动收益。

9 保险公司偿付能力管理

我国保险业第一代偿付能力监管标准（以下简称“偿一代”）始建于2003年。随着保险业的发展，以规模为导向的“偿一代”已无法满足监管的需要。金融危机和经济合作推动着全球范围内的金融监管改革和监管协调进入新的阶段。顺应经济全球化和中国保险业市场化改革的需求，中国保监会积极探索保险业偿付能力监管改革的道路和模式，在2012年3月正式启动中国第二代偿付能力监管制度体系（以下简称“偿二代”）建设。经过3年时间的研究、测试和建设，到2014年年底，中国已基本建成了新的以风险为导向、符合中国保险业市场化改革需要、具有国际可比性的偿付能力监管体系。2015年2月开始进入“双轨并行”试运行过渡期，2016年“偿二代”开始正式实施。

9.1 保险偿付能力概述

9.1.1 偿付能力的含义

所谓偿付能力，是指保险公司履行赔偿或给付责任的能力，具体表现为保险公司是否有足够的资产来匹配其负债，特别是履行其给付保险金或赔款的义务，是衡量其经营的稳健性和可持续性的重要指标。

偿付能力作为一个综合的监管指标，是多种因素共同作用的结果。偿付能力监管是保险业监管的核心。偿付能力对保险公司健康运作来说是至关重要的，一旦发生偿付能力危机，不仅保险公司无法维持正常经营，被保险人或投保人的利益遭到威胁或损害，而且可能会对国民经济的正常运转和社会稳定产生巨大的破坏作用。因此，保险业作为经营风险的特殊行业，其是否具有偿付能力，意义十分重大。具体而言，保险公司的偿付能力不仅受其产品内控、投资、再保险等多种内部因素的影响，还要受到利率、汇率、通货膨胀、行业周期等多种外部因素的影响。所以，对保险监管机构来说，选择合适的监管指标和监管手段对偿付能力进行有效监管并不容易。

9.1.2 偿付能力边际的种类

保险公司偿付能力的经济内容表现为一定时期内企业资产负债表中的资产同未决负债之间的差额，一般由资本金、总准备金与未分配盈余之和来代表。保费准备金和赔款准备金合称保险准备金或技术准备金，是保险公司对被保险人的负债。资本金、总准备金和未分配盈余构成保险公司的偿付准备金，偿付准备金的增减体现着偿付能力的消长。

保险准备金的基础是保险期间的索赔期望或损失期望。如果保险期间的实际索赔或实际损失总是与索赔期望或损失期望相等，那么，保险公司只要将总资产维持在与保险准备金相等的规模上，就足以偿付全部债务。然而，实际索赔总是偏离索赔期望，因此，保险公司必须在总资产与由保险责任准备金构成的负债之间保持一个足够大的容量，以承担可能发生实际索赔大于索赔期望时的赔偿或给付责任。这个容量称为保险公司的偿付能力边际（Solvency Margin），通常对偿付能力的管理是通过控制偿付能力边际来实现的。

从不同的管理需要角度出发，对偿付能力边际又引申出以下几个概念：

9.1.2.1 最低偿付能力边际（Minimum Solvency Margin，简称 MSM）

最低偿付能力边际是指保险公司为履行偿付义务在理论上应当保持的偿付能力边际。由于该偿付能力边际来自较精确的理论结果，故它对制定法定偿付能力边际具有指导意义。

9.1.2.2 法定偿付能力边际（Statutory Solvency Margin，简称 SSM）

法定偿付能力边际是指保险监督管理机关规定的保险公司必须具备的最低偿付能力边际，即由保险法规规定的保险公司在存续期间必须达到的保险公司认可资产与认可负债差额。它适用于保险监督管理机构管辖范围内的所有保险公司。

9.1.2.3 实际偿付能力边际（Actual Solvency Margin，简称 ASM）

实际偿付能力边际是指保险公司实际具备的偿付能力边际，即根据监管法规、会计准则调整后的认可资本减去认可负债的差额。一方面，如果保险公司的实际偿付能力边际低于法定偿付能力边际，则意味着该公司处于不能偿付状态，保险监管机构就会对其进行干预，责令其追加资本或者限制业务规模或采取其他措施，直至达到标准。另一方面，保险公司的实际偿付能力边际达到或超过法定偿付能力边际，只能说明该公司处于具备偿付能力状态，但并不意味着该公司的财务状况稳定。要弄清保险公司的财务状况是否稳定，还需要分析该公司的最低偿付能力边际。当然，过高的实际偿付能力边际既不现实，也无必要，因为这会加大保险公司的经营成本。

对被保险人来说，保险公司的偿付能力额度越大越好。保险公司偿付能力越强，对他们的利益越有保障。对保险公司来说，则要考虑偿付准备金与其承担的风险责任相匹配，最大限度地发挥经济效益。为解决这一对矛盾，保险监管机构就要对保险公司的偿付能力额度进行管理，既要确保保险公司的经济利益，又要考虑被保险人的利益，从而设定一个最低偿付能力额度。如果单纯地从保险公司的财务稳定性来看，可以通过总准备金积累较高的实际偿付能力额度，但是实际偿付能力边际过高会造成低效率。一方面，在保险公司营业规模和盈利规模不变的情况下，资本的增加意味着投资报酬率的下降，降低了保险公司的市场竞争能力；另一方面，在投资报酬率下降的情况下，增资本身也会遇到困难。因此，保险公司的实际偿付能力额度保持在什么样的水平最佳，要根据保险公司自身的经营状况、发展战略和经验进行选择。

9.2 影响偿付能力的因素分析

保险公司偿付能力风险由固有风险和控制风险组成。

固有风险是指在现有的正常的保险行业物质技术条件和生产组织方式下，保险公司在经营和管理活动中必然存在的客观的偿付能力相关风险。固有风险由可量化为最低资本的风险（简称量化风险）和难以量化为最低资本的风险（简称难以量化风险）组成。量化风险包括保险风险、市场风险和信用风险，难以量化风险包括操作风险、战略风险、声誉风险和流动性风险。

控制风险是指因保险公司内部管理和控制不完善或无效，导致固有风险未被及时识别和控制的偿付能力相关风险。

9.2.1 资本金

资本金是保险公司得以设立和运作的基础，设立保险公司必须有足够的资本金。按照《中华人民共和国保险法》的要求，保险公司开业时最少要有 2 亿元的资本，主要作为保险公司开业初期的经费来源，用于营业的扩展和维持公司的偿付能力。资本金也是预防失去偿付能力的最后一道关卡，以备准备金提存不足、发生资产无法清偿负债时的急需。

9.2.2 各项准备金与保障基金

保险公司在收取大量保费后，并不可以全部用于投资，为了将来能履行补偿或给付责任，必须将保险费的大部分按照精算要求和保险监管部门的规定提取各项准备金和保障基金。如果准备金提取不足，就会影响偿付能力。因此，保险业在营运过程中，应当严格根据法律规定的要求，提足各项准备金，保险监管部门也应严格进行检查，以防提存不足而导致保险公司丧失偿付能力。所以提取的准备金越多，偿付能力就越强。

9.2.3 投资收益与资金运用状况

随着保险业竞争的加剧，承保业务所带来的利润越来越低，保险投资已经成为保险业重要的利润来源，成为保险业赖以生存和发展的重要支柱。没有良好的保险投资回报，保险公司很难实现规模扩张和良性发展，其偿付能力的提高自然会受到严重影响。鉴于此，宽广的投资渠道、较高的投资回报率是现代保险业发展的必然要求，也是保险公司偿付能力得以提高的重要保证。如果该保险公司有着很高的经营水平，也可以在股市、债市等货币或资本市场上投资，其收益可以提取一部分作为公积金。公积金增多，实际资本就多，偿付能力就会增强。但必须稳健地实现其保值和增值，才能长期而有效地保障保险公司的偿付能力。

9.2.4 业务质量和业务增长率

保险公司的业务质量一定会影响其业务成果，而业务质量主要由赔付率和退保率体现。退保率越高，产生的退保费用和引起的资本越少，公司的偿付能力越低。同理，赔付率越高，意味着保险公司的支出增加，对其偿付能力也是起负面作用的。

越多的业务就要求越多的资金储备。保险业务增加，其要求的最低资本需求也会随之增加，所以业务增长速度与偿付能力负相关。

9.2.5 费用水平

费用是控制业务流量和盈利水平的重要杠杆。保险公司的费用水平的高低直接影响保险公司的利润高低，进而影响到保险公司偿付能力的强弱和经营的稳定。保险费由纯保费和附加保费构成，附加保费由费用附加和安全附加两部分构成。其中，安全附加包含了风险附加和预期盈利部分，它们都是偿付准备金的来源。因此，提高保险公司的经营管理水平，降低费用是改善保险公司经营成果的良好途径。

9.3 偿付能力分析

保险公司对财务稳定性有特殊要求，其偿付能力是保险公司生存和可持续发展的前提。保险公司的资金运转和融通能力主要是偿付能力，包括赔款、给付和偿还其他债务的能力。保险业是负债经营，积聚了国民生产各部门的风险，一旦保险公司财务状况不稳定或出现危机，其影响范围非常广泛，所损害的不只是公司的股东和保单持有者，甚至会影响社会经济生活安定。

保险公司偿付能力主要从短期偿付能力和长期偿付能力两方面来分析。

9.3.1 短期偿付能力分析

保险公司的短期偿付能力分析也称流动性分析，是指保险公司的资产所具有的能随时适应理赔要求的变现能力，即保险公司资产近期产生现金的能力或偿付短期债务的能力。一般来说，期限在 1 年或 1 年之内的称为短期，有时也将企业一个正常经营周期之内算作短期。对于保险公司的债权人而言，缺乏流动性意味着他们的利益得不到保障。在具体分析保险公司的短期偿付能力时，可以采用以下指标：

（1）流动比率。流动比率是流动资产与流动负债的比率，用于反映企业短期偿付能力，比值越高，资产流动性越强。不同的行业，其比值的要求也不同。对于保险业而言，由于存活较少，其数值维持在 1～1.2 较为合理。该比值一般不得低于 1，一旦低于 1，说明保险公司的资产市值不足以偿还其债务，需要介入资金用于偿债。

$$\text{流动比率} = \frac{\text{流动资产}}{\text{流动负债}} \times 100\%$$

（2）速动比率。速动比率是速动资产与流动负债的比率，用来衡量企业的短期清算能力。作为流动比率的辅助指标，它可以更可靠地评价保险公司的流动性和随时赔付能力。

$$速动比率 = \frac{速动资产}{流动负债} \times 100\%$$

（3）现金比率。现金比率是现金及现金等价物与流动负债的比率。现金比率只把现金及其后备来源（即可随时转换为现金的有价证券）与流动负债对比，能够彻底克服流动资产的长期化和不良化所带来的高估公司偿付能力问题，因而可以更好地反映保险公司的即时偿付能力。

$$现金比率 = \frac{现金及现金等价物}{流动负债} \times 100\%$$

9.3.2 长期偿付能力分析

一方面，长期偿付能力分析与短期偿付能力分析有很大差异。短期偿付能力分析考虑的时间段非常短，可以相对合理、精确地进行现金流量预测；而长期现金流量偿付能力预测值缺少可靠性，更多地运用概括性的计量手段而不是精确的计量方式。另一方面，人寿保险、长期健康险等寿险业务具有保险期限长期性特点，绝大部分是期限达 10 年、20 年甚至 30 年以上的长期性负债，在收入补偿与成本发生之间存在较长的时间差。因此，对于寿险业务来说，关心远期偿付能力尤为重要。

总体上说，影响保险公司长期偿付能力的因素有资本结构和获利能力。资本结构是企业的融资渠道，即资产、所有者权益及负债各组合因素间的比例关系。通过资本结构分析可以衡量保险公司对长期资金提供者的保障程度，向长期债权人和股东提供其投资安全程度的信息。获利能力则从另一个角度反映了保险公司的长期偿付能力，因为现金流量的变动最终取决于企业所能获得的收入和必须付出的成本的数额以及两者之间的比例关系，盈利是支付长期负债所需资金的最可靠、最理想的来源。具体可以用以下指标对长期偿付能力进行分析：

（1）资产负债率。资产负债率是负债总额与资产总额的比率，该指标用来反映保险公司资产负债比例关系，说明总资产中有多大比例是通过负债来筹集的，也用来衡量保险公司在清算时保护债权人利益的程度。保险业属于高负债经营行业，资产负债率要明显高于一般制造业。一般来说，财险公司指标值应小于 85%；寿险公司的资产负债率要高于财险公司，但一般也应小于 90%。如果保险公司的资产负债率大于 100%，则表明保险公司资不抵债，视为达到破产的警戒线。

$$资产负债率 = \frac{负债总额}{资产总额} \times 100\%$$

（2）负债经营率。负债经营率是负债总额与所有者权益的比率，也称产权比率，反映由债权人提供的资本与投资者或股东提供的资本的对应关系，用以衡量保险公司的基本财务结构是否稳定，表明债权人投入的资本受到股东权益保障的程度。对于保险业这种高负债经营机构，该指标一般都大于 1。负债经营率和资产负债率具有共同的经济意义，两个指标相互补充。

$$负债经营率 = \frac{负债总额}{所有者权益} \times 100\%$$

（3）固定资产比率。固定资产比率是固定资产净值和在建工程余额之和与净资产的比率，该指标为约束性指标，主要监测保险公司固定资产占资本金的比重，旨在控制保险公司实物资本比例。固定资产具有周转速度慢、变现能力差、风险大等特点。如果固定资产比重过高，将影响资本的流动性。

$$固定资产比率 = \frac{固定资产净值 + 在建工程余额}{净资产} \times 100\%$$

9.4 我国对保险公司偿付能力的监管

中国保监会在保险领域的市场化改革方面的基本思路可以归纳为“放开前端，管住后端”。所谓“放开前端”，就是减少事前监管，改变主要依靠审批、核准等行政许可手段来进行事前管制的方式，把经营权和管控风险的首要责任交还给市场主体；所谓“管住后端”，就是通过改进和加强偿付能力监管，切实守住风险底线，切实保护保险消费者的利益。

“偿二代”采用风险导向的原则，全面覆盖保险公司的七大类风险，更加科学地计量保险公司的风险状况，并将保险公司的风险管理能力与资本要求挂钩，体现了风险监管的科学性和公平性；鼓励保险公司提高风险管理水平，加强了中国保险业的竞争力。“偿二代”的远期目标是减轻不良或非预期的风险敞口，并为新兴市场偿付能力监管树立标杆。

9.4.1 “偿二代”的制度框架

与“偿一代”侧重定量监管和规模导向的特征相比，“偿二代”采用国际通行的定量监管要求、定性监管要求和市场约束机制的三支柱框架，具有风险导向、行业实际和国际可比三个显著特征。“偿二代”的17项主干监管规则有机联系，共同作用，构建了一套风险识别和防范的安全网。

9.4.1.1 第一支柱——定量监管要求

定量监管要求主要用于防范能够用资本量化的保险风险、市场风险、信用风险三大类可量化风险，通过科学的识别和量化上述风险，要求保险公司具备与其风险相适应的资本。具体内容包括：一是最低资本要求，即三大类量化风险的最低资本、控制风险最低资本和附加资本。二是实际资本评估标准，即保险公司资产和负债的评估标准。三是资本分级，即根据资本吸收损失能力的不同，对保险公司的实际资本进行分级，明确各类资本的标准和特点。四是动态偿付能力测试，即保险公司在基本情景和各种不利情景下，对未来一段时间内的偿付能力状况进行预测和评价。五是监管措施，即监管机构对不满足定量资本要求的保险公司，区分不同情形，采取监管干预措施。

9.4.1.2 第二支柱——定性监管要求

定性监管要求，即在第一支柱基础上，防范难以量化的操作风险、战略风险、声誉风险和流动性风险。具体内容包括：一是风险综合评级，即监管部门综合第一支柱对量化风险的定量评价，以及第二支柱对难以量化风险的定性评价，对保险公司总体的偿付能力风险水平进行全面评价。二是保险公司风险管理要求与评估，即监管部门对保险公司的风险管理提出具体要求，并对其进行监管评估，进而根据评估结果计量公司的控制风险最低资本。三是监管检查和分析，即对保险公司偿付能力状况进行现场检查和非现场分析。四是监管措施，即监管机构对不满足定性监管要求的公司，区分不同情形，采取监管干预措施。

9.4.1.3 第三支柱——市场约束机制

市场约束机制，即在第一支柱和第二支柱基础上，通过公开信息披露、提高透明度等手段，发挥市场的监督约束作用，防范依靠常规监管工具难以防范的风险。具体内容包括：一是加强保险公司偿付能力信息的公开披露，充分利用市场力量，对保险公司进行监督和约束。二是监管部门与市场相关方建立持续、双向的沟通机制，加强对保险公司的约束。三是规范和引导评级机构，使其在偿付能力风险防范中发挥更大作用（见图9.1）。

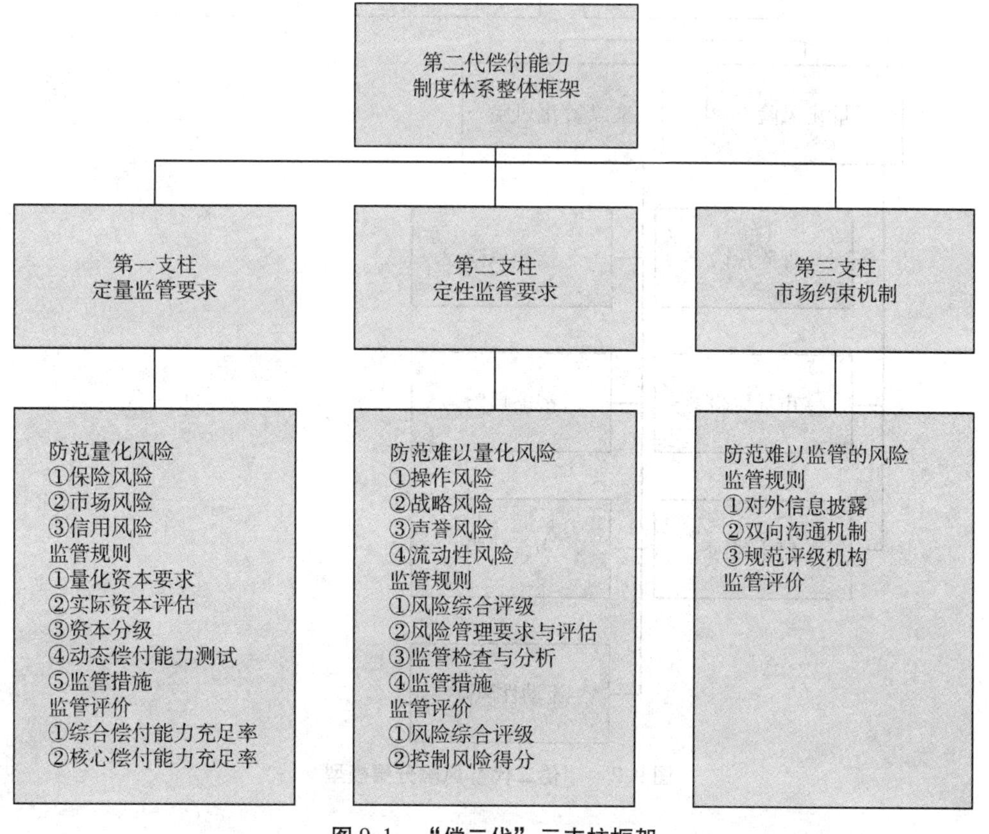

图9.1 “偿二代”三支柱框架

9.4.2 "偿二代"的特征

9.4.2.1 风险导向

"偿一代"对保险公司面临的风险没有进行系统分类，监管标准与风险关联度低，反映风险不全面，不利于保险公司风险防范和监管部门的有效监管。在"偿二代"建设过程中，保监会深入研究了欧盟偿付能力Ⅱ和美国RBC的风险分类标准，立足我国保险市场实际，在"偿二代"中首次建立了中国保险业的风险分层模型。"偿二代"将保险公司面临的风险分为难以监管风险和可监管风险，可监管风险又分为固有风险、控制风险和系统风险。在此基础上，对每类风险又做了多层细分，建立了中国保险业系统、科学的风险分层模型，这是建设以风险为导向的偿付能力监管制度的基础和前提（见图9.2）。

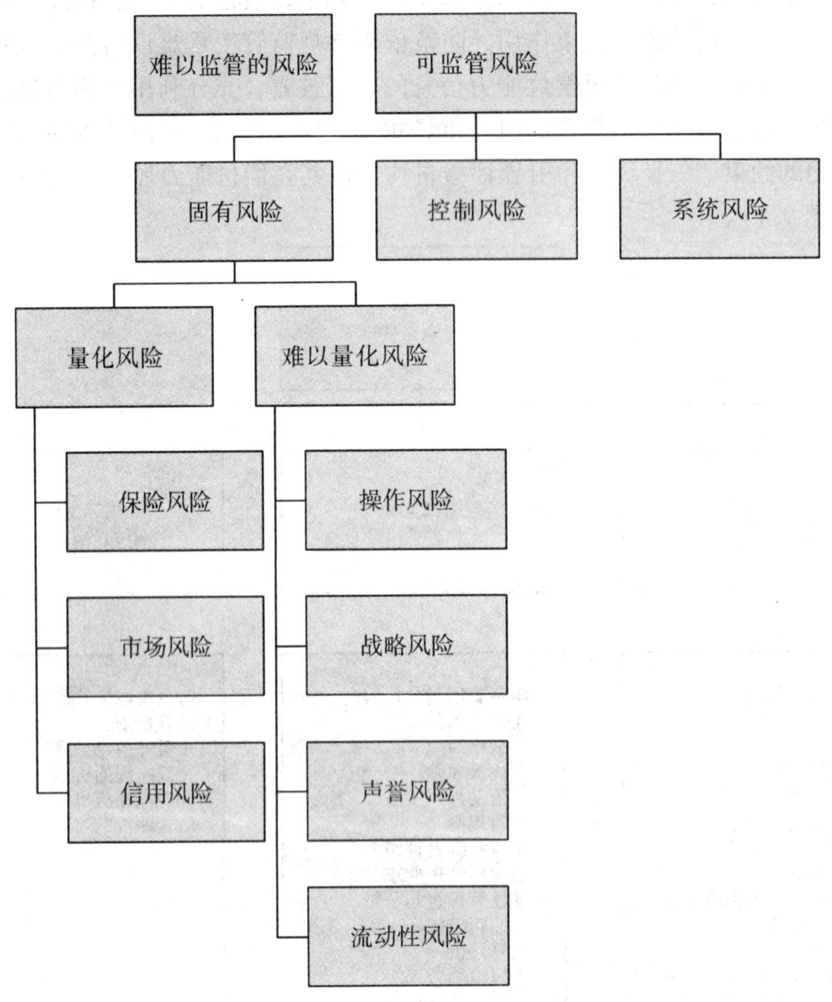

图9.2 "偿二代"风险分层模型

9.4.2.2 行业实际

一是充分体现我国新兴市场的实际。针对新兴市场金融体系不健全、有效性不高的实际，“偿二代”下的资产负债评估，既没有采用欧盟偿付能力Ⅱ的市场一致评估原则，也没有采用美国 RBC 的法定价值法，而是立足中国实际，采用了以会计报表账面价值为基础并适当调整的方法。针对新兴市场底子薄、资本相对短缺的实际，“偿二代”在守住风险底线的前提下，通过科学、准确地计量风险，释放冗余资本，提高了资本使用效率。针对新兴市场技术水平相对较低的实际，“偿二代”将大量模型计量工作前置到建设过程，量化资本标准主要采用综合因子法，可操作性强，实施成本低。针对新兴市场发展速度快、风险变化快的实际，“偿二代”预留必要的接口，能根据市场变化情况，在不影响规则框架的情况下，完善监管要求，具有较强的适应性和动态性。二是充分体现我国保险业实际。“偿二代”各项参数和因子，是基于我国保险业近 20 年的大数据实际测算得到的结果，客观反映了我国保险业的风险状况。在大金融、大资管背景下，“偿二代”还考虑了保险业与银行业、证券业资本监管规则的协调。

9.4.2.3 国际可比

“偿二代”在监管理念、监管框架和监管标准等方面，符合国际资本监管的改革方向，与国际主流的偿付能力监管模式完全可比。“偿二代”以风险为导向的监管理念，与欧盟偿付能力Ⅱ、美国 RBC、巴塞尔资本协议完全一致；“偿二代”采用国际通行的三支柱框架，符合国际资本监管的改革趋势；“偿二代”在监管标准制定中，采用先进的随机方法对风险进行测算，并实行资本分级，打开了资本工具创新的“天花板”，丰富了保险公司资本补充渠道：这都符合国际发展潮流。

“偿二代”作为来自新兴市场、具有国际可比性的监管模式，是中国为国际偿付能力监管模式做出的探索性贡献，有助于促进全球保险业的共赢发展。

9.5 保险公司对偿付能力的管理

9.5.1 负债端的管理

9.5.1.1 产品及业务发展策略方面

在“偿二代”风险计量框架下，产品风险计量方式由过去按规模计提改为根据风险类别进行分类计量，产品及业务发展策略选择的不同将显著影响保险公司的资本要求。

一方面，“偿二代”对产品按风险大小确认最低资本要求，一味追求规模、忽视风险的业务发展方式需增加相应资本要求，对于当前行业“重规模、轻风险”的现象将起到一定遏制作用。另外，产品的类别、条款设计也将影响公司资本要求。以寿险产品为例，产品认可负债新增了期权与保证的时间价值（TVOG），储蓄性强、保底收益高、资产负债匹配差的产品通常资本消耗较高。例如针对寿险公司面临的主要保险风险之一——退保风险，若公司在产品开发和业务发展前期关注不够，后期退保管理不完善，将会显著增加退保风险资本占用，增加最低资本要求。新规则通过量化资本要求，引导行业重视风险，促使公司权衡产品和业务发展策略的收益与成本，回归以保障为核心的价值发展道路。另一方面，由于“偿二代”风险的计量还考虑不同产品、业务之间风险的负相关性，如寿险公司保险风险中损失发生风险最低资本的死亡风险和长寿风险的相关系数设定为-0.25，年金业务与寿险业务的风险可部分对冲，降低公司最低资本总要求，因此公司产品和业务发展策略不再是单个产品、业务条线的设计，而是需要从公司整体业务规划出发，考虑各产品业务条线之间风险的天然对冲性，确定公司总体产品和业务策略，减小最低资本中量化资本要求。

9.5.1.2 融资策略方面

为加强资本对保险公司发展的支持力度，完善资本补充机制，“偿二代”拓宽了保险公司的融资方式，并增加相应资本分级要求，加强对保险公司资本质量的把控。

一方面，保险公司除股东注资、发行次级债和可转股外，还可在银行间债券市场发行资本补充债券，资本补充渠道进一步多样化，有效提高公司风险抵御能力。另一方面，“偿二代”根据资本吸收损失的能力，从存在性、永续性、次级性以及非强制性四方面对资本进行分级，分为核心资本和附属资本各两级分别监管，并对各级资本限额提出相应要求，体现了监管对保险公司资本的质量要求和资本类别倾向。

根据“偿二代”要求，各个级别之间的融资工具区别并没有严格的界限，同一类型的融资工具划分为何种资本由具体融资条款确定。例如，优先股根据其条款是否包含对优先股息的强制分配责任来划分对应资产级别，如果没有强制分配责任则作为核心资本，否则记为附属资本。保险公司在发行资本补充工具时，应考虑限额要求，优先补充核心资本，提高资本级别。

9.5.2 资产端的管理

“偿二代”以风险为导向，“放开前端，管住后端”的监管思想对保险公司资金运用将产生更加直接的影响。根据“偿二代”监管规则，资产的类别、属性、质量、信用级别等将从以下两个层面影响保险公司最低资本要求：

9.5.2.1 战略资产配置层面

“偿二代”对不同大类资产最低资本设计了不同的基础因子和特征因子，细致刻画了上市股票、投资性房地产、信托计划等资产类别风险的差异。根据新规则，权益资产、不动产投资的风险资本要求有所提升，体现了更为审慎的监管要求。保险公司在大类资产进行配置时需综合考虑各类资产的收益和风险，根据公司的风险偏好和发展战略，确定最佳资产配置。

9.5.2.2 战术资产配置层面

保险公司在确定具体投资资产时不仅要关注资产的收益，还应考虑固定收益类资产的久期和交易对手情况、上市普通股票所属板块、基金级别、资产管理产品的基础资产属性、另类资产的透明情况等风险因素，不同资产配置将对公司最低资本产生显著影响。因此，公司应具备更细致、全面的投资决策和管理流程，综合衡量收益率与资本要求，确定最适合的战术资产配置。

9.5.3 保险公司偿付能力经营管理

9.5.3.1 战略管理方面

随着车险、寿险分红险费率改革等一系列市场化措施的实施，“偿二代”“放开前端”的方式将进一步促使保险主体进行差异化经营。无论保险公司的发展战略是产品创新型、主导细分市场型，还是成本节约型或投资驱动型，都应以满足偿付能力充足率为基础目标，平衡公司长远发展和短期策略、价值积累和规模发展的关系，根据自身资源、核心优势和风险管理能力进行理性决策，选择相适应的市场定位和发展目标，制定特色化发展战略。

根据自身特色化发展战略，保险公司应制定相适应的产品业务发展策略、资金运用策略和融资策略。一是在产品研发和制定业务规划时，除考虑市场、现金流、销售团队等传统因素外，还需在公司整体战略规划和风险偏好约束下兼顾产品的风险属性、资本占用因素，理性对待短期保费规模，追求长远价值发展，制定合理的业务发展目标，兼顾业务发展与资本效率；二是在制定资金运用策略时，公司应综合考虑市场风险、信用风险因素，评估市场各资产类别的风险化收益，从而确定合理的长期大类资产配置，并在各类资产中选择收益与风险相适应的资产，提高资金运用效率；三是在制定融资策略时，公司应建立资本管理机制和制订应急计划，做好资本长期规划，随时监测公司资本状况，设计合理条款，及时补充各级资本，保证公司偿付能力水平充足。

9.5.3.2 日常经营管理方面

（1）体系化管理要求。“偿二代”通过以偿付能力监管为核心，将保险公司产品策略、融资策略、资金运用策略和风险管理能力融为一体，促使保险公司通过加强对偿付能力资本的量化、补充、运用和管理，由条线管理向体系化管理转型，对保险公司的日常经营管理中各业务的统筹管理、协同合作提出了更高要求。

保险公司经营管理应强调从全局出发，分析不同业务资本占用特点，评估各项资金运用方式占用资本，从而制定合理的业务发展规划，优化投资结构，理性衡量业务的发展与风险，实现风险资本与收益的有效匹配。由于新规则下公司各项决策都可能对公司偿付能力产生影响，公司需借助偿付能力资本管理工具，通过资本的预测、分析和管理，实现体系化的管理，支持公司稳健经营与发展。

（2）精细化管理要求。为适应“偿二代”对风险计量等工作的细致要求，保险公司应注重提高日常经营管理精细化程度，对照监管要求改进各项工作流程，完善如精算模型、资本管理和费用预算等环节的管理。保险公司精算模型和管理应针对寿险合同负债计量标准以及市场风险、信用风险的计量的变化进行调整。由于“偿二代”认可资产、认可负债和最低资本的计量给予了保险公司一定的自由度，公司可以通过改进精算模型和技术，如选择合适的计量单元，提高偿付能力计量模型精确性。

“偿二代”对保险公司资本计量和财务管理能力要求也有所加强，例如，新规则要求公司的费用假设需与费用预算结合制定。保险公司应完善费用分析，制定严密预算管理制度，更好地控制费用风险。此外，由于公允价值法计量和成本法计量资产在“偿二代”下的区别，固定收益类资产的会计分类将影响公司市场风险、信用风险最低资本要求。公司应根据资产特点，谨慎选择合适的会计类别。

9.5.3.3 风险管理方面

在倡导风险导向的理念下，“偿二代”结合当前行业阶段性特征，开创性地将保险公司偿付能力与其自身风险管控水平紧密结合起来，强调风险管理的重要性，在全面风险管理的基础上对保险公司的风险管理能力提出更加明确、具体的要求。

一方面，“偿二代”规定监管机构可对存在重大风险的保险公司直接采取监管措施。风险管理综合评级通过对四类难以量化的风险即操作风险、战略风险、声誉风险和流动性风险进行评价，结合偿付能力充足率指标，以各占50%的比重综合评价保险公司的偿付能力风险。即使偿付能力充足率达标的公司，如果上述四类风险较大，仍然会被评为C级或D级，将会受到更严格的监管或被采取相应监管措施。另一方面，“偿二代”使得风险由过去的隐性成本转为显性成本，保险公司可以通过风险管理直接创造价值，提高管理效率。根据偿付能力风险管理能力评估要求，保险公司控制资本为量化资本的一个比例，该比例与偿付能力风险管理评分得分直接相关。当评估至少得分为80分时，公司风险管理水平才不会对公司最低资本产生负面影响。如果保险公司提高风险管控能力，评估为满分100分时，就能减少10%的量化风险最低资本要求，有效节约公司资本。

在“偿二代”新规则下，保险公司风险管理将向专业化、前置化、嵌入化的发展方向持续转型。一是“偿二代”鼓励保险公司运用专业风险管理工具进行风险管理，借助风险偏好、经济资本等工具强化对公司整体风险的管控，从而有效评估公司风险管理状况，做到风险早发现、早应对。二是“偿二代”通过明确要求保险公司风险管理部门参与战略规划制定，并对业务规划、全面预算开展独立的风险评估，使得风险管理职能在公司经营发展道路上将不再只是行使“刹车”作用，还需在前端发挥导航仪功能，引导公司在各种决策中考虑风险因素，平衡收益与风险，制定合理决策。三是“偿二代”强调将风险管理要求纳入具体业务流程的设计和考核中，进一步推动风险管理在各条线日常经营的融入程度。

保险公司应按照监管要求，从以下方面加强风险管理体系建设：一是完善偿付能力风险管理制度体系，强化专项风险管理机制；二是提升风险管理专业水平，运用风险偏好、经济资本等专业工具推动公司风险管理升级，加强管理的科学性；三是完善风险管理信息系统建设，提高数据监测、获取和报送的及时性、准确性，结合风险偏好和经济资本等管理工具监测结果，强化系统风险分析与预警功能。

9.5.3.4 专业化人才方面

“偿二代”对保险公司人才提出了进一步的要求，尤其是对风险管理部门具体规定了人员数量、专业等。保险公司应逐步增加相应岗位人员配置，加强内部培养和外部引进，建立人才成长通道，建设一批专业化的复合型人才队伍，夯实公司长期发展的基础。

此外，“偿二代”以风险为导向的要求需要相应的考核机制配合，未与绩效考核挂钩的导向难以真正地有效推行。保险公司应设计合理的考核体系，按照监管要求对各业务部门日常风险管理责任赋予不同权重的考核比例，加强全员风险管理意识和责任，充分发挥风险管理三道防线职责，切实推行风险导向管理要求。

10 保险公司的再保险管理

再保险是指保险人将其承担的保险业务，部分转移给其他保险人的经营行为，视为保险人之间的责任分担，即分保。这种风险转嫁方式是保险人对原始风险的纵向转嫁，即第二次风险转嫁。再保险是保险市场的重要组成部分，一个健康的保险市场必须有再保险的支持，正是因为再保险的巨大作用——分散直保市场风险、扩大承保能力、改善偿付能力等。通过分保，再保险有力地分担了直保市场的承保风险，让每一家保险公司单独承受的风险控制在可控范围内，保证了企业的稳定。并且，由于再保险人可以选择分入业务，控制价格和承保条件，促使保险人控制保险风险，对保险人的业务选择、经营管理、风险控制都有促进作用，引导直保市场的健康发展。不仅如此，再保险收取的保费收入能够聚拢大量闲置资金，推动资本市场的发展。国家对再保险监管的核心是偿付能力管理。

10.1 运用再保险的意义

10.1.1 增强承保能力，扩大经营范围

对于一个保险公司来说，无论规模多大，技术力量多雄厚，保险人的承保能力受其资本金、准备金等财务状况限制，其自身的财务相对于承保风险是十分有限的，尤其是随着科技的发展和应用，保险标的的保额都在几亿甚至几十亿元以上，保险人因自身资金的限制无法承保巨额的保险标的。协调保险人承保能力与财务能力之间矛盾的有效途径就是再保险。保险人通过再保险，将超过自身财力部分的业务分保出去，这样可以在不增加资金的前提下，增强承保能力，对原本无力承保的风险也予以承保，同时又不影响保险人的偿付能力。由此可见，再保险使原来在一个或几个保险公司中不可能实现的大数法则在保险同业之间或国际大范围内得以实现。

10.1.2 控制保险责任，稳定经营成果

保险业是集中承担风险又有效分担风险的经营机构，虽然它可以免除被保险人的各种风险，但本身却内含一定的经营风险。这是因为保险公司从社会上承揽的各种危险责任有多种不确定性，即使按照大数法则、概率规则来承担业务，也很难使承揽的业务险种在数量上都达到大量，在保险金额上都达到自然均衡，使经营的实际赔付率完全与预定的比率相符，在经营的各个年度都不致遭遇巨灾损失。然而借助了再保险

机制，保险公司就可依据其资本和准备金的实际情况，确定每类保险的自留限额，然后将超出自留额的部分分出，以使同类危险单位的保险金额均衡，使实际的平均损失更能接近于预期的平均损失。同时保险公司可通过分出、分入的调剂，通过对每个危险单位的责任的控制，或者对一次事故中的累积责任的控制，或者对某保险险种的赔付率的控制，使各险种的数量达到足够大量，使原集中于某一区域的危险责任得到分散，从而将自身承担的风险责任控制在合理的范围内。尽管有的年份保险事故损失较少，保险公司可能因为再保险费的支出而减少其利润额，但却能在损失较多的年份，从再保险人处摊回赔偿金额，而控制其损失赔付，最终使其各年经营成果趋于稳定，而可获得正常利润。

此外，保险公司通过再保险还可控制每次损失的最高赔付额和责任积累额。保险公司承接的各险种业务有时在地区上会比较集中，一次灾害可能会累及诸多危险单位。如一次火灾可能会殃及一片房屋，一次风灾可摧毁广大地区的农作物，尽管每一危险单位的自留责任有了控制，但若相距甚近的众多危险单位一齐受灾，则赔付责任依然很大，甚至可能会不能负担。此时，保险公司就可通过巨灾损失赔付再保险控制责任，还可通过赔付率超赔再保险，控制时间跨度内的责任累积，一年内的赔付责任总额得到了控制，就能保证其经营的稳健。

10.1.3 便于业务指导，形成联保基金

再保险关系的确立，使原保险人的利益与再保险人的利益联系在一起。原保险人经营不善，防灾不力，事故赔付增加，再保险人的摊赔也就必然增多，因而再保险人对原保险人的经营情况十分关注，从而能促使原保险人业务经营规范化。再保险关系的确立，一般有一定的接受条件，分入业务的同时，也是对原保险业务费率和承保条件的审核。如果原保险业务风险很大，经营又不规范，或者费率过低，违背实际要求，再保险人就不愿接受。因而从某种意义上说，每一项再保险业务的洽谈，实际上都是对原有业务的一次再审核。同时再保险关系的存在，也使新成立的保险公司获得经验丰富的再保险公司的业务指导机会，促使其业务迅速纳入正常轨道。此外，再保险关系的确立，使原来各家独立的保险公司有了携手合作的机会，原来各家独立保险公司筹集的保险基金也因此而汇集成了联合的保险基金。这样，通过再保险，保险公司既分散了危险责任，降低了保险成本，又提高了保障程度，保全了被保险人的合法权益。

10.2 再保险业务的种类

作为分出公司的原保险人与作为分入公司的再保险人，在保险责任的分摊方式上可采用比例分摊责任和非比例分摊责任的方式，由此便分为比例再保险和非比例再保险两大类。保险公司之间的风险转嫁和责任分摊，通常是基于原保险人所接纳的业务性质、保障程度、分布区域、责任累积和承保能力的综合考虑，是多方面因素权衡的结果。原保险人自身承担的责任为自留额，转让出去的部分为分保额。自留额与分保

额的选用可以保险金额和赔款金额的大小作为依据，如按保险金额确定自留额与分保额比例的，即为比例再保险，其中包括成数再保险、溢额再保险以及成数、溢额混合再保险；如以赔款金额确定自留责任额和分保责任额的，就为非比例再保险，其中包括险位超赔分保、事故超赔分保（巨灾超赔分保）和赔付率超赔再保险。

10.2.1 比例再保险

比例再保险是原保险人与再保险人按事先约定的比例分配保险金额，相应地，再保险费计算以及赔款的分摊也全都按约定的保险金额同一比例分担。

10.2.1.1 成数再保险

成数再保险就是原保险人将所承保的每一保险单的保险金额，按照合同订明的固定比例分给再保险人，使危险责任在原保险人与再保险人之间实行成数比例分配。由于成数再保险是按约定比例进行分保的，因而再保险费和赔款也都按同一比例分配，所以成数再保险是比例再保险的代表方式。成数再保险是以原保险人与再保险人利益完全一致为特点的再保险方式。由于承担的危险责任和所获的再保险费收入都以同一比例分配，因此所取得的经营结果，不论盈余或亏损，双方的利益关系始终是一致的。可见，这种再保险方式具有合伙经营的性质，也是唯一利害关系完全一致的分保方法。

成数再保险对于缔约双方来说，手续比较简便，管理费用比较节省，每笔业务都按固定比例承担各自的责任，也按各自所占的比例分摊业务管理费和赔款，同时分享保险费，权利与义务相当。因此，只要准确算出总保险费和赔款总额，便可一一推算出相应的分摊数。如一宗运输货物，保险金额为 2 000 万元。原保险人与三个再保险人签订成数再保险合同，自留 30%，即承担 600 万元的保险责任；甲再保险人分担 30%，也就是承担 600 万元的保险责任；乙再保险人承担 25%，即 500 万元的保险责任；丙再保险人承担 15%，即 300 万元的保险责任。若保险费收入为 2 万元，则原保险人按比例得 6 000元，甲再保险人得 6 000 元，乙再保险人得 5 000 元，丙再保险人得3 000 元。若发生赔案也按约定的比例，由原保险人和甲、乙、丙三个再保险人共同分摊。当然，各个再保险人也需按比例支付给原保险人一定的手续费。由此可见，原保险人与三个再保险人签订成数再保险合同，责任分担和保费分享的计算并不繁杂。因此，成数再保险可用于特种业务，如核保险、航空险、责任险、汽车险以及建工险，而且在转分保中一般也被采用。

成数再保险方式对于分散危险责任比较彻底，它对每一危险单位或每一保险单的责任都实行了分保。但是成数再保险一般都有最高承保限额规定，对每一危险单位或每一保险单规定最高责任限额，超过部分仍需由原保险人承担。正因为如此，成数再保险对于巨额风险，往往需配以其他形式的再保险，以进一步分散危险责任。这是因为保险金额太大，以固定比例测算的自留额和分保额自然会相当大。原保险人与再保险人都需控制各自的责任范围，因此还必须借助其他的再保险方式，以便更有效地控制责任额度。

10.2.1.2 溢额再保险

溢额再保险是由原保险人根据承揽的各类保险业务的危险性质以及自身承担能力，对每一个危险单位确定一个具体的自留责任限额，将超过确定的自留额以上部分视为溢额，转让给再保险人，并以约定的自留额的一定倍数作为分出额，然后按照自留额与分出额对保险金额的比例分配保险费和分摊赔款。正是由于原保险人确定了自身所承担的自留额，再保险人的责任则是以自留额的一定倍数为计算原则，因此原保险人的责任自担数额与再保险人的责任分担数额就形成了一定的倍数关系，这便是溢额再保险归属于比例再保险方式的原因所在。

显然，溢额再保险的自留额与分出额是呈倍数比例的关系，这是溢额再保险的最大特点。分出额一般称为合同限额，它是按每一危险单位可能发生的最高损失来确定的。合同的容量用线或单位表示，将自留额作为制定合同限额的基本单位。如原保险人确定的自留额是 100 万元，溢额再保险人最高接受限额确定为 10 线（即 10 倍），那么再保险分出额即为 1 000 万元。溢额再保险关系确立后，原保险人与再保险人实际承担的比例不同于成数再保险合同的固定比例，而是随着每笔业务保险金额的大小而变动的。如承接一笔 200 万元保险金额的业务，原保险人自留 100 万元，再保险人承担溢额 100 万元，双方比例关系为 1∶1；如若承担的业务保险金额为 1 000 万元，则原保险人自留 100 万元，900 万元就作为溢额转让给再保险人，双方的责任比例就变为 1∶9 的责任分担。自然，最终经营的结果对于原保险人与再保险人来说也是不同的，这与成数再保险关系中原保险人与再保险人利益完全一致的结果是明显不同的。

溢额再保险具有较大的灵活性，原保险人不仅可以根据其承保的不同业务种类、质量和性质确定恰当的自留额，有效控制自身的责任，也可均衡保险金额，而且在业务选择和节省再保险费支出上有很大的主动权。保险金额小的可全部自留，由此可自留大部分保险费；保险金额大的业务，还可分层次溢额分保。在订立第一溢额再保险合同基础上，还可根据需要确立第二、第三溢额再保险。

虽然溢额再保险手续较为烦琐，需根据不同的保险金额计算分得比例以及相应的分保费和赔款的分摊数额，编制再保险账单和统计表也较麻烦，由此而产生的管理费用也高于成数再保险，但溢额再保险具有充分的灵活性，尤其适用于业务质量差异大、保险金额不均齐的保险业务。因此，溢额再保险也是国际保险市场上普遍采用的方式之一。

10.2.1.3 成数、溢额混合再保险

由于成数与溢额再保险同属于比例再保险，两者也可混合运用，因此形成了成数、溢额混合再保险。这种再保险方式是将成数分保比例作为溢额分保的自留额，再以自留额的若干线数作为溢额分保的最高限额。这种混合运用在实践中也很普遍。这种再保险方式综合了成数再保险和溢额再保险的特点，既可节省再保险费用，又可简化再保险手续，因而能更好地满足多种需要。

10.2.2 非比例再保险

非比例再保险，又称超额损失再保险。该再保险方式对于原保险人与再保险人之间的责任分配，是按约定的赔款限额或赔付率来决定的。凡损失在赔款限额以内的，由原保险人自行负担；超过规定限额的赔款部分，则由再保险人根据合同规定履行职责。其中，保险责任、再保险费以及赔款的分摊都与原保险金额没有任何比例关系，而是另行约定。这种超额损失再保险，将原保险人的赔款限定在一个固定的数额或比率之内，一旦发生巨额损失，也不致影响原保险人的日常经营。当然每一再保险人也有其自身的责任限制，因而遇到大保额的业务还需与数家再保险公司进行分摊。总之，超额损失再保险可以使保险人对每一危险单位、每一次事故的赔付以及年赔付率都能有所控制，尤其是有效地控制了责任累积。因此，这种非比例的再保险方式也被广泛采用。

在超额损失再保险关系中，双方业务经营的结果没有任何互相制约关系，而完全是依发生损失金额的大小为转移的。如果接连发生小额损失，全都在原保险人自负的赔款限额之内，则再保险人就无须支付任何赔款，原保险人的经营业绩便会受直接影响；而如若发生多起大额赔款，则原保险人有限额保障，赔付额得到有效控制，而再保险人则可能受影响较大。超额损失再保险自负责任和分保责任是没有比例关系的，如约定自负责任额为100万元，分保责任为250万元，则发生损失在100万元以内的，全都由原保险人负责支付；如损失250万元，则原保险人负责100万元，再保险人负责150万元。如损失超过250万元，仍需由原保险人负责赔偿。超额损失再保险的具体种类可以分为险位超赔分保、事故超赔分保和年赔付率超赔分保。

10.2.2.1 险位超赔分保

险位超赔分保是以每一危险单位的损失赔款作为计算原保险人自留责任和分保责任数额的基础。在规定限额内的损失赔款由原保险人自己承担，超过限额的则由再保险人负责赔偿。既然险位超赔分保是以每一危险单位的损失赔款为基础的，那么对于危险单位的正确划定就非常重要了，也就是说要恰当判定一次灾害事故可能造成的最大损失程度，据此才能确定自负责任和分保责任。当然，再保险人在接受分保责任的同时，也意味着同意原保险人关于一个危险单位的划定。

10.2.2.2 事故超赔分保

事故超赔分保是以一次保险事故在特定时间内所造成的赔款总和来计算自负责任额和分保责任额的，它可以解决一次事故造成多个危险单位损失而形成的责任累积。一次事故的划定，一般是从时间和空间两个方面加以限定的。如通常规定飓风、暴风雨持续48小时的损失为一次事故，地震、火山爆发72小时的损失为一次事故。空间限制是对遭灾地区的划定，如洪水以河盆或分水岭划分洪水区。

原保险人可以根据需要分若干层次的超额损失再保险，层层分散危险责任，使各个再保险人的责任也能得到有效控制。如原保险人的赔款自负额规定为150万元，第一层的超赔损失再保险人负责150万元以上的100万元，第二层的超赔损失再保险人负担超过250万元以上的限额。这样层层分担，就有效地控制了各自的责任。当然各个层次的再保险费率是不同的，主要是根据赔案损失发生的客观情况而定。一般来说，巨灾发生的概率较小，因此层次越高再保险费率就越低。

由于超赔损失再保险是按合同年度预先支付再保险费的，而且不必提供保费准备金，有利于再保险人运用资金，再加上巨灾的随机发生率周期较长，如地震就有平静期和活跃期交替周期，风灾平均若干年遭遇一次，其中偶然性的因素较大，因此有些再保险人也愿意分入这种超赔损失再保险。

10.2.2.3 年赔付率超赔分保

年赔付率超赔分保即赔付率超赔再保险，是按每个年度的赔付率来计算自留责任和分保责任的，是以原保险人某类保险业务全年损失的赔付比率为基础的。而赔付率是以一年中积累的赔款额与全年保费收入净额的比率计算而得的，在约定的赔付率以下由原保险人自己承担，超过约定的赔付比率才由再保险人负责，但其也有责任限制，超过再保险人责任限制以上的，仍需由原保险人负责。

全年赔付率的责任限制对于原保险人稳定经营业绩是有力的保障；同样，再保险人有了责任限额控制范围，也能够基本把握最大可能的赔付分摊金额，从而顺利地分担危险责任，所以赔付率超赔再保险也可称为损失限额再保险。

上述比例再保险方式和非比例再保险方式在实际业务中还常常配合运用，以取得更好的效果。

10.3 再保险的形式

10.3.1 临时再保险

临时再保险是保险市场上最早使用的一种再保险形式。它是指由于业务发展的需要，分出公司与分入公司根据各自情况洽商分保条件和费率，而临时达成的再保险协议。临时再保险的特点在于：

10.3.1.1 自由选择度大

临时再保险关系中的双方对每笔再保险业务的分出和分入都有自由选择的权利。分出公司对于业务是否要安排再保险、分出金额多少、选择的险别和费率条件都可以根据自身所承受的危险责任累积程度以及自留额的多少来决定。同样，分入公司是否接受、接受多少，是否需调整再保险的条件，也完全可以视业务的性质、本身可承担的能力以及已接受业务的责任累积自主决定，灵活洽商，无任何强制约束。

10.3.1.2 适应性较强

临时再保险以一张保险单或一个危险单位为基础逐笔协议，业务条件清楚，适应性强。它不仅对于高风险的业务，诸如石油勘探责任险、航空险、地震险、洪水险以及战争险都是适用的，而且为超过合同限额以及合同除外的业务安排也提供了分散风险的渠道，另外也为新开办的、数量少、业务不稳定或规律性较难掌握的业务创造了责任分担的条件。采用临时再保险形式分保时，既可按比例责任分保，也可按非比例方式分配分出公司与分入公司的责任，具体有成数临时再保险、溢额临时再保险和超额赔款临时再保险，可见其适应性较强。

10. 3. 1. 3 逐笔审查，手续烦琐

尽管临时再保险可以通过电话、电报、电传或信件方式协议再保险条件以及相互承担的责任，但分出公司一方往往需要等到分入公司做出肯定答复后，方才可以确定自身最终担负的危险责任。分入公司即再保险人也需仔细审核后，才能决定接受多大百分比或多大金额的分保业务。至于合同条件的更改，也需征得再保险人的同意。只有在再保险人正式复证后，合同才成立。有时再保险分出公司往往要联系数家再保险分入公司，将业务安排妥当后，才能承保原保险业务，这往往会使其处于不利的竞争地位。至今临时再保险形式仍在世界保险市场上得到运用。

10. 3. 2 合约再保险

合约再保险合同，是一种长期性的再保险协议，在一定时期内连续有效，如一方想终止合同，必须在规定期限内通知对方，否则合同继续有效。规定期限多为每年年底前三个月，以书面形式通知对方于年底终止合同。合同解除后，原分保业务未满期的责任仍继续有效，直至自然满期为止。固定再保险合同的长期性，使原保险人在合同期间的经营活动有了较大的灵活性，可扩大承保规模而无须逐笔洽商，同时有了合约再保险合同，确保了原保险人危险责任的及时转嫁，从而获得了稳定的经营条件。再保险分入公司通过合约再保险合同，也能获得数量较多、危险较为分散的整批保险业务。合约再保险是国际再保险市场上运用最广泛的再保险形式。

合约再保险可分为自动再保险、半自由再保险和自由再保险。

10. 3. 2. 1 自动再保险

自动再保险指在合同有效期间，分出公司将其所承接的保险业务全都要自动地按规定比例分给再保险分入公司，双方均不得有所选择。每月末分出公司要结算当月应交的再保险费和应分摊的赔款以及应付的赔款准备金。这种合同多为一年，但常自动延续更长时间。

10. 3. 2. 2 半自由再保险

半自由再保险通常指在合同有效期间，分出公司有权就个别保单决定是否分保，而再保险分入公司则要接受分出公司的业务。少数半自由再保险合同，则是分出公司有将每一保险单分出的义务，而再保险公司有选择拒绝接受的权利，但必须于一定时期内通知分出公司。

10. 3. 2. 3 自由再保险

自由再保险指双方虽有再保险合同，但均无自动性分入、分出的约束性，而是可以根据各自的需要决定，但分出公司必须将每一项提供分出的业务，个别通知分入公

司，再保险分入公司接到通知可自主决定是否接受，如不愿承担分保责任，应立即回复分出公司。

10.3.3 预约再保险

预约再保险也称“临时固定再保险”“预约分保”，是一种介于临时再保险和合约再保险之间的再保险。它既具有临时再保险的性质，又具有合约再保险的形式。预约分保往往用于对合约分保的一种补充。预约再保险的订约双方对于再保险业务范围虽然有预约规定，但分出公司有选择的自由，不一定要将全部业务放入预约合同。但对于再保险分入公司则具有合同性质，只要是合同规定范围内的业务，分出公司决定放入预约合同，分入公司就必须接受，在这一点上具有合同的强制性。预约分保方法大都是适用于火险和水险的比例分保。

与合约再保险相比，预约分保的业务量一般较少，因此业务稳定性较差，而且对再保险分入公司来说又具有强制性，所以，这种分保方式通常不太受再保险人欢迎。预约分保具有以下几个特点：

（1）预约再保险分出公司可以自由决定是否办理分保。这样做有利于分出公司对超过合同限额的业务自动安排分保。但对分入公司来说没有挑选的余地，犹如接受合约分保合同一样。

（2）预约再保险较临时再保险手续简单，节省时间。

（3）再保险分入公司对预约分保的业务质量不易掌握。由于分出公司可以任意选择将其预约合同范围内的业务分给再保险分入公司，而再保险分入公司无法有选择地接受，所以对分出业务的质量很难掌握，特别是那些由经纪人中介订立的预约合同业务，更难了解。

（4）预约分保业务的稳定性较差。由于分出公司可以自由决定是否分出业务，所以往往是将稳定性好的业务自留，而将稳定性较差的业务进行分保，以稳定自己的经营，获得较大收益。

10.4 分出再保险业务

分出公司运用各种再保险方式将其所承担的风险和责任在保险同业之间进行转移和分散，以实现财务和业务的稳定。分出公司在进行分出再保险规划时要从业务经营管理和技术上考虑其可行性和稳定性，使再保险规划在合同条款和条件方面符合再保险的实务手续和市场发展趋势，既能避免支付过高的分保费，又能为分入公司所接受，还有利于分出公司和分入公司之间建立长期、稳定的业务合作关系。

10.4.1 分出再保险的业务流程

分出业务的流程适用于合约分保和临时分保，分出业务的流程分为以下三个阶段：

10.4.1.1　分保建议

当分出合同的条件确定，拟定了分保接受人的人选后，分出人应立即以最迅速、最准确的方式将分保条件发送给选定的分入公司或经纪公司。分保建议一般应将接受人需要了解的事实详细列明。分出人提供的信息越详尽，资料的质量越高，越有利于接受人做出决定，大大缩短分保安排的时间。分出人提出分保建议是要约的过程，接受人提出修改和改善的条件就是反要约。要约与反要约的过程就是双方公司交易商洽的过程。一旦交易商洽达到意思完全一致，“要约”和“承诺”法律程序后交易便成立。接受人愿意接受分保，应以最快的方式通知分出人，并最终应以书面予以证实；如果分出人认为对方所提建议符合实际，分出人应该在权衡利弊之后做出修改的决定，并以书面形式予以证实。

10.4.1.2　完备手续

完备手续是第一流程。在合同续转和分出谈判结束后，分出人和接受人双方应尽快完备缔约手续。在一般情况下，续转结束后的第一个季度之内，分出人应将合同文本及摘要表或修改条件的附件发送给接受人，接受人在审核无误的情况下及时地予以回答。合同文本及其组成部分是分出人和接受人之间签订的正式的、具有法律性的文件，一旦合同文本签订之后，双方的权利和义务就具有了法律依据。应该注意，合同文本的文字应规范、严谨、表达清楚，为双方所接受，并有利于第三者的理解。分保条的内容与合同文本中的内容具有互补性，即合同文本阐明原则和框架，分保条对合同的内容具体化和充实。合同签订后双方都必须遵守，不得单方修改和变动。如确有必要进行修改和变动的，必须事先提出，与对方协商达成一致后才能正式作为合同的组成部分。如果协商之后不能取得一致的意见，这种修改和变动就不能生效。其解决的方法只能是提议方放弃或等待下一个合同年度开始时再提出，直至被采纳，至注销其在该合同中的成分。

10.4.1.3　赔款处理

分出分保合同中规定，分出人可以全权处理分保合同项下的一切赔款，并应迅速将赔款情况及赔款处理事项及时通知分保接受人。若赔款已经赔付，应及时向接受人摊回所承担的比例赔款和费用，一般在分保合同中都明确规定通知的金额和通知的时限。当分出人接到直接承保部门的出险通知或赔款通知时，第一步计算分保合同项下的接受人应承担的责任比例和金额，然后向接受人发送出险通知。分出人的出险通知应包括以下内容：

（1）合同名称及业务年度。

（2）保险标的名称及坐落地点。

（3）保险金额及分出比例。

（4）估计赔款金额及合同项下估计摊赔金额。

（5）赔款发生日期、地点。

（6）损失原因及是否委托检验人，以及可能产生的费用。

在赔款处理过程中，接受人时常会提出参与赔案处理与合作，尤其是重大项目的赔款。对于接受人提出的质问和咨询，分出人应本着实事求是、合情合理的原则进行解释。当发生争议时，双方首先应本着友好协商的原则进行调解，调解无效，可通过仲裁方式解决。

10.4.2 分出再保险的业务管理

10.4.2.1 分析评估风险损失

当保险公司明确再保险目标后，要对承担的风险责任进行综合分析，为选择再保险方式做准备。保险公司风险的分析包括大的风险的识别、中小风险的损失变动、一次事故中的损失累积和一个业务年度的损失累积四个方面。大的风险损失的识别没有一个统一的标准，必须结合保险公司具体承保业务的风险结构和保费收入来确定，必要时还要进行全面细致的数量分析。在再保险业务管理时，保险公司不仅要考虑每个危险单位，还要在一次事故中大量危险单位的基础上安排再保险。在保险公司一个业务年度中，有时可能发生各种业务综合结果的赔款超过总的保费收入，对这种一个业务年度的损失累积，保险公司在再保险规划中也应予以考虑。

10.4.2.2 科学选择再保险方式

再保险作为原保险人转移风险的方法，其风险转移的方式多种多样，主要有比例再保险和非比例再保险两种。再保险方式的不同，对再保险的分散风险和稳定财务的作用发挥也有差别。因此，对原保险人来说，要充分发挥再保险对自身业务经营的特殊功效，必须科学地选择再保险方式。

比例再保险和非比例再保险是在临时再保险、合约再保险、预约再保险三种再保险安排中以责任限制作为尺度划分的。由于比例再保险下的成数再保险、溢额再保险和非比例再保险下的险位超赔再保险、事故超赔再保险以及赔付率超赔再保险方式各有特点，这就要求原保险人在选择再保险方式时根据保险业务的性质、质量以及自身财务状况等因素科学地进行选择，并将各种方式有机地结合起来，充分发挥再保险的分散风险、增强承保能力的作用。

10.4.2.3 准确确定自留额

自留额是指预定责任限额，是原保险人对其所承保的各类保险业务，根据其危险程度、业务质量的好坏以及自身承担责任的能力，在订立再保险合同时，预先确定的对每一危险单位自负的责任限额，它通常以货币金额或者以风险的百分比表示。自留额限定了保险人对每一个风险所承担的责任。由于风险的多样性和复杂性，保险公司在确定自留额时虽然也运用一些数学方法，但可以说自留额的确定更多的是基于经验的判断。确定自留额一般要考虑以下几个因素：①资本金、自留准备金、偿付能力；②业务量、保费、业务成本、利润率；③业务险别和风险等级；④损失发生的频率和大小；再保险的安排方式；⑤公司的发展战略。

自留额的确定不仅反映了分出公司的意愿、对业务的负责程度，同时也体现了分出公司的偿付能力。《中华人民共和国保险法》第一百零三条对保险公司的自留责任做了明确的规定："保险公司对每一危险单位，即对一次保险事故可能造成的最大损失范围所承担的责任，不得超过其实有资本金加公积金总和的百分之十；超过的部分应当办理再保险。"

10.4.2.4 合理选择再保险人

在原保险人转移风险求得补偿和再保险人接受风险求得经济效益的过程中，原保险人和再保险人之间存在相互联系、相互制约的关系。原保险人在安排再保险时必须认真评估和选择再保险人，对再保险人的经营历史、经营现状、财务稳健程度、在再保险市场的地位、再保险人的组织形态、再保险人的险种类型和险种优势等方面进行深入细致的调查研究，选择信誉良好、技术能力强、资金实力雄厚的再保险人作为合作伙伴。保险公司如果通过再保险经纪人去安排再保险业务，还要对经纪人的信誉可靠程度进行考查，以避免再保险人选择不当而给保险公司带来分保风险。

10.5 分入再保险业务

10.5.1 分入再保险的业务流程

分保手续在分出公司与分入公司之间有密切的联系。分出公司提出分保建议和编制账单等是发出的一方，分入公司对建议和账单的审查等是接受的一方，并在此基础上对分入业务进行管理。分入业务的流程包括以下六个方面：

10.5.1.1 对分保建议的审查和填制摘要表

当分入公司接到分出公司或经纪公司函电提供的分保建议，并经审查后，如不同意接受，应以电复委婉拒绝；如同意接受，应电告接受成分，并进行登记和填制摘要表。摘要表是对所接受业务的有关情况的摘录，如分出公司、业务种类、分保方式、责任限额、接受成分、估计保费和经纪公司等。

10.5.1.2 分保条、合同文本和附约的审核、签署和管理

对于分出公司或经纪公司寄来的分保条、合同文本，分入公司要认真核对，签署后，一份自留归档，其余退还。当接到有关修改合同条文和承保条件等的函电，经审核后，应电复证实，并对摘要表有关栏目进行更改。对寄来的附约，经审核后一份自留，与合同一并归档备查，其余归还。

10.5.1.3 现金赔款的处理

分入公司收到现金赔款通知后，应填制现金赔款审核表，并登录现金赔款登记簿，经审核批准后送会计部门结付。

10.5.1.4 到期续转和注销

分入公司为了争取主动，在合同到期前，在合同规定的期限内，向对方发出临时

注销通知。如经双方协商同意续转，可将临时注销通知撤回；如不同意续转，可将临时注销通知作为正式通知，于是合同就告终止。分出公司为了有利于分出业务的安排，收到发来临时注销通知时，应电复证实。如经洽商同意续转，由对方收回临时注销通知，合同继续有效。

10.5.1.5　归档

关于上述分入业务的函电文件的归档可以有两种情况：

（1）分散归档，即一部分由业务部门归档，如承接业务的函电、合同文本和出险通知等，另一部分由会计部门归档，如业务账单等。

（2）集中归档。特别是在已建立电子计算机系统时，业务账单是由业务部门输入而无须送交会计部门的情况下，可全由业务部门按合同分别归档。分出公司和分入公司有时可能对分入业务发生争执至进行诉讼。在有必要查阅原始函电文件和核对有关业务数字的情况下，集中归档比分散归档较易查找，从而有利于搞清情况和解决争执。

10.5.1.6　分入业务的转分手续

经营再保险业务的公司，出于责任累积和保障的考虑，也要安排分保。因此，当转分保规划确定后，应与分出部门联系在国际上进行安排，这就有必要对有转分保合同安排的分入业务规定一定的手续以便于管理。

（1）比例转分保合同手续。①对于有成数转分保合同安排的分入业务，在接受时即应进行登记和编转分号，并在摘要表上填明。②对于有溢额转分保合同安排的分入业务，应进行限额管理，当超过规定的限额时，要将放入溢额转分保合同的业务进行登记和编转分号，并在摘要表上填明。③根据转分保合同的规定，如每季或每半年，按转分号汇集转分业务的资料，如保费、已付赔款和未决赔款等，编制转分保业务报表送交分出部门，据以编送业务账单。

（2）非比例转分保合同手续。①对于在超赔合同范围内的重大赔案应进行登记，包括已付赔款和未决赔款。②当汇总金额有可能超过起赔额或已超过起赔额时，应编制赔案报表送交分出部门，据以通知转分保接受人，或者编制赔款账单要求对方赔付。

10.5.2　分入再保险的业务管理

分入再保险业务的承保是对由分出公司或经由经纪公司所提供的分保建议进行审查，从而做出是否承保的判断。

10.5.2.1　对一般情况的考虑

通常，分保业务的承保要考虑的情况包括以下三个方面的内容：

（1）业务来源国家或地区的一般政治和经济形势，特别是有关通货和外汇管制方面的情况。

（2）业务的一般市场趋势，这包括国际上和所在国家或所在地区有关这种业务的费率与佣金等情况。

（3）提供分保建议的分出公司和经纪公司的资信情况，包括其资本、业务情况和经营作风等。

了解上述情况主要是依靠长期的、从各方面搜集资料的积累，如报刊上有关保险市场的信息、出访和来访及参加国际会议所得到的资料、对分出公司和经纪公司的年报的分析研究，以及在日常业务工作中所掌握的情况，对于通过经纪人结算的分入业务，必须仔细核对原始资料的信息，从严掌握。

10.5.2.2　对具体分保建议的考虑

对于具体的分保建议，主要考虑以下方面的问题：

（1）业务种类、分保的方式与方法，以及承保范围和地区。对于可能分入的业务，首先要分辨业务种类，如财产险或意外险等；其次是看分出公司的安排方式，是临时分保还是合约分保，是比例分保还是非比例分保。要考虑的因素还有：业务是否由住家、商业和工业风险混合组成；是直接业务的分保还是分入业务的转分保；责任范围是否包括后果损失险或地震险等；地区是仅限于分出公司所在国家或地区，还是世界范围的。

（2）分出公司时自留额与分保额之间的关系。了解这一问题，是为了掌握分出公司对分保安排的意图和预期功效。例如，分出公司安排95%的成数分保合同，而自留额仅有5%，是比较小的。这说明它对业务的经营缺乏信心，因而不是想从业务的承保方面谋求收益，而是将自己置于代理人的地位，打算以向分入公司收取佣金的方式得到利益，因而也很可能影响直接业务的承保质量。

（3）分出人对业务的承保经验和理赔经验。分保接受人应该了解分出人对各种业务或某一类特殊业务的承保经验，如果证明分出人对业务有足够的承保经验，那么在再保险合同协商时，对分出人也是有利的。同时，接受人还应该了解有关分出人过去5~10年的保费收入情况，因为这涉及分出人的成长情况。相比其他信息，充分了解分出人的理赔经验对接受人来说显得更为重要，因为这直接影响一些再保险价格的确定，如非比例再保险中的保费划分、比例再保险分保佣金率的确定等。

（4）分出业务的除外责任。分出人除了要向接受人提供标准除外责任条款，如核风险或战争风险除外责任条款等之外，还应该提供那些不能承保的业务或风险的详细情况，以及不需要再保险保障的业务情况，以便分保接受人明确分出业务的风险情况。同时，接受人还可以有自己的除外责任条款，特别是当分出人对分出业务的种类或具体情况没有做出明确说明时。

（5）分保额与分保费之间的关系。掌握分保额与分保费的情况，分析这两者的相互关系，是审查分保建议质量的关键因素，所以分入公司对此必须十分重视。

在比例合同方面，分保额与分保费这两者之间的相互关系大致有三种情况。由于情况的不同，对分入公司的承保结果也就有所不同，现分述如下：

①分保费过分小于合同分保额。例如，分保额为10万元，分保费为2万元，是分保额的20%。如果接受10%，则承保额为1万元，分保费收入为0.2万元。由于保费过小，风险不够分散，如有一个风险单位发生全损，就需要5年的时间才能得到偿还，而且还要在这5年时间内保持同样的保费水平，而再无赔款发生。上例说明，如果分

保费与分保额之间的关系是分保费过分小于分保额，这种合同是不平衡的。因为如果有一个风险单位的全损，就会造成严重的亏损。但正因为保费较小，所以如果不发生全损而赔付率较高以致有亏损，或者赔付率较低有收益，其金额均较小，对整个业务的影响不大。所以，对于这种情况，分入公司应着重从每个风险单位的分保额这方面考虑。

②分保费过分大于合同分保额。例如，分保额为 3.5 万元，分保费为 28 万元，分保费是分保限额的 8 倍。赔付率为 130%，则赔款为 36.4 万元，大于 10 个风险单位的全损。如果接受 10%，则承保额为 0.35 万元，分保费为 2.8 万元，赔款 3.64 万元，业务亏损计 0.84 万元。由于保费较多而赔款金额较大，故对整个业务是有影响的。虽然分保费过分大于分保额，但不能认为分保费可赔付几个全损而可能有较大的收益，而应注意到会产生严重的亏损。这种情况，分入公司应着重从分保费这一方面考虑。

③分保费与合同分保额大致相当。第一种情况是合同分保额为 10 万元，分保费为 25 万元，为限额的 2.5 倍，赔付率 103%，计赔款 25.75 万元，亏损 3%，为 0.75 万元。如果接受 10%，承保额为 1 万元，分保费为 2.5 万元，赔款为 2.575 万元，业务亏损 750 元。第二种情况是合同分保额为 100 万元，分保费为 250 万元，分保费为分保额的 2.5 倍，赔付率 103%，则赔款 257.5 万元，亏损 3%，为 7.5 万元。如果接受 10%，责任为 10 万元，保费为 25 万元，赔款为 25.75 万元，业务亏损 0.75 万元。由此可见，分保费与分保额的比例关系是相同的，是较平衡的，但后一个例子中这两者的金额较大，所以其结果无论是收益还是损失，对整个业务的影响都是较大的。所以，在这种情况下，分入公司对于分保费和分保额这两方面都应注意考虑。

上述三种情况所举的例子，大都是财产险和海上货运险的成数合同与溢额合同的情况。一般来说，平衡的合同由于保费与限额大致相当，风险也比较分散，所以是较好的业务。但对于不同的业务种类和分保方式，分保费与分保额之间保持怎样的比例关系才被认为是相当或平衡的，对这一问题很难做出绝对的规定，应从保险市场和业务的实际情况出发，并结合分入公司自己的经验视其具体情况而定。

在非比例合同方面，分保费与分保责任限额两者之间的关系，也可分为以下三种情况：

①合同责任限额较大，分保费较少。这种情况往往是由于损失率较低，因此分保费对限额的百分率也较低。第一种情况是分保责任限额为超过 100 万元以后的 100 万元，分保费 5 万元，为限额的 5%，无赔款记录。第二种情况是分保责任限额为超过 200 万元以后的 300 万元，分保费 6.75 万元，为限额的 2.25%，无赔款记录。这一般是事故超赔合同，对责任恢复次数是有规定的。所以，对于这种合同的分保建议，分入公司应着重考虑分保责任限额和责任恢复的规定。

②合同责任限额较小，分保费较多。这种情况往往是由于损失发生率高，因此分保费对限额的百分率也高。第一种情况是分保责任限额为超过 2 万元以后的 5 万元，保费 5.5 万元，为限额的 110%。但是，赔付率高达 310%，计赔款 17.05 万元，亏损 11.55 万元，亏损率为 210%。第二种情况是分保责任限额为超过 1 万元以后的 3 万元，保费 3.6 万元，为限额的 120%，赔付率 80%，计赔款 2.88 万元。收益 0.72 万元，收

益率为20%。这一般是险位超赔合同，对责任的恢复次数，有的是无限制的。所以，对于这种分保建议，分入公司应着重考虑分保费方面和责任恢复的规定。因为保费越大，赔款可能越多，从而造成的亏损越严重。

③分保合同限额较大，分保费较多。这是由于损失发生率较高，因此分保费对限额的百分率也高。保费责任限额为超过50万元以后的50万元，保费10万元，为限额的20%，赔付率130%，计赔款13万元，亏损3万元，亏损率为30%。这一般是中间层次的合同，由于分保责任限额和分保费均较高，所以对分保费、分保责任限额和恢复的规定均应注意考虑。

(6) 分保条件。在对分保建议有关业务种类和承保范围、分出公司的自留额及分保限额和分保费是否平衡这些因素考虑之后，应对分保条件进行细致的审查。

对比例合同应审查的分保条件主要有分保佣金、盈余佣金、保费、赔款准备金、未满期保费和未决赔款的转移等。由于各个保险市场情况的不同，这些条件在合同中的具体规定会有较大的不同。所以，应结合所掌握的市场情况，审查在建议中对这些条件的规定是否恰当，如分保手续等是否符合当地市场情况。如果是续转业务，应结合过去的经营成果考虑。如果合同是亏损的，应对分保手续进行调整。

对非比例合同应审查的分保条件主要有分保费或费率，责任恢复的规定。分保费和责任恢复是有关分入公司的保费收入与责任的承担，所以应结合市场情况和在建议中所提供的资料，审查这些条件在合同中的具体规定是否恰当和符合市场情况。

(7) 对分入业务收益的估算。在分保建议中，分出公司一般应提供有关该业务过去的赔款和经营成果的统计资料。如果建议中缺少这些资料，分入公司可要求提供，以便对所建议的业务进行估算。对所提供的资料在审核时应注意以下问题：

①如对合同有分保安排，则所提供的数字应以未扣除分保前的毛保费和赔款为基础。

②要按所提供业务的同样条件编制，如所建议的比例合同业务有未满期保费和未决赔款的转出与转入，则统计资料也应同样处理，以便进行比较。

③毛保费、分保佣金、已付赔款、赔付率和盈亏率等项目应按业务年度进行统计，并至少要有5个业务年度的资料。

分入公司应根据建议中所提出的分保条件和资料，如果是续转业务还应结合自己的统计数据，对所建议的业务进行估价并结合对其他因素的考虑，最后决定是否接受。如果接受，做出接受多少为宜的判断。

参考文献

[1] 巴贝尔，法博兹. 保险公司投资管理［M］. 黎玖高，译. 北京：经济科学出版社，2012.

[2] 班克斯. 新型风险转移：通过保险、再保险和资本市场进行综合风险管理［M］. 丁友刚，董双全，岳小迪，译. 大连：东北财经大学出版社，2008.

[3] 陈文辉. 新常态下的中国保险资金运用研究［M］. 北京：中国金融出版社，2016.

[4] 陈文辉. 中国偿付能力监管改革的理论和实践［M］. 北京：中国经济出版社，2015.

[5] 邓大松，向运华. 保险经营管理学［M］. 2 版. 北京：中国金融出版社，2011.

[6] 法尼. 保险企业管理学：第 3 版［M］. 张庆洪，陆新，等，译. 北京：经济科学出版社，2002.

[7] 江生忠. 保险企业组织形式研究［M］. 北京：中国财政经济出版社，2008.

[8] 兰虹. 财产与责任保险［M］. 2 版. 成都：西南财经大学出版社，2013.

[9] 林华，罗桂连，张志军. PPP 与资产证券化［M］. 北京：中信出版社，2016.

[10] 林秀清. 保险与实务［M］. 北京：北京理工大学出版社，2010.

[11] 刘冬姣. 人身保险［M］. 2 版. 北京：中国金融出版社，2010.

[12] 刘汉民. 保险公司财务管理［M］. 北京：经济科学出版社，2009.

[13] 刘汉民. 保险公司盈利能力管理［M］. 北京：经济科学出版社，2009.

[14] 刘金章. 保险经营与管理［M］. 北京：清华大学出版社，2015.

[15] 瑞达，麦克纳马拉. 风险管理与保险原理：第 12 版［M］. 刘春江，译. 北京：中国人民大学出版社，2015.

[16] 申建英，王亚芬. 保险理论与实务［M］. 北京：经济科学出版社，2007.

[17] 沈烈. 保险公司资产负债管理［M］. 北京：经济科学出版社，2009.

[18] 斯坦德姆. 保险公司偿付能力：模型、评估与监管［M］. 江先学，等，译. 北京：中信出版社，2012.

[19] 粟芳，许瑾良. 保险学［M］. 2 版. 北京：清华大学出版社，2011.

[20] 孙蓉，兰虹. 保险学原理［M］. 4 版. 成都：西南财经大学出版社，2015.

[21] 孙蓉，王凯. 保险法概论［M］. 3 版. 成都：西南财经大学出版社，2014.

[22] 万峰. 寿险公司经营管理之道［M］. 北京：中国金融出版社，2011.

[23] 王国良. 保险核保与理赔［M］. 北京：中国人民大学出版社，2006.

［24］王银成，那国毅. 对话保险企业管理：德鲁克管理思想的中国实践［M］. 北京：机械工业出版社，2015.

［25］魏华林，林宝清. 保险学［M］. 3 版. 北京：高等教育出版社，2011.

［26］魏巧琴. 保险公司经营管理［M］. 5 版. 上海：上海财经大学出版社，2016.

［27］奚玉莉，杨芮，李耀东，等. 互联网保险新模式［M］. 北京：中信出版社，2016.

［28］熊志国. 中国再保险市场的发展与监管［M］. 北京：中国财政经济出版社，2014.

［29］张代军. 保险机构经营管理［M］. 上海：立信会计出版社，2011.

［30］周国端. 保险财务管理：理论、实务与案例［M］. 北京：中信出版社，2015.